KB220792

작은 울타리
큰 공간

작은 울타리 큰 공간

초판 1쇄 찍은 날 2013년 8월 30일
초판 1쇄 펴낸 날 2013년 9월 5일

지 은 이 | 박종서
펴 낸 이 | 서경석

편 집 장 | 권태완
책임편집 | 어정원

펴 낸 곳 | 청어람M&B
등록번호 | 제1081-1-89호
등록일자 | 1999. 5. 31

주소 | 경기도 부천시 원미구 심곡동 163-2 서경B/D 3F (우) 420-822
전화 | 032-656-4452 팩스 | 032-656-4453
http://www.chungeoram.com
E-mail | chungeorambook@daum.net

작은 울타리
큰 공간

박종서 지음

 M&B

|차례|

감사의 말

목회자가 목회를 포기할 생각을 하거나 사역지를 다른 곳으로 옮길 마음만 먹어도 성도들이 하나씩 교회를 빠져나간다는 이야기가 있다. 돌이켜 보면 볼수록, 이 말은 참이라는 생각이 든다.

자녀는 부모를 버릴 수 있지만 부모는 자녀가 아무리 속을 썩여도 버리지는 않는다. 비록 좋은 자식을 둔 부모들을 잠시 부러워할 수는 있지만, 양육의 어려움을 알아주는 사람이 없다 하여 부모가 자녀를 포기하지는 않는다.

그러나 목사는 교회를 옮기고 싶은 생각을 하기도 하고 실제 옮기기도 한다. 그리고 사역을 포기하기도 한다. 때로 '저 성도만 없다면 목회는 할 만하다'는 생각도 한다. 영적 자녀를 버리는 것이다. 힘들 때 자신의 마음을 알아주는 사람이 없어 성도보다 더 서운해하고 더 많이 신음하는 것도 목회자다. 그러나 성도들은 성도들대로 힘들어하며 버티어내고 있다. 돌아보면 목사가 오히려 그들을 진심으로 사랑해 주지 못하고 돌보아주지 못한 적이 더 많음을 부인할 수 없다. 하나님께 죄송하고 성도님들께 죄송할 뿐이다.

오히려 성도들이 못난 목회자를 지지해 주고, 기다려 주고, 견디어주었기에 교회가 유지되어 왔고 지금도 그러고 있다. 그들 덕분에 목사로서 철이 들었고 그들 덕분에 천국행 열차를 타게 될 것이다. 또 이렇게 그분들 덕에 책도 쓰게 되었다.

특별히 자신의 사례를 책에 실을 수 있도록 동의해 주신 성도님과 동료 목사님들께도 감사드린다. 그 외 많은 분의 도움이 있었다. 목회 초기, 시골 개척 교회가 문을 내리지 않도록 물심양면으로 후원해 주신 대학교 선, 후배님들에게 감사를 드린다.

신학의 지평을 넓혀주신 전 숭실대 초대원장이시며 기독교 학술원장이신 김영한 박사님께 감사드린다. 박사님이 샬롬나비에서 작은 교회 연합이사를 맡겨주시지 않았다면 아마 이 글은 나오지 않았을 것이다. 또한 정신분석이라는 동굴 속을 탐험하게 하고 인간에 대한 많은 깨우침을 주신 현대정신분석연구소의 이재훈 소장님의 은혜도 빼놓을 수 없다. 그 외 이 글을 쓸 수 있도록 독려해 주시고 평소 철학에 대한 많은 가르침을 주신 김용규 교수님, 그리고 문화예술 분야에 뛰어난 통찰을 가지시고 그동안 필자의 멘토 역할을 해주신 한국예술종합학교의 강준일 교수님, 원고를 꼼꼼히 읽어보시고 수정 보완에 큰 도움을 주신 '총신 신대원'의 안은찬 교수님, 그리고 이 책의 제목을 정하는 일에 결정적인 도움을 주시고 바른 목회와 신학에 대해 끊임없이 함께 고민해 준 최민식 목사님께도 감사드린다. 마지막으로 독자가 한정적일 수밖에 없는 이 책을 선뜻 출판해 주시겠다고 허락하신 청어람 출판사에도 깊은 감사를 드린다.

양지골에서 박종서 목사

이 글을 읽기 전에

개척이란 말은 자원 개발의 가능성이 넉넉히 잠재된 곳에서나 사용될 수 있는 말이다. 과거 우리 부모 세대는 원하는 것을 노력해서 얻을 수 있는 가능성의 시대에 살았기에 개척이라는 말이 그리 이상한 말이 아니었지만 지금의 시대는 많은 것이 구조화되어 있어 노력한다고 해서 어느 분야든 비집고 들어갈 틈이 있는 것이 아니다. 몇몇 대기업 외에는 새로운 사업을 시작하여 부를 축적하기가 쉽지 않다. 그리고 그것은 교회도 마찬가지다. 그나마 교회도 이제는 프랜차이즈 방식으로 가야만 될 형편이다. 하여 개척이라는 용어가 생소한 시대가 되었다. 이 시대에 누가 개척을 하겠는가? 과거에는 교회 문을 열면 그것이 천막이든 건물이든 사람들이 몰려오던 때가 있었다. 그러나 이제 그런 시대는 지나갔다. 이제는 조직화된 교회의 성도들조차도 인프라가 구축된 큰 교회로 수평 이동하여 교회가 많은 위기에 처하기도 한다. 많은 교회가 오직 버티고 살아남는 데 목적을 두고 있고, 얼마 안 있어 문을 닫게 될 교회도 많이 있다.

이 시대에 굳이 교회를 개척하려 한다면 아무도 가지 않는 섬이나 최전방 야전에서야 언제든지 가능할 것이다. 이 야전이란 정신적, 심리적 의미에서의 야전이다. 노동자들, 글을 읽을 수 없는 사람들이나 정신증적 성향의 사람들이 개척교회를 많이 찾기 때문이다. 이들은 극한의 연단과 고통을 통해 정신이 혼몽한 상태, 또는 정상적인 정신을 가지고 있는 사람들이 아닌 경우가 많다. 이들은 실패자, 또는 루저라는 낙인의 시선에 기가 다 빠져나간 사람들이다.

개척교회를 최전선에 배치된 야전에, 그리고 기존의 성장한 교회는 후방이라는 구도로 가정해 볼 때, 서로의 임무와 전투의 대상도 다를 수 있다. 대형 공동체는 엄청난 인적, 지적 자원을 가지고 있는 지식집단의 대기업과 같다. 소그룹 공동체는 실물경제와 같은 농업에 종사하는 사람들로 비교하면 좋을 듯하다. 대기업의 영향을 받지 않는 사람이 없듯이 작은 교회들 역시 대형 교회의 영향에서 벗어나기 힘들다. 이미 성장한 많은 교회가 오직 '달리는 말(건강한 성도)'들과만 함께하고 개척교회는 '병든 말(병든 성도)'과 함께한다. 작은 교회 리더들이 이들을 담아내지 못할 경우 이들은 참복음과 멀어지고 이단과 합류할 가능성은 그만큼 더 높아지게 된다. 그리고 그들은 다시 후방을 공격한다. 이것은 요즘 일어나고 있는 기독교 이단의 문제이기도 하다. 목회적 자질이 있는 사람들은 '달리는 말'을 보는 안목과 지혜가 있어 그들과의 사역을 집중적으로 준비한 목회자들이다. 따라서 그들은 직관적으로 병든 말을 피하며 쓸데없이 에너지를 소진하지 않고 효율적으로 사역을 감당한다. 그러나 개척교회 목회자들은 병든 말과 함께할 수밖에 없는 환경과 구조 속에서 사역을 감당하게 된다. 때문에 야전에서 무수한 개척교회의 설립과 폐쇄가 반복되고 있다.

현대는 희귀한 문화병을 새롭게 양산하는 특이한 문명이다. 개척 교회는 최전선에서 누구도 돌아보지 않는 이러한 성도들을 만나지만 역량이 없고, 큰 교회는 생육하고 번성해야 하는 미션 앞에 이들을 돌아볼 만한 여유가 없는 듯하다. 사역을 회고해 볼 때 필자는 신학교를 졸업한 후 바로 야전으로 내보내졌다는 기분을 떨쳐 버릴 수 없었다. 나름 성경 묵상과 오랜 기도, 그리고 전도사 사역 등의 경험이 있었지만 실제 사역을 해보니 제대로 준비된 것 하나 없이 사역 현장에 뛰어들었다는 것을 곧바로 깨닫게 되었다. 개척교회라는 야전은 예고 없이 갑자기 폭탄과 총알이 날아오는 곳이었다. 아무런 심리적 준비도 없이 갑자기 쏟아지는 공격을 누가 어떻게 막아낼 수 있겠는가? 자신이 받은 공격이 무엇인지, 어디서 날아오는지, 그리고 왜 그런 공격을 받아야 하는지 아무것도 모른 채 당해야만 했다. 그때마다 철야기도도 했고 순전한 복음이 무엇인가 고민하며 설교를 준비해 보기도 했다. 지나고 보니 특별한 장소와 특별한 시대에 영적 전투를 위한 기초 지식에 너무나 무지했다는 사실을 깨닫게 되었다. 목회 현장은 순수학문과 이론을 넘어서는 통시성의 세계였다.

말씀을 듣고 말씀에 자신을 통찰하고 자신을 치유할 수 있는 사람은 건강한 사람이다. 개척교회는 현실적으로 이런 사람들을 목회

대상으로 할 수 없다. 복음은 언어 형태로 된 문화의 옷을 입고 있는데 반해 개척교회는 비언어적 세계, 곧 하부 언어의 세계에 머물러 있는 자가 많이 찾아온다는 점을 생각해야 한다. 이들은 아직 복음을 가르쳐 제자를 만들 수 있는 존재가 아니다. 아무런 도움과 보조(물질과 인력)가 없는 개척교회를 찾는 구성원들은 말씀이 아닌 비언어적인 의사 전달이 필요한 사람들이었다. 글을 모르는 사람들도 교회를 많이 찾아왔다. 이들에게는 느낌과 감정으로 의사를 전달해야 하는 것을 넘어, 때로는 신체 정서가 사용되어져야 한다. 같이 아프고 고통받는 육체적인 전이들이 일어난다. 작은 교회 리더는 이들의 전능성을 충족시켜 줘야 한다. 그들은 '아기 폐하'이다. 이 때문에 개척교회는 일명 기저귀 목회, 똥걸레를 빨아주는 목회가 된다.

삶의 의미와 목표를 찾지 못해 방황하는 것은 오히려 건강의 지표가 될 수 있다. 그러나 목표를 향해 나가려고 하지도 않고 주저앉아 있는 사람이 수없이 많다. 이들이 개척교회를 찾는다. 가야 할 길은 먼데 일꾼은 모이지 않고 이런 병든 사람들이 찾아온다면 개척교회는 엎친 데 덮친 격이 된다. 분명 달리는, 힘, 있는 말과 함께 길을 가야 하는데…….

그러나 주님은 상한 갈대도 꺾지 않으셨고, 꺼져가는 등불도 끄지 않으셨기에 버릴 수도 없다. 이들 때문에 목회자들의 힘은 쉽게 소진되지만, 그럼에도 목회자는 이들을 버릴 수 없어서 부둥켜안고 신음하며 가야 하는 것이 개척교회의 목회 현실이다. 결국 목회자는 탈진한 채 목회를 포기하게 되는 경우가 많다. 이 글은 작은 교회에 머물러 있거나, 작은 교회를 합리화하거나 미화하는 것은 아니다. 교회는 생육하고 번성하고 성장해야 한다. 그러나 성장하는 교회로 가기 전에 끊임없이 반복되지만 인식되지 못하는, 그리고 개척교회 리더들이 누구나 경험하는 이러한 현상들이 무엇인가 짚어보자는 것이다. 같은 실패의 반복을 피하기 위해서이다.

개척교회든 기존의 세팅된 교회든 특수한 병든 말을 맡아야 하는 사명에서 면제받을 수 없다. 분명한 것은 절실한 도움이 필요한 병든 영혼들이 개척교회를 더 선호한다는 사실이다. 이로 인해 작은 교회의 설립과 폐쇄는 반복된다. '작은 물줄기가 마르면 큰 강물도 언젠가는 마르게 될 것'이라는 누군가의 말처럼 작은 교회는 기존 교회의 안위와 결코 무관하지 않다. 이런 맥락에서 이 글은 개척교회와 작은 교회의 목사님들을 위하여 쓴 글이라 할 수 있다. 특별히 재정이 없어 지하상가나 가정 등 최악의 조건에서도 아직 목회가 가능한지를 검토하는 것이다. 아직 담임목사와 뜻을 같이하여 교회를 세우려는 성도가 거의 없는 교회 목사님들에게 이러저러한 성장 세미나나 제자 교육과 같은 프로그램은 극약이 될 수 있다. 이러한 잘못된 처방으로 인해 교회는 회생 불가능한, 숨이 끊어지기까지 구제만 받다가 문을 내리는 식물교회로 떨어질 수 있다.

교회공동체란 기업 조직과 달리 경제적 이익이나 동호회와 같은 다른 이해관계로 모인 조직이 아니다. 사랑이라는 끈으로 주님이 주신 지상 명령을 수행하기 위해 모인 특수한 공동체이다. 이 때문에 교회공동체는 사랑이라는 명분 아래 자칫 혈과 육의 가족보다 더 퇴행이 쉽게, 그리고 아주 깊게 일어날 수 있는 곳이다. 가정은 간편한 속옷 차림으로도 쉴 수 있는 곳으로, 퇴행이 쉽게 허용되는 공간이다. 서로의 침범이 허용되고 때로는 갈등도 만들어내지만 그렇다고 쉽게 파선하지는 않는다. 소그룹이나 개척교회의 외적인 모양새는 가족과 같다. 그리고 사랑의 끈으로 묶여진 공동체라고 말한다. 이로 인해 가족과 유사한 착각을 갖기도 한다. 이 때문에 퇴행도 쉽게 일어난다. 그러나 소그룹으로 모인 인위적인 집단이 한가족이 되기 위해서는 전략과 지혜가 필요하다. 혈과 육의 가족보다 더 정서적으로 밀착된 공동체가 되지 못하면(이해 집단이나 문화공동체가 아님을 생각해야 한다) 미션을 수행하기도 전에 철수와 분열이 일어난다.

이 공간은 서로의 전능성이 순식간에 부딪쳤다 사라지고, 빠른 침범과 철수가 반복되는 곳이다. 차라리 그것이 갈등이라면 답을 찾을 수 있다. 그러나 갈등할 틈도 없이 그들은 빠져나가 버린다. 이로 인해 조직된 교회의 그림을 가지고 시작하는 개척교회 목사들은 기존 교회가 가지고 있는 수백 개의 작은 소그룹 하나 만들지 못해 허탈해한다. 혹 성공한다고 해도 너무 많은 시행착오와 시간을 허비해야 한다. 생사고락을 함께할 수 있는 가족 단위의 구성원이 없으면

동역자를 얻을 수 없을 뿐 아니라 개척교회는 회생할 수 없게 된다.

필자가 사역하는 곳은 전원주택이 전국에서 제일 많은 지역이다. 동시에 레저 지역이라 유동인구가 많고 다양한 문화가 혼재해 있는 복합 지역이다. 이곳 기독교인의 대부분은 서울 대형 교회로 출석하는데 큰 무리가 없을 정도로 서울 근교에 위치해 있다. 이 때문에 필자의 교회는 원주민들과 농사짓는 분들, 그리고 식당, 물류센터 등의 저임금 노동자들이 상당수 출석하고 있다. 이 글은 이분들과 함께하면서 얻은 통찰을 정신분석으로 적용한 것이다.

정신분석이 기독교에 대해 호의적이지는 않지만 정신분석의 매력은 자신의 한계를 넘지 않으면서 인간의 성숙을 진단할 때 발하는 것이 아닌가 싶다.

이 글을 읽다 보면 인간의 정신을 어떤 병명으로 진단하는 것 같은 느낌이 들 수 있다. 이런 오해를 피하기 위해 진단명보다는 '성향', 또는 '성격'이라는 용어를 주로 사용하였다. 넓은 마음으로 이해해 주기를 바란다.

제1장 좌절을 견디는 능력

작은 울타리 큰 공간

1. 목회의 방해꾼

1) 2차 습득 구조[1]

나에게 어린 시절은 경제적으로 아주 어려운 시절이었다. 그때부모님의 모든 관심은 아이들에게 하루 밥 세끼를 먹이는 일이었다. 이런 시절이 워낙 오랫동안 지속되었던 탓인지 지금도 나의 부모님은 만나기만 하면 '밥 먹었느냐?' 가 인사다. 그리고 함께 식사할 때면 어머니는 항상 내 밥그릇에 밥을 수북하게 쌓아 올린다. 지금 이 시대는 워낙 먹거리가 넘쳐나 오히려 먹는 것을 얼마나 잘 줄이고 조절하느냐가 관건이지만 나의 어머님의 시간은 아직도 멈추어 있어 1960년대를 사신다. 부모님과 식사할 때면 '밥 좀 많이 담지 마세요!' 라고 화를 내곤 한다. 하루는 밥그릇이 평평했다. '드디어 어머님이 나를 이해하시는구나' 생각하고 숟가락으로 밥을 떠보니 밥이 눌려 있어 숟가락이 잘 들어가지 않았다. 20년 이상 이제 먹는 것은 걱정하지 말라 해도 고치지 못하신다. 이제는 나이가 많이 드셔서 더 변하기 어려우신 것 같다. 관습이 습관이 되고, 습관이 체질이 되었고, 체질이 구조화되어 버린 것이다.

학생들이 양아치 노릇을 하고 폭력을 쓸 때 이들을 사랑으로 잡아주지 못하면 건강한 아이로 돌려놓기가 쉽지 않다. 이들의 공격과 싸움이 반복이 되고 습관이 되다가 이제는 일진회라는 네트워크에 들어가면서 돈을 뜯고 나름 인정도 받으면서 폭력과 싸움은 삶으로 구조화되어버린다. 아이가 도벽이 있을 때 초기에 잡아주지 못하면 이러한 도벽이 반복되고 습관이 되고 훔친 물건이 장물아비에게 넘어가서 그것이 생계가 되어 버린다. 구조화가 들어온 것이다. 이것을 '2차적 습득'이라고 한다. 구조화되면 관성의 법칙이 작용한다. 조금 변하는 듯해도 다시 원래의 체질로 돌아가는 것이다.

우리의 입은 어려서부터 엄마의 손맛에 길들여져 있다. 자꾸 그 맛으로 돌아가려고 한다. 그래서 음식점에선 사람들을 자극하기 위해 옛 맛, 엄마 맛, 고향 맛, 이런 식으로 광고를 한다. 집을 고칠 때도 구조물은 건드리지 못한다. 구조물은 변형하기 힘들다. 잘못하면 집이 무너지기 때문이다. 구조가 자리 잡은 사람이 다른 것을 받아들인다는 것은 곧 엄청난 뼈아픈 고통의 체험 이후의 일일 것이다.

목사에게도 이미 신학을 공부하면서부터, 그리고 목회의 많은 관습에 의해서 이차적 습득으로 변해 버린 것들이 있다. 목사는 이러해야 한다는 것, 목회는 이렇게 해야만 된다는 것, 이런 것들이 자신도 모르게 습관화되고 체질화되어 버린 것이다. 이 여러 가지 중 가장 고치기 힘든 것은 목사는 다른 직업을 가지면 안 된다는 인식이다. 대부분의 목사가 가지고 있는 소망은 밥을 굶어 죽을지언정 다른 곳에 의지해서 사는 것이 아니라 교회 성도들이 축복을 받아 내는 헌금으로 살아야 한다는 것이다. 물론 가장 바람직한 것이다. 그러나 꼭 그래야만 한다는 생각, 이건 절대로 변하면 안 된다는 생각이 구조로 들어와 버렸다. 그래서 이러한 생각을 바꾼다는 것은 거의 불가능하다.

초기에 여전도사가 교회로 찾아와서 무임으로 함께 사역해 주겠다고 했다. 사역 도중 사모와 내가 아이들을 가르치며 아르바이트하는 것을 보고 분노하여 야단을 치며 교회를 떠났다.

'아무리 생활이 어렵고 먹을 것이 없어도 강대상에서 무릎 꿇고 기도하면 하나님이 채워주실 텐데……'

그녀는 다른 일을 하는 내 모습을 도무지 인정할 수 없었던 것이다. 그녀에게 나는 목사로서 자격이 없는 사람이었다. 물론 맞는 말일 수도 있다. 그러나 이런 경우도 있다. 개인적으로 잘 아는 목사님이 서울 강북에서 10년을 강대상에서 무릎 꿇고 기도만 했다. 성도는 한 명도 없었지만 하나님의 은혜로 겨우 연명은 했다. 그리고 나이 60에 성도 한 명 없이 강대상에서 병들어 소천하셨다. 성도도 몇 명 없고 얼마 안 되는 교회 재정도 목사가 다 가져간다면 성도들은 목사를 먹여 살려야 한다는 부담으로 갈등하게 된다.

A목사가 유학을 마치고 들어온 후, 모 교회에 청빙을 받았다. 이 교회는 큰 교회에서 분리되어 나온 교회로서 50명 정도의 장년이 출석하는 교회였다. A목사는 노회의 인증을 거쳐서 정식으로 부임했다. 이 교회 교인들에게는 벌써 몇 번째 목사가 바뀌었고 분란이 있어 왔다. '이번에는 정말 좋은 목사다' 라는 노회장의 오리엔테이션이 충분히 있은 후라 성도들은 큰 기대를 했다. 교회 성도님들도 몇 번의 설교를 통해서 간을 본 후에 목사를 초빙한 터였고, 몇 주를 지내보니 역시 설교를 잘하는 젊은 목사여서 교인들은 기대에 찼다. 그들은 '이제 교회가 되려나 보다' 하고 생각했고, 목사에게 당뇨가 있다는 말을 듣고 커피 자판기를 없애고 원두용으로 바꾸기도 했다. 교회의 모든 것이 목사 중심으로 바뀌었다. 그리고 목사에게 정말 충성했다. 그런데 약 6개월이 지나자 교인들은 갑자기 변했고, 성도들은 목사에게 교회를 떠나기를 종용했다.

그 원인을 분석하면 이렇다. 교인들이 잘할 때는 목사가 훌륭해서 잘하는 것이 아니라 '당신이야말로 우리를 구해줄 구원자이

시군요. 이 교회를 힘있게 끌고 나갈 수 있는 분이 드디어 온 것 같습니다' 라는 의미를 부여하기 때문이다. 그런데 담임목사가 교회에 부임하고 보니 교회가 답답하고 작았다. 교회가 더 부흥되려면 조금은 더 넓은 교회로 옮기는 것이 좋겠다고 서로 의견 일치를 보았고, 목사도 자신의 사재를 털어 꽤 많은 헌금도 했다. 이렇게 솔선수범한 모습에 교인들 역시 목사를 따랐다. 그들은 일사불란하게 움직였다. 그런데 교회 헌금에 비해 건물세가 너무 많이 나갔고, 자동차 월부금과 기름값, 전기세, 공과금 등으로 인해 목사에게 줄 월급이 없었다. 몇 달 월급을 건너뛰게 되었고, 목사는 생각하길 '목사 한 명의 생계도 책임을 못 지다니, 책임지고 목사의 월급을 만들면 그것이 복이 될 텐데……' 라는 생각을 했다. 물론 틀린 말은 아니다. 성도들이 신앙이 안 되는 것은 사실이었다. 그러나 성도들의 생각은 달랐다. '목사님을 믿었는데… 실망스럽다' 였다. 성도들이 원하는 것은 목사의 능력이었다. 교회를 옮긴다고 할 때 목사가 다 알아서 할 줄 알았던 것이다. 알아서 돈을 가져오든 꾸어오든 목사가 꾸려 나가야 하는데 월급 몇 달 못 가져간다고 갑자기 널브러져 이 교회에 있어야 하는가를 고민하는 목사의 모습에서 모든 이상화가 깨져 버린 것이다.

이때, 목사가 의연하게 버틸 수 있는 방법은 월급 없이 살아내는 것이다. 그러나 이 A목사에게는 이미 구조화된 것, 절대로 변할 수 없는 것이 있었다. 목사는 성도가 먹여 살려야 한다는 것이다. 그것도 못하면 성도가 아닌 것이다. 그것이 성도가 복을 받을 수 있는 방법이란 생각이다. 틀린 말은 아니다. 그러나 성도들이 태도를 바꾸고 마음을 바꿀 때까지, 혹은 성숙할 때까지 목사가 기다려 주었다면 상황은 달라졌을 것이다. 목사가 버티지 못한 것은 돈이 아니다. 마음이 무너진 것이다. '목사 하나 못 먹여 살리는 성도들과 어떻게 함께 교회를 세워나갈 수 있단 말인가?' 라는 생각이 우선한 것이다. 성도들도 무너진 것은 마음이었다. 성도들은 이렇게 생각했다. '우리를 버리고 다른 곳으로 옮길 생각을 하다니……. 저 목사가 과연 우리를 사랑하는가? 우리를 주님의 마음으로 사랑하고 있는가?' 일단 아니라고 판단되었을 때 일사불란하게 움직였다. 갑자기 목사가 사단의 괴수로 보이기 시작했고, 목양실의 열쇠를 바꿨다. 목사는 자신의 짐도 성도들의 감시하에 겨우 꾸리고, 밀린 월급도 받지 못한 채 그냥 교회를 나오는 신세가 되었다.

성도들은 항상 신화를 원한다. 카리스마가 있는 목사를 원한다. 목사 역시 성도는 이래야 한다는 선입견에서 벗어나지 못하고 있다. 상황에 굴복하면 믿음이 없는 것이라는 우리의 생각을 바꾸어야 한다. 때로는 상식도 필요하다. 상식에 의해서 교회가 굴러갈 수 있다. 때론 카리스마가 필요하지만 필요에 따라 유연성이 있어야 건강한 교회가 된다. 교회는 상식의 공동체가 되어야 한다. 그러나 우리 공동체는 정서 공동체다. 분위기나 기분에 의해서, 감정에 의해서 교회가 굴러간다. 이 때문에 성도와 교역자 간의 오해와 불신의 골은 깊어질 수밖에 없게 된다. 습관이 체질이 되고 체질이 구조로 굳어진 것, 이것을 변화시킨다는 것은 우리의 정신과 삶에 지각의 대지진과 같은 엄청난 일이 있기 전에는 고치기 힘들다. 우리가 가지고 있는 이 구조물을(그것은 관습에 의해, 관례에 의해, 전통에 의해서 내 속에 들어와 있는 것이다) 어떤 방법으로든 그것이 진리를 왜곡하는 것만 아니라면 변형해 내야 한다.

2) 환상(phantasy)※

환상이라는 말은 여러 가지 의미가 있다. 환상(幻想)이란 현실에 없는 것을 있는 것 같이 느끼는 상념으로 비전(Vision)의 의미가 있다. 영어사전에서 비전은 시력, 시각, 보이지 않는 것을 마음속에 그리는 상상력, 선견(先見), 환상, 꿈, 그리고 미래도라는 의미로 쓰인다. 환상(幻像)은 헛것에 홀린다는 부정적인 의미가 있다. 영어에서도 전자는 Fantasy로 표기하고 후자는 phantasy로 표기한다. 환상(Fantasy)은 논리와 이성과는 대립이 되지만 예술을 만드는 재료가 되고 과학의 영역에도 깊은 영향을 드리울 수 있다. 날아다니는 환상이 비행기를 만들었을 수 있고, '열려라 참깨.' 는 환상적 동화는 자동문의 시원이 되었을 수도 있다. 환상(Fantasy)은 우리의 삶에 윤활유와 같은 역할을 한다. 창조적 환상(Fantasy)에 사로잡힌 사람은 낮에도 꿈을 꾼다. 삶을 신명나게 산다. 그것은 가슴을 뛰게 하고 에너지가 넘쳐흐르게 한다. 때로 이러한 비전은 의식이 현실과 단절되어 있는 밤이나 몽롱한 상태에서 오기도 한다. 아브라함은 동물의 사체 앞에서 솔개를 쫓다가 비몽사몽에 빠졌고 이때 환상과 비전을 받는다.(창 15)

그러나 Fantasy가 아니라 무의식적 환상인 phantasy의 경우 그것에 놀이나 적절한 해석을 통해 해소되지 않을 경우 우리에게 비전을 주는 것이 아니라 우리의 삶을 휘둘리게 하고 현실의 삶과의 단절을 가져오게 할 수 있다.

인간의 마음을 다루는 학자들은 인간이 태생적으로 이러한 환상(幻像, phantasy)과 함께 그의 운명이 시작된다고 말한다. 아기가 처음 눈을 뜨고 생각을 시작하는 과정을 생각해 본다면 그들이 듣고, 보고, 생각하는 모든 것이 객관적일 수는 없을 것이다. 그러나 이 환상도 비록 착각이지만 삶에 필요한 심리적 산소가 될 수 있다. 환상이 있어야 사랑도 결혼도 할 수 있는 것이다. 목회도 마찬가지이다. 환상이 있어야 목사도 하고 개척도 한다. 오직 현실만 보이고 진실만 보인다면 누가 목회의 길에 들어서겠는가? 물론 비전을 향해 나아간다면 더없는 금상첨화가 될 것이다. 그러나 비전이 아니더라도 인간에게는 부정적인 환상도 필요한 것이다. 모든 환상이 다 깨지고 삶의 진실이 무엇인지가 보이기 시작할 때면 이미 노년이 되고 머리가 백발이 되어버린 다음일 것이다. 너무나 조숙해서 현실과 진실만 보이면 무슨 일도 시작하지 못할 것이다.

'개척'이라는 말은 우리에게 미국 서부개척시대의 영웅적 총잡이에 관한 멋있는 환상이 따라붙을 수 있다. 우리나라에도 교회 개척 때에는 마치 서부개척시대와 비슷한 시절이 잠시 있었다. 그러나 이제 그런 개척시대를 맛보려면 다른 황무지를 찾아야 한다. 과거와 같은 부흥이 옛날 방법으론 안 된다는 것은 이젠 누구도 다 아는 사실이다. 이제 그 환상은 누구나 다 버릴 수 있다. 그러나 아직도 자신이 환상 속에 있다는 것을 알지 못하는 환상은 여전히 남아 있다. 그래서 여전히 우리는 개척교회를 하고 있다. 그것도 전혀 준비가 없고 전략이 없는 개척을 시작한다. 여기에는 막연히 잘될 것이라는 환상이 있다.

목회자라면 누구나 많은 성도를 대상으로 설교하는 환상을 가지게 된다. 교회의 크기와 건물, 교인 수, 헌금의 액수 등에서 자유로울 수 있는 목회자는 드물 것이다. 성도들도 자신의 환상을 깨려는 목사가 있다면 분노할 것이다. '당신이 뭔데, 당신이 나에게 무엇을 주었기에 마지막 남은 나의 이 환상을 깨버리는가?' 하며 분노할 것이다. 큰 목회를 하는 목사님들은 어쩌면 성도들의 이 환상을 함부로 건드리지는 않을 것이다. 이러한 목사님들은 직관적으로 인간은 환상 없이 살아갈 수 없다는 것을 알고 있는 듯하다. 예수님의 12제자도 환상이 있었다. 예수님 당시의 무리는 예수가 자신들의 환상을 깨버리는 것으로 경험했고, 그들의 환상이 예수를 십자가에 못 박는 결과를 빚게 되었다.

많은 목사 후보생들 역시 목회에 대한 환상을 가지고 신학교를 졸업하지만 대부분 그 환상은 이루어지지 않는다. 비전이 아니고 그야말로 phantasy였기 때문이다. 신학교 채플에 초청되어 오시는 목사님들은 적어도 외양적이든 내실을 겸비했든 어느 정도 성공한 목사들이어서 신학생들은 그들을 이상화하게 되고 작은 교회 목사의 목소리에 귀 기울일 기회가 없게 된다. 뿐만 아니라 기회가 주어진다 해도 누가 귀담아들으려 하겠는가? 이 때문에 거의 모든 목회자들은 성공에 대한 막연한 환상(phantasy)과 함께 그 환상의 정체가 무엇인지 알지 못한 채 목회를 시작하게 된다. 그리고 이 환상을 벗어버리기 위해 십수 년의 세월을 허비하게 된다. 그러나 이 환상(phantasy)은 빨리 깨지면 깨질수록 좋다. 그래서 힘든 이야기, 성공하지 못한 이야기에도 귀를 기울여야 한다. 성공한 목회자의 사례가 자신에게는 부적절할 수 있다. 실패한 목회의 원인이 무엇인가를 살펴보는 부정의 방법도 병행되어야 한다. 그리고 그 환상(phantasy)이 깨어져야 목회가 시작된다.

오늘날 목회자들이 가지고 있는 환상은 오히려 개척교회에 대한 막연한 두려움과 선입견이다. 개척교회를 한다는 것이 미친 짓이라는 생각이다. 그래도 시작하는 목사도 있다. 환상이 있기 때문이다. 그래서 환상은 순기능이기도 하다. 개척교회일수록 더 복음적이고, 더 많이 기도하고, 더 영적이라야 부흥할 것이라는 생각도 착각일 수 있다. 이러한 환상의 실체를 조금씩 벗겨내야 한다. 개척교회의 목표는 큰 교회도 아니고 작은 교회에 머무는 것도 아니다. 개척교회 목회자는 현재 개척교회만이 가질 수 있는 사명과 전략에 주목해야 한다.

개척교회는 일반적인 교회에서 적응하지 못하는 성도들이 찾아온다. 실제로 개척교회가 문을 닫는 원인이 이들에게 있지만 또한 역설적으로 이들이 바로 개척교회의 가능적 잠재력이 될 수 있다. 개척교회에는 수평 이동하는 성도나 일할 수 있는 성도가 오지 않는다. 개척교회는 안정된 공간에서도 담아내기 힘든(이미 다른 공동체에서 소외된 경험이 있을 가능성이 높은) 사람들이, 혹 여기서는 자신을 받아줄지도 모른다는 희망을 가지고 찾아오는 곳이다. 그러나 개척교회 목사는 일꾼이 필요한 시점에서 이들을 맞이하며 동상이몽에 빠지게 된다('드디어 일꾼이 왔구나!'). 목회자가 개척교회에는 결단코 '달리는 말(일꾼)'이 오지 않는다는 이 간단한 사실을 받아들이지 못하고 또한 그들이 왜 개척교회를 찾는지를 이해하지 못한다면 그들은 곧 교회를 떠나게 되고, 이러한 일이 반복되면서 목회는 100% 실패하게 된다.

'병든 말은 교회를 더 힘들게 하니 달리는 말과 함께 가야 한다'는 상투적인 말은 개척교회의 현실에 전혀 적용되지 못한다.

개척교회에 다른 대안은 없다. 개척교회는 누구도 다루지 못하는 성도들을 붙들어 살려내는 것 외에는 다른 길이 없다. 교회를 힘들게 하는 이런 성도들 없이 개척교회가 성공할 수 있다는 환상을 벗어버리고 이들이 곧 희망이라는(아직은 일꾼이 아니지만) 생각으로 목회를 시작할 수 있다면 목회 개척은 아직도 가능하다. 내가 생각했던 것들이 환상이었구나, 하고 깨달았을 때는 이미 늦은 것이다. 그래서 목회는 처음부터 환상(phantasy)을 깨고 시작하는 것이 좋다. 죽는 것이구나, 성공과는 아무 관계없는 것이구나, 하는 생각으로 시작한다면 새로운 비전을 받게 될 것이다.

2. 우울한 상황에서 벗어나기

1) 기쁨의 에튀드

연주가들이 연주 기교를 습득하기 위해서 연습하는 곡을 에튀드(연습곡)라고 한다. 이러한 연습곡은 주로 운지가 어려운 기술적인 과정을 반복하게 한다. 힘든 악절일지라도 수없이 반복하고 또 반복하여 완성도를 높이면 기술은 향상될 수 있고 다른 곡들을 연주하는 데 많은 도움을 받게 된다. 운동도 마찬가지일 것이다. 고난도의 어려운 부분을 수없이 반복한 후에 완성도가 높아진다. 특별한 기초나 기본 동작일수록 더 철저히 반복한다. 수없는 반복은 예술성을 높이는 데 중요한 밑거름이 된다.

그렇다면 우리의 삶에서 가장 힘든 부분은 무엇일까? 그것이 있다면 당연히 반복할 수 있는 에튀드를 만들어야 할 것이다. 우리의 삶에서 가장 어렵고 잘 안 되는 것은 아마도 기뻐하는 일일 것이다. 왜냐하면 기뻐할 일보다는 우울한 일, 스트레스 받을 일이 더 많이 일어나기 때문이다. 그래서 삶의 에튀드를 만들어야 한다면 기뻐하는 것을 연습하도록 '기쁨의 에튀드'를 만들어야 하지 않을까?

사도 바울은 빌립보서에서 이런 말을 한다. '기뻐하라. 너희에게 같은 말을 쓰는 것이 내게는 수고로움이 없고 너희에게는 안전하니라(빌 3:1).' 같은 말을 쓰는 것(반복하는 것)이 바울에게도 수고가 덜어지고 우리에게도 안전하다는 것이다. 기쁘게 사는 것이 쉬운 일이 아니기 때문이다. 그렇다면 가장 쉬운 것은 무엇일까? 우울하게 사는 일일 것이다. 슬퍼하며 혈기 부리며 싸우면서 사는 것이 본성이고 자연스러운 일상이 될 수 있다. 사실 기뻐하면서 살 수만 있으면 그 인생은 성공한 것이다. 그러나 스트레스는 매일 올라온다. 그래서 우울하고 짜증나고 화나는 것이 인생이 될 수 있다.

스타킹이라는 예능 프로그램에서 어떤 30대 초반의 발리댄스 강사가 나와서 춤추는 것을 본 적이 있다. 몸을 요란하게 흔들며

밝게 웃는 모습이 매력적이었다. 그런데 춤을 마친 후에 이분이 말 못할 사연을 이야기하기 시작했다. 이분의 몸에는 희귀한 병이 있는데, 그것은 몸 안에 있는 백혈구가 아군과 적군을 구별하지 못해 같은 백혈구끼리 서로 죽이는 병이라고 했다. 그녀는 이 병의 엄청난 고통스러움을 이겨내기 위해서 발리댄스를 시작했다는 것이다. 이 춤을 추면서 웃을 때, 그리고 기뻐할 때는 모든 고통이 사라진다고 한다. 그런데 춤이 끝나고 나면 다시 고통이 시작된다고 한다. 24시간 춤을 출 수는 없는 노릇이고, 그래서 그 기쁨을 계속적으로 이어갈 수가 없다는 것이다. 지속적으로 기뻐한다는 것이 얼마나 어려운 일인가를 말하는 것 아닌가? 어렵더라도 우리는 매일 기뻐하는 연습을 해야 한다. 그런데 우리가 여기서 유의할 것은 이 기쁨이 조(燥)적인 기쁨을 말하는 것이 아니라는 점이다. 조적(Manic)※인 기쁨은 허공에 뜬 기쁨이라 지속될 수 없어 다시 바닥으로 추락하여 울(鬱)이 될 것이 뻔하기 때문이다. 그렇다면 어떻게 기쁨의 연습을 할 수 있단 말인가?

바울은 분명 이 연습을 수없이 연주해 본 경험이 있는 듯하다. 그는 극단적인 고통 가운데 있었지만, 언제나 최상의 감사를 드렸다. 20년간 순례 전도사를 하면서 그가 받은 고난은 서신서에, 특별히 고린도후서에 자세히 기록되어 있다. 그는 수없이 매를 맞고 옥에 갇히기도 했다. 그가 기뻐하라고 외치고 감사하라고 권면한 글은 이러한 감옥에서 쓴 편지에서였다. 우리는 그의 옥중 서신을 보면서 도전도 받고 위로도 받지만 그의 이러한 기뻐하라는 명령의 반복은 무엇을 의미하는지 가늠하기가 쉽지 않다. 우리가 경험하지 못한 성령의 위로와 만지심의 덕분일 수도 있고, 아니면 그가 주님의 교회를 핍박하고 성도들을 박해하는 일에 앞장섰던 자로서 무가치한 인생, 쓸모없는 인생임에도 불구하고 자신을 대사도로 만들어주신 감격 때문일 수도 있다. 중요한 것은 그는 고난을 받으면 받을수록 주님의 고난에 동참한 것에 더 깊이 감사했다는 것이다. 그는 극심한 고난에 처하면 처할수록, 고난에 더 깊이 내려가면 갈수록 더 감사하고 더 기뻐했다. 그 역시 춥고 배고프고 아팠을 것이다. 더구나 그에게는 남들이 알지 못하는 가시도 있었다(고후 12:7). 그는 우울해질 만한 수많은 조건을 가지고 있었다. 이 우울을 이겨내기 위한 방법이 약속을 붙들고 기뻐할 조건, 감사할 수 있는 조건을 찾는 것이었다. 그는 기쁨과 감사의 조건을 찾는 것으로 고통과 맞섰다. 바울의 기쁨은 결코 조적인 것이 아니었다. 그는 기뻐하는 것으로 악성 우울을 막았고, 정상적인 우울적 상태에 머물 수 있었다.

오랜 세월 우리 인간은 정신 건강을 해결할 수 있는 방법으로 '불안'의 근원에 대해 생각해 왔다. 정신과학에서는 인간이 불행하고 기뻐하지 못하는 이유를 '불안'에 있다고 보았다. 프로이트(S. Freud)는 이 불안의 밑바닥에 성적 억압이 있는 것으로 보았다. 또 다른 사람들은 대상과의 '분리 불안'을 그 원인으로 보기도 한다. 이러한 연구를 통하여 불안과 우울과 스트레스를 제거하는 방법을 여러 각도에서 시도해 보았지만 아무리 불안과 우울을 제거해도 결코 기쁨은 오지 않았다. 단지 덜 불안하고 덜 우울할 뿐이다. 인간은 실존적으로, 근원적으로, 그리고 존재론적으로 불안하다. 신학적으로 하나님에게 등을 돌린 인간의 근원적인 불안을 해결할 방법은 없다. 그래서 성경은 신에게 돌렸던 그 등을 되돌리고 약속의 유업을 붙들고 기뻐하는 쪽으로, 소망을 붙드는 쪽으로 그 가닥을 잡는다. 기쁨을 늘려 나가는 것이다. 그것이 바로 어둠과 우울과 스트레스를 중화시키는 방법이라고 생각한 것이다.

우리 삶에 있어서 가장 기초적인 것은 기뻐하는 일이다. 실제 기뻐해야 할 이유도 명확하기 때문이다. 예수 안에서 우리는 망할 수 없는 인생이다. 망하기 다 틀려먹은 운명을 타고난 것이다. 이 때문에 인생에서 가장 중요한 것은 기뻐하는 것이다. 사람들이 망하는 것은 이 기초를 우습게 여기기 때문이다. 이 기초가 안 되면 우울에 사로잡힌다. 분노에 사로잡힌다.

기뻐하는 것은 감정인데 어떻게 감정을 향해 명령을 하는가, 반문할 수도 있다. 기뻐할 일이 있어야 기뻐하지 어떻게 감정을 마음대로 조절할 수 있는가? 이게 가당하기나 한 일인가? 살다가 슬픈 일이 있으면 우울할 줄도 알아야지 어떻게 계속 기뻐하겠는가? 미치지 않았나? 아니다. 혹자는 어둠 속에 침잠하여 고요한 하나님의 음성을 듣는 것이 필요하다고 할 것이다. 그러나 개척교회는 24시간, 몇 주, 몇 달, 심지어 몇 년을 고요한 음성을 듣다가 문을 닫아야 함을 생각해야 한다. 매일 기뻐하려고 노력해도 엄청난 어둠이 몰려온다. 기쁨으로 이 스트레스를 중화시킬 때 우리는 이제 겨우 우울할 수 있다. 악성 우울에 빠져들지 않고 스스로 목숨을 끊는 경우까지 가지 않을 수 있는 것이다. 기뻐하지 않고는 이길 수 없는 그런 엄청난 영적 전쟁이 있기 때문이다. 환경을 따라, 본성을 따라, 분위기를 따라 기뻐하면 기뻐할 일은 결코 없다. 그리고 어둠에 사로잡히게 된다. 바울은 아무리 생각해 보아도 기뻐하라는 이 말은 반복해도 지나치지 않다고 생각한 것 같다. 현실적으로 기쁜 일이 없음에도 기뻐하라는 것이 성경의 명령이다. 이것이 삶의 기본자세다.

추운 겨울 야외 스파에서 사우나를 즐기고 있는데 가끔씩 뜨거운 물이 쏟아지고 있었다. 가만히 살펴보니 온도계가 달려 있어 물의 온도가 어느 정도 이하로 내려가면 뜨거운 물이 쏟아지게 설계되어 있었다. '코'로는 찬바람이 들어와도 몸이 뜨거워 충분히 추위를 이겨낸다. 중요한 것은 이 야외 스파의 물은 지속적으로 뜨거운 물이 공급되지 않으면 곧 차가워진다는 것이다. 온수가 지속적으로, 그리고 반복적으로 공급되어야만 추위를 이길 수 있다. 삶의 추위도 마찬가지이다. 그래서 기쁨을 반복적으로 공급해야

한다. 세상은 계속 찬물을 만들어낸다. '넌 낙오자야! 넌 몇 등짜리야……'

성도들에게 '넌 잘될 수 있어!' 라는 인사를 시켜보았다. 너무나 어색해한다. 이걸 수없이 반복해야 한다. 지루해도 또 해야 한다. 기뻐해야 한다. 잘될 거니까. 기뻐하지 않으면 무너진다. 우리는 다 기초가 잘못되어 있다. 기초는 항상 반복되고 강조되어야 한다. 기본 동작이다. 그 기본 동작이 바로 주 안에서 기뻐하는 것이다. 조건은 주 안에서다. 주 안에서 기뻐해야 한다. 이것이 되면 다른 것은 쉽다. 기뻐하는 것이 가장 어려운 것이기 때문이다.

우울과 짜증과 원망과 슬픔은 우리의 본성이기 때문에 너무도 쉽다. 기쁨을 명령하는 이유는 다른 게 아니다. 어렵기 때문이다. 기뻐해야 하는 이유는 암시가 아니다. 거짓이 아니다. 소리를 내는 사람이 득음을 하면 그다음부터 음악이 재미있게 된다. 삶에서 득도하는 것은 기뻐할 줄 아는 것이다. 주 안에 있는 기쁨은 잠시 있다 사라지는 것이 아니다. 주 밖에서의 기쁨은 무엇 됨에 대한 기쁨이다. 공부를 잘해서, 용돈을 받아서 기쁘다. 그러나 이런 무엇 됨은 사실 상대적이라 항상 '더, 더, 조금만 더' 라고 말한다. 만족이 없다. 기뻐해도 잠시잠깐이다. 주 안에서의 기쁨은 존재의 고요함이다. 배에서 솟아오르는 생수의 강이다(요7:38). 나의 무엇 됨에 관계없이 내 모습 있는 그대로 나를 사랑하시고 내 인생을 향상시키고 좋은 길로 인도하시고야 마는 그것을 기뻐하라는 것이다. 기뻐야 뇌가 열리고 지혜가 생기고 힘이 생긴다. 불쾌하고 짜증나고 힘들고 그런 가운데서도 기뻐해야 한다. 그런데 개척교회의 정서는 우울이다. 죽음이다. 이런 가운데에서도 기뻐할 수만 있다면 개척교회를 벗어날 수 있는 지름길이 될 것이다. 기쁨은 계속적으로 연습하고 연주되어야 한다.

2) 장이 서야 한다

아이가 현실로 나오는 과정이 시간이 지나면 자동적으로 일어나는 것 같지만, 여러 가지 정신 과정을 거치면서 현실세계로 나오는 것이다. 유아는 어쩔 수 없는 엄마의 부재를 견뎌내야 하고 이 부재를 모빌과 곰 인형, 또는 입으로 빨 수 있는 도구들과 놀이를 하면서 견디어내야 한다. 이러한 과정이 반복되면서 유아는 현실에 조금씩 발을 딛게 된다.[2]

이 중간 과정에는 유아가 혼자 옹알이도 하고 엄마가 불러주었던 자장가를 생각하고 스스로를 달래기도 한다. 또는 인형이나 이불, 베개와 같은 물건에 애착을 갖고 열정적으로 사랑하기도 하고 때론 공격하며 집어 던지기도 한다. 그리고 이러한 중간 대상※을 통해 점차 현실에 접촉할 준비를 하게 되고 바깥 세계와 부드럽고 자연스러운 관계의 능력을 배우게 된다.[3]

이러한 과정 속에서 놀이의 세계에 들어오고 더 발달하면 예술, 문화, 종교 등의 세계로 진입하게 된다.[4]

인류 역사에서도 문화, 예술은 항상 정치, 사회적으로 어두웠던 시절을 통과하는 도구였고, 이러한 시대에 가장 고양된 예술 세계가 만들어졌다는 사실은 주목해 볼 만하다. 화려함으로 상징되는 바로크 문화가 바로 유럽의 30년 전쟁(1618—1648)이라는 암흑기를 거친 열매라 할 수 있다.

가톨릭 성직자들의 문화 활동이나 문화적 관심은 잘 알려진 사실이다. 이단은 이러한 사실을 세속화로 보고 비판하지만 그렇게 간단하게 판단할 문제가 아니다. 필자가 있는 곳에 가까이 있는 개척교회 목사님과 함께 차를 마시며 이야기를 나눈 적이 있다. 이분은 힘들고 어려울 때 커피의 세계에 심취하여 여러 방식의 커피 맛을 즐겨보는 놀이가 얼마나 재미있는가를 이야기했다. 이러한 놀이가 그에게 개척교회의 고통을 잊게 해주는 도구가 되었다는 것이다. 나도 이 방면에 경험이 있어 함께 즐거운 시간을 가졌다.5)

힘들고 외로울 때, 그리고 불안할 때 이러한 문화적 취향이 고통을 이기고 달래는 역할을 한다. 물론 고통의 깊이에 들어가서 거기에 머물 수 있는 능력도 필요하다. 그러나 문화는 고통의 깊이에 내려가지 않기 위한 방어는 아니다. 새로운 세계를 위한 준비 과정이다. 개척교회에서 성장한 교회로의 변화는 어느 날 갑자기 이루어지는 것이 아니다. 고통과 해산의 과정 사이에는 수많은 중간 과정이 있는 것이다.

일반적인 개척교회의 외관은 습하고 어둡다. 지저분하고 냄새가 나기도 한다. 성범죄의 온상처럼 보이기도 한다. 누가 이런 건물에 들어오고 싶어 하겠는가? 이런 우중충한 건물에서 목회자 역시 우울을 벗어버린다는 것이 쉬운 일은 아니다. 살펴본 바와 같이 두려움, 어둠, 절망과 낙심이 복음의 가장 큰 방해물이 아니던가? 개척교회는 두려움과 어두움과 적막과 근심이 한꺼번에 몰려오는 곳이다. 조직된 교회는 카페와 식당, 넓은 주차장, 그 밖의 여러 가지 문화공간과 극장을 만들어 사람들이 왕래하게 한다. 그리고 여러 가지 프로그램도 맞물려 돌아가게 한다. 즉 장이 서게 한다는 말이다. 이곳에서 성경묵상이나 말씀 훈련 등의 영적인 놀이도 벌어진다. 놀이가 있는 곳에는 항상 사람이 많이 모이게 된다. 놀이는 현실을 받아들이기 위한 준비 과정에서 필요한 것이다. 현실은 자신의 전능성이 포기되어야 하는 곳이지, 원하는 것을 마음껏 실현할 수 있는 곳이 아니다. 이 때문에 서서히 진입해야 한다.

유아가 드디어 현실에 들어왔다는 것은 언어의 구사를 통해서 알게 된다. 어린아이가 언어를 자연스럽게 배우는 것 같지만 아이 자신은 큰 고통의 대가를 지불하면서 얻는 것이다. 이러한 고통의 과정 후에 현실에 발을 딛는 것이다. 언어를 사용한다는 것은 상징 세계에 진입했다는 증거다. 언어라는 도구가 없어도 자신의 생각과 느낌이 그대로 전달되고 이루어진다면 아직 전능의 세계, 환상의 세계에 있는 것이다. 믿음에도 자신의 뜻이 하나님의 뜻이 되고 하나님의 뜻이 자신의 뜻이 되는 전능적 신앙이 있다. 그러나 말씀이 원하는 것에 자신을 맞추어 나가는 성숙된 신앙도 있다. 말씀에 자신을 맞추기까지 성숙된 신앙으로 자라는 데에도 과정이 있다. 전능성을 포기해야 하는 고통의 시간을 가져야 한다. 여기에 놀이라는 중간 과정이 들어와야 한다.

개척교회는 이제 막 태어난 유아와 같은 것이다. 그런데 몸은 아직 유아인데 사고는 어른처럼 하려고 하면 어떤 일이 일어나겠는가? 다른 교회와 차별화를 위해서 더 복음적이고 더 이지적으로 더 정확하게 복음의 의미를 전달하려고 할 것이다. 그러나 이 시대의 개척교회에 이런 '구원의 도'와 '십자가의 도'를 바로 받아들일 수 있는 사람이 나올 확률은 거의 없다. 만약 개척교회에 처음부터 말씀으로 양육이 될 수 있는 사람이 나오거나 믿음의 연조가 있는 사람이 수평 이동하여 나온다면 이야기는 달라진다. 그러나 현실적으로 쉽지 않다. 이제 막 전도되어 교회에 나오는 사람에게 말씀이 바로 접목된다는 것은 쉬운 일이 아니다. 그들의 눈에는 교회는 아직 박해적으로 보일 뿐이다.

왜 대형 교회가 말씀을 쉽게 요리하고 첨가하고 문화를 접목하는가? 왜 말씀만으로 하지 않고 음악과 그림 언어와 정서를 담아서 말씀을 전하는가? 인간은 아무리 성숙했어도 바로 이러한 문화적 도구 없이는 살 수 없기 때문이다. 설교는 예술이다. 따라서 설교에 상상계의 예술이 접목될 수 있다. 순수한 복음만 전하지 않는다. 유능한 목회자는 상상계※ 목회와 상징계※ 목회를 유연하게 함께 접목한다. 대형 교회도 이런 방법을 사용하고 있는데 하물며 개척교회가 순수 복음만을 전하기에는 무리가 따르게 된다.

예배에 말씀 이외의 것들이 첨가될 수 있느냐의 문제는 중세부터 엄청난 논쟁의 역사가 있어왔다. 츠빙글리는 교회의 오르간을 도끼로 부서뜨리기도 했다.6) 칼뱅도 음악을 터부시했다. 말씀의 가치를 떨어뜨리지 않기 위해서였다. 그러나 이러한 생각은 결국 실패하고 말았다. 상상계 목회는 말씀을 우회하여 간접적으로 말씀을 증거하는 목회다. 느낌과 감정으로 의사를 전달한다. 몸으로 한다. 원시적 개척교회는 이런 중간 세계가 필요하다. 교회로서 규모를 갖추기까지는 어른들의 흉내를 내는 것보다 상상계가 동원되어야 하는 것이다. 즉 놀이가 들어와야 하는 것이다. 마치 유아가 환상에서 현실로 나오기 전에 잠재적인 공간이 필요하듯이. 글도 못 읽는 사람도 있고 현실과 환상의 세계를 구분하지 못하는 사람도 있다. 눈에 초점이 없는 사람, 빛에 도망을 다니는 사람 등 이런 사람들에게 바로 말씀이 접목되기는 쉬운 일이 아니다. 말씀의 세계로 들어오기 전에 중간 과정이 필요하다. 어떤 목회자는 사람들 속에 잠재해 있는 이런 환상을 이용하여 그들을 상상계 속에 가두고 이것으로 큰 목회를 한다. 개척교회는 우선 사람들이 모이게 하고 어떻게 장이 서야 하는가에 관심을 가져야 한다. 사람들은 복음으로만 모이지 않는다. 그렇다고 개척교회에 재정이 넉넉하여 놀이 시설(각종 문화 시설과 종교 시설)을 만들 수 있는 형편도 안 된다. 그럼에도 어떤 수를 써서라도 장이 서게 하는 방법을 찾아야 한다.

① 아이들과 놀이

때로 아이에게는 엄마 이외에 중간 대상이 없게 될 경우도 있다.7) 이 중간 대상인 산모나 엄마가 우울증에 빠져 있다면 아이는 치명적인 외상을 입을 수밖에 없을 것이다. 엄마의 우울이 가볍다면 유아가 엄마를 우울에서 벗어나게 할 가능성도 아주 없는 것은 아니지만 여러 명의 아이가 있는 가정이라면 오히려 이 아이들이 가정의 분위기를 살리고 어둠을 변화시키는 것은 그리 어렵지 않을 것이다.

교회도 마찬가지다. 아이들이 있어야만 한다. 아이들은 보이는 모든 것을 다 장난감으로 바꾸어놓는다. 베개와 방석도 놀이 도구로 사용한다. 아이에게 책은 읽는 것이 아니라 쌓는 놀이 도구다. 책상은 앉는 곳이 아니라 기어 들어가 숨는 공간이다. 그들의 열정은 쇠도 녹인다. 아이들에게는 장난감이 필요 없다. 무엇을 보든 다 놀이 도구다. 아이들은 창조적이다. 항상 놀면서 행복해 한다. 아이들에게는 많은 것이 투자되지 않는다. 아이들은 같이 놀아주면 된다. 진심으로 아이들을 사랑하고 좋아해 주면 된다. 아이들은 자신을 좋아하는지 싫어하는지 진심을 꿰뚫어 본다. 아이들이 교회에 바글거리면 교회에 활력이 생기고 생명력이 넘친다. 개척교회에 장이 서게 할 수 있는 유일한 방법은 아이들이다. 아이들은 쉽게 무너지지 않는 저항력이 있다. 그들은 우울해하지도 않는다. 어려운 일에서도 놀라운 회복 능력을 보인다.

언젠가 텔레비전에서 공중화장실에서 생활하는 아이들에 대해 방영하는 것을 보았다. 아빠는 병원에 입원해 있고, 엄마는 아이들을 버리고 도망갔다. 물론 그들은 이혼한 상태다. 아이가 동생을 업고 노는데 그렇게 행복한 웃음을 지을 수 없었다. 밥을 동냥해서 화장실 변기 뚜껑을 내리고 그것을 식탁으로 사용한다. 그런데 해맑다. 어쩌면 후일, 어른의 관점에서 과거를 사후(事後) 해석하게 될 때, '내가 그렇게 불행했었네'라고 불쾌해 할 수도 있겠지만 아이들의 관점에서는 불행한 것이 아니다. 그들은 지금 살아 있음을 누린다.

어른들은 행복을 미래에서 찾고 지금 놀지 못하고 지금 행복하지 못하다. 아이들에게 천국은 미래의 천국이 아니라 지금부터 천국이다. 지금 행복하다. 놀 수 있기 때문이다. 어른들의 세계는 놀이가 제한되어 있다. 고스톱과 술 먹는 일이 주된 놀이인 성인들이 얼마나 많은가? 그러나 이것은 놀이가 아니다. 어른들은 근심과 걱정에 찌들고 욕망에 찌들어 놀지 못한다. 작아서 불행하고 비교해서 불행하다. 주님의 제자들이 '누가 큽니까?' 라고 물었을 때 '어린아이와 같지 아니하면 천국에 갈 수 없다' 고 했다(막 9:34, 눅 9:46, 눅 22:24). 무능함은 어린아이의 덕이다. 아이가 영악하면 이미 망가진 것이다. 어린아이에게 주는 하나님의 선물은 맑은 마음과 순진한 마음이다. 단순한 마음이다. 시편 116편 6절에는 '하나님은 순진한 사람을 지켜주신다' 고 말씀한다. 아이들은 '누가 오면 나 없다고 그래!' 하면 '없다고 말하라고 그랬어요' 라고 그대로 옮겨서 전한다. 거짓말을 모르기 때문이다. 그래서 이들에게는 말씀이 들어간다. 진리는 지혜로운 자에게는 가려지고 어린아이에게만 드러난다(마 11:25). 이것이 하나님의 뜻이라고 했다.

아이들은 계산하지 않는다. 그래서 상상력이 풍부하다. 어떤 환경에서도 아이들은 불가능한 것이 없다고 생각한다. 이들의 눈은 항상 반짝거린다. 호기심이 많다. 아이들은 머리로 하지 않는다. 몸으로 한다. 그래서 기적을 체험한다. 아이들에게는 빨리 집에 가서 피아노 치는 것이 중요하지 않다. 집에까지 가는 과정이 중요하다. 풀이 자라는 것도 보고 '어제는 요만큼밖에 올라오지 않았는데. 어, 더 자랐네? 어, 꽃이 피었네?' 한다. 그들은 풀벌레들과 대화한다. 집에 가는 과정 중에 많은 것을 보고 느끼고 배운다. 아이들은 큰 울타리만 쳐주고 그 안에서 마음껏 뛰어놀게 하고 기다려 주기만 하면 자기의 길을 찾아간다.

부유하거나 힘이 있는 부모들은 아이들을 교회에 맡기지 않는다. 때문에 열악한 환경에 있는 아이들, 부모가 생계로 아이에게 신경을 쓰기 힘든 지역의 아이들에게 오히려 복음의 기회가 열려 있다. 고학력과 좋은 스펙의 부모를 둔 자녀는 숨을 쉬지 못한다. 이들의 부모는 자신의 자녀를 가지고 놀기 바빠 자신도 망치고 자녀도 망친다. 교회에 어린이가 많이 나올 수 있는 지역이 황금어장이다. 그러나 눈에 보기 좋은 초목에서 아이들은 놀지 않는다.

② 어른들은 왜 놀지 못하는가?

어른들은 어두움을 찾아간다. 음습한 곳을 좋아한다. 어른들은 적어도 과거에 완충지대를 누리지 못해 놀이 능력에 손상을 받은 사람일 수 있다. 중간 영역을 경험하지 못한 사람들은 삶의 질이 빈곤하고 오직 현실밖에는 가슴에 다가오는 것이 없는 경우가 많다. 이런 어른들을 놀게 하기 위해서는 많은 재정이 들어간다. 어른들의 놀이 공간은 인프라가 구축되어야 하고 식당과 카페, 기도 공간 등 모든 것을 갖추어야 한다. 어른들에게는 엄청난 비용이 들어간다. 그래도 그들은 놀지 못한다. 판을 벌여주어도 나오기 싫어한다. 놀이 세계와 환상의 세계를 잃어버린 사람은 문자주의에 빠지게 되고 온갖 중독에 빠지게 되는데, 이단은 이런 사람들을 목표로 해서 종교 중독에 빠지게 한다. 이들은 관계를 어려워한다.

주일학교 예배 때 초등학생이 1,000원짜리 지폐를 헌금하며 나에게 물었다. '목사님, 이거 헌금하면 목사님이 먹고 떨어지는 거죠?', '누가 그러디?' 라고 물어보았다. 아이는 대답하길 '우리 엄마가요!' 한다. 이 엄마는 보이는 세계만 믿지, 보이지 않는 상징의 세계를 이해하지 못하는 것이다.8) 모든 일에는 숨어 있는 과정들이 있다. 만약 엄마가 매주 아이에게 '이것은 하나님에게 드리는 거야' 하면서 봉투에 넣어준다면 아이는 보이지 않는 상징의 세계에 대해 마음이 열리기 시작하고 아이의 미래는 더 풍성해질 것이다. 보이지 않는 하나님에게 돈을 드린다는 것은 상징의 세계다. 상징의 세계에 진입하지 못한 사람들은 놀지 못한다. 모든 일이 즉물적으로 해석된다. 아이가 헌금한 돈은 목사가 먹고 떨어지는 것이 된다. 이것이 어른들의 세계다. 어른들은 늘 아이들이 갖는 상징의 능력을 깨버린다.

나쁜 아버지의 경험이 있는 사람이 목사를 나쁜 아버지로 보는 것은 당연하다. 또 어떤 여성도에게 목사는 나쁜 남편이 될 수도 있다. 이혼한 남편의 모습과 비슷할 수도 있다. 술 먹고 엄마를 때리는 폭군 아버지를 경험한 사람은 하나님이 무서운 분이 된다. 벌을 주는 분으로 경험한다. 그래서 교회가 놀이 공간이 되지 못한다. 교회는 무서워서 의무적으로 나와 신고만 하고 도망가는 곳이 된다. 상처가 많은 성도들은 자신의 눈에 비치는 교회와 실제 교회를 구분하지 못한다. 그래서 교회가 영적인 놀이터가 되지 못한다.

놀이를 못하는 것이 얼마나 무서운가를 이야기한 영화도 있다. '왕의 남자' 라는 영화다. 역사적으로 연산군의 아버지인 성종은 많은 후궁을 두었고 여자들을 중심으로 권력의 암투가 많았다. 그 와중에 어머니인 폐비 윤씨가 사약을 받고 죽었는데, 당시 연산군을 보호해 줄 수 있는 사람은 아무도 없었다. 연산군은 정치 싸움의 희생양이었다. 어머니의 품을 경험하지 못했고, 이 상실을 해소할 완충지대를 경험할 기회가 없었다. 어린 사슴이 연산군에게 다가와서 손을 핥았을 때 연산군은 화가 나서 어린 사슴을 발로 찼고, 이 일로 부친에게 책망을 듣는다. 연산군은 왕이 되어 그 사슴을 활로 쏴 죽였다는 일화가 있다. 연산군에게는 어려서부터 놀이의 세계는 아예 존재하지 않았다. 상처와 분노로 멍든 가슴을 가지고 왕위에 올랐다. 연산군이 왕이 되었지만 궁궐 역시 낯선 박해의 공간이었다. '누군가 나를 해할지 몰라!' 그래서 연산군은 광기를 부리고 폭정의 칼을 휘둘렀다.

영화는 이것을 기초로 극을 만들었다. 연산군 앞에 광대패 놀이가 벌어졌다. 왕은 현실과 극을 거의 구분하지 못하게 된다. 극중 어머니가 사약을 받는 장면에 정말 자기 엄마인 줄 알고 '어머니!!' 하고 달려가 운다. 연산군에게 이 극은 광대패 놀이극이 아니었다. 어디가 현실이고 어디까지가 극인지 구분을 못한다. 보통 사람들은 연극이나 드라마를 보고 줄거리에 빠져서 눈물도 흘리고 웃기도 한다. 그러나 그 극과 현실을 혼동하지는 않는다. 드라마를 보면서도 이것이 극이라는 것을 어느 정도 알고 있다.

레온카발로(1858~1919)의 『팔리아치(익살광대)』라는 이태리 오페라가 이와 비슷한 내용을 가지고 있다. 실제 부부가 이 오페라에 출현했는데 이 오페라에서 남자 팔리아치는 현실과 놀이(극)를 구분하지 못해서 삼각관계 극을 현실로 착각한다. 자기 부인이 지금 극을 하고 있는지 정말 다른 사람을 사랑하는지 구분이 되지 않는 것이다. 그래서 그를 오해하고 자기 부인이 다른 남자를 사랑한다고 착각한다. 그리고 공연 중에 자기 부인을 실제 살해한다. 이 오페라에서 영감을 얻은 스페인 감독 카를로스 사우라는 『카르멘』이라는 영화를 만들었다. 현실에서 카르멘에게 빠진 호세는 삼각관계의 사랑 공연을 하면서 현실과 극을 혼돈하고 실제 카르멘을 칼로 찔러 죽인다.

이것은 너와 나, 현실과 환상의 경계가 섞이고 혼돈되는 현상이다. 이단 종파의 교주는 실제 자기가 예수가 되기도 하고 구세주가 되기도 한다. 현실이 환상이 되고 환상이 현실같이 느껴지는 것이다. 갓난아이의 정신 상태가 거의 이와 같다고 할 수 있다. 이런 유아적인 정신을 갖고 있으면서 몸은 다 자란 성인이라고 생각해 보자. 어떤 일이 일어나겠는가? 이것이 오늘날 교회에서도 그대로 일어나고 있다면 얼마나 목회가 힘들겠는가?

우리가 부활을 믿지만 사실 삶에서 죽음 이후의 세계까지는 아직 시간이 있다. 그래서 중간 지대를 만든다. 그것이 교회다. 교회는 세상과 천국의 중간 지대다. 그래서 교회는 온갖 영적인 놀이판이 벌어지는 곳이다. 삶의 고통을 순화시키는 곳이 교회다. 교회는 삶의 어려움을 완화시키면서 삶을 잘 감당할 수 있도록 힘을 받는 곳이다. 이런 의미에서 삶도 놀이고, 신앙생활도 사실은 놀이다. 주님이 말씀하신다. '혼인집 손님들이 신랑과 함께 있을 동안에 슬퍼할 수 있느뇨. 그러나 신랑을 빼앗길 날이 이르리니 그때에는 금식할 것이니라(마 9:15).' 교회는 주님이 계신 혼인잔치 집 같은 곳이다. 즐거워해야 한다. 구원의 기쁨이 있는 곳이다. 땅과 하늘이 만나는 곳이고, 사람과 하나님이 만나는 곳이다. 교회는 놀이터이다. 이런 교회라는 영적인 놀이터에 다른 이해관계가 들어오면 이 영적인 놀이 공간이 파괴되기 시작한다.

놀이터에는 항상 아이가 있지 않은가? 어른들이 아이가 되어야 한다. 그러나 우리의 스승인 아이들이 있으면 더 신명난다. 시끄럽고 깨지는 소리가 들리고 우는 소리도 들리고 싸우기도 한다. 그래도 신난다. 놀이판을 깨는 것이 바로 성경을 부적으로 보고 신앙을 주술로 혼돈하는 것이다. 오늘날 교회는 이런 영적 놀이터의 깡패들, 판을 깨는 사람이 너무나 많이 있다. 그래서 이상한 신앙생활이 된다. 복음은 먼저 성도된 자가 즐길 수 있어야 한다.

모든 것은 놀이다. 피아노를 치는데 재미가 있으면 목표가 완성된다. 그런데 목표가 먼저면 그 목표에 도달이 안 된다. 음악이라는 즐거움 외에 다른 목표가 들어가면 놀이가 깨지고 판이 깨지는 것이다. 아내가 아침에 햄버거 빵을 꺼내서 자르고 고기를 다지고 야채를 썰고 겨자를 바른다. 내 눈에는 야단법석으로 보인다. 힘들어 보여서 '당신, 왜 아침부터 그렇게 힘을 빼? 간단히 먹지!' 하면 아내가 대답하길 '아니. 힘들지 않아. 재미있어. 이렇게 만들어 아이들 먹이는 맛을 알아?' 가만히 보니까 놀이를 하고 있는 것이다.

한국계 미국인 하인즈 워드가 미국 풋볼 MVP가 되었다. 풋볼이 축구보다 더 격한 운동인데 하인즈 워드가 기자들과 인터뷰하는 것을 들었다. 기자가 "왜 넘어지면서도 자꾸 웃느냐"고 질문하니까 너무나 행복해서 웃는다고 한다. 운동하는 게 너무나 좋아서 웃는다는 것이다.

「세상에 이런 일」이라는 프로그램에서 떡볶이 장사하는 분에 대한 이야기가 방영되었다. 이 떡볶이집이 대박이다. 그 이유는 돈을 벌기 위해 떡볶이 장사를 하는 게 아니라 놀이로 장사를 하기 때문이었다. 떡볶이를 주문하는 사람에게 떡볶이와 함께 삼행시를 가져가기 때문이다. 이 삼행시를 받기 위해서 사람들은 떡볶이 주문을 한다. 음식 장사를 놀이로 하니까 대박이 난 것이다. 신앙생활도 놀이가 되어야 한다.

음식이 맛이 있어 맛있게 먹어야지 죽지 않기 위해서 음식을 먹으면 병든 사람이듯이 죽을까 두려워서 예수 믿으면 잘못 믿는 것이다. 벼락 맞을까 봐 예수 믿으면 병든 믿음이다. 생명의 은총을 느끼면서 믿어야 한다. 이러기 위해서 한 가지 조건이 있다. 재미가 있어야 한다. 그러기 위해서는 놀 줄 알아야 한다. 우리는 아이들을 스승으로 모셔야 한다. 아이들은 어른들을 위한 전도 도구가 되어서는 안 된다. 아이들이 좋아야 한다. 아이들과 놀아야 한다. 그러면 장이 선다. 복음은 나중이다. 복음은 저절로 들어가게 되어 있다. 놀기만 하면 된다. 놀지 못하는 것은 어디서 오는가? 놀이터가 없어서 못 노는 것이 아니다. 오히려 놀이터가 박해 공간으로 보이기 때문이다. 어른들은 놀이터를 마련해도 놀지 못하지만 아이들은 놀이터가 없어도 모두가 논다. 그리고 이 놀이 안에서 나쁜 경험을 다 해소한다. 그 후에 복음이 들어간다. 아이들과는 놀 수 있는 공간이 필요한 것도 아니다. 그들은 어디서든 놀 수 있다. 마음의 공간만 내어주면 된다. 보이지 않은 하나님과 대화하는 것은 고도의 영적인 놀이다. 놀이는 삶을 윤택케 하고 자유롭게 한다. 안 먹어도 배부르고 못 벌어도 불안하지 않고 기분 좋고……. 구원의 기쁨을 노래하는 판소리 같은 것이 놀이다.

3. 개척교회는 비언어적 목회다

1) 돼지고기 한 근이 필요하다

『걸으면 살고 누우면 죽는다』라는 책을 쓰신 대학교 선배 한 분이 계셨다. 오래전에 이 선배님이 한의사로 일하시던 강원도 오지를 방문한 적이 있다. 마침 도착했을 때 이 선배님은 왕진 가방을 챙기고 계셨다. 한참 보따리를 싸더니 함께 가자고 했다. 산 좋고 물 좋은 시골이라 등산도 하고 바람도 쉴 겸 따라나섰다. 몇 개의 산을 넘어 환자의 집에 도착했다. 아무런 시술도 하지 않고 돼지고기 한 근을 꺼내 놓고 환약을 주면서 나온다. 나는 선배 한의사에게 물었다. "아니 아픈 사람인데 왜 시술은 안하세요?" 이 선배님은 대답하길 "침을 놓거나 처방을 해도 소용이 없어! 영양실조야"라고 말한다. 이런 사람들에게는 시술보다는 돼지고기 한 근 사가는 것이 훨씬 더 효력이 나타난다는 것이다. 허기져 탈진한 사람들에게는 물 한 잔에 설탕 한 숟가락이 그 사람을 일으킨다는 것이다.

엘리야가 광야를 가다가 로뎀나무 아래 쓰러져 누워 잘 때, 천사가 구운 떡과 물을 주고 힘을 내라고 했다. 두 번씩이나 마실 것과 떡을 주면서 일어나 기운을 차리고 먹으라고 했다. 그리고 그 이후에 엘리야에게 미션을 주었다. 힘이 있고, 소망이 있고, 비전이 있는 사람은 개척교회에 나오지 않는다. 비전이 없는 사람에게 비전을 주는 것보다 먼저 필요한 것은 물과 빵이다. 돼지고기 한 근이 필요하다. '왜 그렇게 사느냐? 언제까지 그렇게 살 것이냐?'라는 잔소리는 그들에게 모욕이 된다. 이들에게는 아직 사랑과 위로가 있어야 한다. 사랑이 부족한 자에게 비전과 소망은 그림의 떡이다.

집사 시절, 다니던 교회에 사찰집사님이 있었다. 10년을 교회에서 근무하다가 정년퇴직을 하게 되었다. 그런데 이분은 퇴직하자마자 교회를 안 나갔고, 목사님은 이것을 알고 '아니, 왜 교회를 안 다니세요? 우리 교회 안 나와도 좋으니 다른 교회라도 나가셔서 신앙생활 해야지요' 라고 했다. 이때 사찰집사님 말씀, '아니, 목사님, 제가 10년 동안이나 교회 나와주었으면 됐지 지금도 제가 교회를 나가야 합니까?' 라고 했다. 무슨 이야기인가? '내가 신앙생활을 할 때 언제 이 교회에서 사랑을 받아보았는가?' 라는 말이다. 다른 사람들은 심방하고 난 직원이라고 소외시키고, 교인들 회식할 때 나 한 번 불러보았냐는 것이다. 사랑받지 못했다는 것이다.

한 사람을 교회에 나오게 하기 위해서 6개월 동안 일주일에 두 번씩 설거지해 주고, 애 봐주고, 청소해 주었던 교회 집사님도 있었다. 이분은 봉투를 붙이거나 부속을 끼우는 부업을 하는데 한 달 내내 해도 40, 50만 원 정도의 수입밖에 되지 않는다. 이런 일을 반나절씩 도와주기도 한다. 뿐만 아니라 갈 때마다 먹거리를 사 들고 간다. 그 결과 이분이 6개월 만에 교회에 나온다. 그것도 지속적으로 나오는 것이 아니라 겨우 보답으로 미안해서 딱 한 번 나와준다. 낙심하지 않고 6개월을 더 섬겼더니 교회에 듬성듬성 격주로 나와준다. 그러나 교회를 출석한 이후에도 몇 년을 지속적으로 이렇게 섬겨주어야 겨우 복음을 받을 준비가 된다. 이런 분들이 개척교회의 몫이고, 사명이고, 이것이 개척교회의 현실이다.

　교회 행사에 행운권 추첨이 있었다. '35번 나오세요!' 하고 번호를 불렀다. 그런데 다른 번호를 가지고 뛰어나온다. 숫자를 못 읽는 것이다. 당연히 두 사람이 나온다. 눈짓을 하며 글을 읽는 사람을 들여보냈지만 참으로 당황스러웠다. 글을 가르치려는 시도를 여러 번 해보았지만 배우려 하지 않았다. 글을 몰라도 사는데 전혀 불편함이 없기 때문이었다. 우리 교회는 이렇게 글을 모르는 사람이 여러 분 있다. 이분들은 항상 나에게 무언의 말을 던진다.

　'걸어 다니는 인간 성경이 되라!'

　이런 분들 때문에 목사가 더 겸손해지고 천국 갈 수 있는 길이 열리는구나 생각하게 된다.

　목회를 하면서 음독자진을 하시는 분들을 자주 만나게 된다. 그들을 미리 만나야 하는데 항상 병원에 입원한 다음에 소식을 듣고 달려가게 된다. 그제야 '듣든지 아니 듣든지 복음을 전하라' 는 말씀에 순종하여 복음을 전하고 영혼을 맡기는 기도를 한다.

　"이 영혼을 긍휼히 여겨주세요, 이 영혼을 받아주세요"라고. 항상 한 발이 느리다. 그렇게 되기 이전에 이미 본인은 수없는 사인을 주었을 것이다. 이런 일은 목회자가 종종 경험하는 일이다. 생명을 살려야 하는 목회자가 뒤늦게 죽음을 재촉하는 기도를 해야 하는 것이다. 참으로 아이러니한 일이다. 이들을 돌보는 데 무슨 거창한 준비가 필요한 것이 아니었을 것이다. 약간의 관심과 배려, 누군가 찾아가 그들의 이야기를 들어주기만 했어도 스스로 자진하지는 않았을 것이다. 우리에게 복음은 너무나 복잡한 것 같다. 성경은 복잡하지 않은 것 같은데, 쉬운 것을 너무 어렵게 하는 것은 아닐까? 우리의 몸은 너무나 둔하고 입은 가볍고 머리는 빨리 돌아가는 것 같다.

사람들이 교회에 나올 수 없는 이유는 다리에 힘이 없기 때문이다. 일어날 힘이 없는 것이다. 이들은 찾아가 주어야 한다. 이들은 누군가의 관심과 인정이 있을 때만 힘을 얻을 수 있다. 왜 힘이 없는가, 하고 재촉하는 것보다는 찾아가되 지속성을 보여야 한다. 시간이 오래 걸리더라도. 사랑받고 행복하면 힘이 생기고 이 후에 미션을 줄 수 있다. 사랑받지 못해서 상처받은 사람들은 그저 숨도 겨우 쉬는 사람들이다. 사는 것 자체가 힘든 것이다. 주님은 이런 사람들을 찾아가야 한다고 말씀하신다. 우리는 이렇게 이야기한다. '어? 초청했는데 왜 안 오지? 이렇게 좋은 잔치에. 우리가 얼마나 정성을 들여 준비했는데……' 초청하는 자세가 너무나 우아하다. 옷 잘 입고 좋은 시설 만들어놓고 밝은 얼굴로 기분 좋게 맞으면 오겠지 하는데 천만에다. 우리끼리 보기 좋은 것이고 우리끼리의 잔치일 뿐이다. 이들에게 필요한 것은 복음이 아니다. 눈깔사탕, 또는 돼지고기 한 근 들고 찾아가야 하는 것이다.

2) 대신 생각해 주어야 한다

우리는 생각할 수 있는 단계가 저절로 오거나 일정 나이가 되면 누구나 다 하는 것이라고 생각한다. 그러나 생각할 수 있다는 것은 성취다. 우리 주위에는 몸만 어른이지 생각하지 못하는 사람들이 보기보다 상당히 많이 있다. 성경에서도 '생각하라! 기억하라!' 등의 말씀이 자주 나온다.

어린아이들과 이야기할 때 언어를 사용하지 않고 고개만 끄떡이는 아이들이 있다. '왜 늦었니?' 하고 물으면 대답이 없다. 한참 후에 '아프니?' 하고 물으면 고개를 젓는다. '그럼?' 여전히 말없이 가만히 있다. '이모네 집에서 잤어?' 다시 고개를 흔든다. '늦게 일어났니?' 고개를 끄떡인다. 이렇게 대신 생각해 주어야 하는 아이가 많다.

인생의 초기 시절 우리는 모두가 누군가가 대신 생각해 주고 생각 없이 살아야 하는 기간이 있었다. 유아는 멍하니 있기만 하면 엄마가 대신 다 생각해 주는 것이다.[9] 어른도 힘들고 피곤할 때 아무 생각 없이 멍하게 있고 싶을 때가 있다. 힘들면 생각 없던 이런 시절로 퇴행할 수 있다. 개척교회는 특히 이런 성도가 많이 있다는 것을 감안해야 한다. 이들은 더 이해받고 더 공감받아야 한다.

교회라는 곳은 긴장하고 집중하여 말씀을 듣고 한 주의 삶을 정리하는 곳이다. 동시에 주님이 주신 사명과 소명을 위해 다른 한 주를 준비하기 위하여 나오는 곳이다. 분명 말씀은 우리에게 삶의 이유와 방향과 목표를 설정해 준다. 그리고 끊임없이 생각하며 순례의 길을 가는 것이 성숙의 지표이다.[10] 그러나 모든 사람이 이렇게 할 수는 없다. 쉬기 위하여, 위로받기 위하여 나오는 사람들도 있다. 이들에게 성숙을 요구할 수는 없다.

목사님들끼리 서로 모이면 하는 이야기가 있다. '성도들은 몸만 어른이지 다 애야!' 이 말에 어느 누구도 토를 달지 않고 웃기만 한다. 물론 교회공동체 자체가, 그리고 수직적 구조 자체가 퇴행을 유발하기 좋은 조건을 가지고 있다. 더구나 개척교회는 상상할 수 없을 정도의 극한 고통 가운데 있는 사람들이 수없이 찾아온다. 물론 말씀이 이들의 환경을 뒤집을 수 있다. 그러나 모두는 아니다. 정상적인 사람들도 퇴행하면 유아적 정신 상태에 들어간다. 몸만 어른이지 거의 어린아이의 정신연령을 가지고 있는 사람들에게 섣불리 미션을 제시하면 부담을 갖고 도망가게 된다. 이들에게 언어로 된 복음을 전한다는 것은 언감생심이다. 이들은 대신 생각해 주고 대신 행동해 주어야 한다. 공격적으로 자기 몫을 챙길 수 있다는 것은 건강한 것이다. 그들은 항상 대신 생각해 주고 챙겨주고 권유해 주기를 기다린다.

3) 못났으니까 사랑받아야 한다

옛날 집사 시절, 약 8년 동안 성가대 지휘를 했다. 성가대원들이 연습에 나오지도 않고 천연덕스럽게 성가대에 서는 경우가 많아졌다. 인정상 넘어가곤 했는데 한두 번이 아니었다. 이것이 습관이 되고 체질이 되어 죄책감도 갖지 않게 되었다. 연습이 부족하니 실제 찬양에서 은혜가 많이 떨어졌다. 성가대는 보통 예배 30분 전에 모여서 발성하고 목을 다스린 후에, 그리고 그날 부를 찬양곡을 한 번 정도 리허설하고 성가대석에 올라가는 것이 상식이다. 이 문제를 어떻게 해결해야 할지 고민하다가 한 번은 10시 30분에 성가대실 문을 잠가 버리는 강수를 썼다. 50명 인원 중에 20명 정도만 성가대에 섰고, 성가대석은 폭탄을 맞은 듯 구멍이 숭숭 뚫려 있었다. 목사님은 오늘 왜 성가대 인원이 이렇게 적냐고 했고, 자초지종을 이야기했다. 목사님은 허허 웃으시면서 '그래, 천국 문도 아마 그렇게 닫힐 거야!' 라고 하셨다. 그래서 나는 자신이 한 일에 으쓱했다. 그러나 결과는 딴판이었다. 그때부터 사람들이 더 말을 듣지 않았다. '그래, 좋아! 나 천국 안 가도 좋아! 지옥 가도 좋다고! 내 앞에서 천국 문이 닫혀도 좋다고!' '네가 나를 쳤어? 어디 두고 보자.' 하는 식으로 공격하기 시작했다. 그러나 직접적으로 공격하지는 않았다. 더 지각하고 더 결석하고 팔짱을 끼고, '그래, 한번 흔들어봐. 내가 불러주지!' 하는 태도로 찬양에 임하는 것이었다.

야단치거나 잔소리한다고 해서 절대 인간은 변하지 않는다. 더 반발하고 더 반대의 길로 간다. '똑바로 해! 지옥 가!'라고 설교하면 듣는 당시는 조금 무서워하는 것 같지만 절대 변하지 않는 것이 인간이다. '지옥이 불로 소금 치듯 하리라'는 성경 구절을 말해도 '나 지옥 갈 거야! 어쩔래! 내가 지옥 가는 데 보태준 거 있어?' 하는 반응을 보인다. 인간은 벌이나 공격으로 절대 성숙되지 않는다. 하나님도 우리 인간에게 손을 들었다. 사랑 외에 인간에게는 치료약이 없다고 생각하신 것이다. 그래서 인간의 몸으로 내려오셨다. 말씀으로 이 땅과 우주를 창조하셨다. '빛이 있으라' 하면 빛이 생겼다. 그러나 성숙과 변화는 말씀으로 하지 않으시고 몸으로 하셨다. 구원도 말씀으로만 하지 않으시고 친히 몸으로 하셨다.[11] 하나님도 못하신 것을 우리가 하려고 하면 그것이 교만이 된다. 야단치고 법을 제시하면 죽음의 요소가 더 우세하게 작동하고 더 공격적이 된다.

운동권에서 활동하시던 대학교 선배가 있었다. 이분은 정치적인 문제로 5, 6공 시절에 대학교에서 가르치다가 여기저기 쫓겨다니며 고생을 많이 하셨던 분이다. 좌파 정권이 들어서면서 그동안의 고생에 대한 보상으로 모 기관의 리더로 임명되었다. 부임해서 일을 해보니 모든 것이 엉망이었다. 정의를 위해서 야단치다가 안 되면 따귀도 때리고 그래도 안 되면 해임시키기도 하고 강하게 나갔지만 사람들은 노조를 만들고 직장 앞에 텐트를 치고 농성하며 더 악랄하게 변해갔다. 이 선배님은 약 3년을 싸우다 지쳐 젊은 나이에 소천하셨다. 죽음과 싸우면 같이 죽는 일이 발생한다.

장애가 있거나 모자라는 사람들은 특별히 배려를 받지 않는가? 우리 모두가 장애인이 아니던가? 일그러졌고 뒤틀려 있다. 그래서 하나님이 우리를 사랑하는 것이다. 우리는 마땅히 사랑받을 자격이 있다. 못났기 때문이다. 사람으로 태어나게 하는 것은 사랑밖에 없다. 사람은 변하지 않는다. 그래서 우리는 사랑받을 자격이 있다. 우리는 흙으로 만들어져 연약하고 깨지기 쉽기 때문이다. 그러나 잘난 사람은 사랑받을 자격이 없다.

사람을 사람답게 만드는 것은 사랑의 경험이다. 공부도, 좋은 환경도, 돈도 사람을 변화시키지 못한다. 사람을 사람 되게 하는 것은 사랑의 경험이다. 사랑의 경험이 바로 생명의 경험이다. 사랑을 받을 때 인간은 태어난다. 사람은 변하지 않는다. 자기 생긴 대로, 성품대로 그렇게 살다가 죽는 것이다.

우리는 시간 밖에 있는 것에 대해서, 영원에 대해서, 참에 대해서, 진리에 대해서 이야기한다. 그러나 진실은 시간 안에서 일어난다. 진실은 진리를 구현하는 일이다.[12] 그것은 사랑하는 일이다. 우리는 못났기 때문에 사랑받아야 한다. 우리는 사랑받을 자격이 있다.

4) 꿈과 비전이 있어야 된다고?

릭워렌 목사는 교회를 움직이는 추진력 일곱 가지를 다음과 같이 나누었다.

1. 전통에 따라 움직이는 교회

2. 사람에 따라 움직이는 교회

3. 재정에 따라서 움직이는 교회

4. 프로그램에 따라서 움직이는 교회

5. 건물에 따라 움직이는 교회

6. 행사에 따라 움직이는 교회

7. 구도자에 의해 움직이는 교회(불신자가 무엇을 원하나)

그러나 그는 '꿈과 비전'에 의해 움직이는 교회가 있다고 말하면서 꿈이 없는 교회는 언젠가 공중 해체된다고 경고한다. 사실 목사라면 누구나 꿈과 비전에 대해 수없는 설교의 경험을 갖고 있다.

여러분은 우연하게 의미 없이 이 세상에 던져진 것이 아닙니다. 내 인생은 내 힘으로 피터지게 싸우다가 상처와 실패만 안고 살다 가는 것이 아닙니다. 하나님이 나에 대한 계획이 있음을 믿으시기 바랍니다. 지금의 고난은 반드시 합력하여 복이 됩니다. 우리는 이렇게 살다가 그냥 가는 인생이 아닙니다.

이렇게 아무리 외쳐도 성도들은 '글쎄? 나에게 무슨 좋은 일이 일어나겠어? 내가 꿈을 가질 수 있을까?' 하고 반문한다. 이들에게 꿈을 심어주는 것이 분명 목회자의 일이지만 이들에게 꿈은 심어지지 않는다. 개척교회가 실패하는 이유는 꿈을 가질 수 없는 사람들에게 꿈을 제시하고 미션을 주거나 프로그램을 적용하기 때문이다. 우리 주위에는 꿈을 가질 수 없을 정도로 생명의 불씨가 꺼져 있는 사람들이 많이 있다. 비전이 없다는 것은 생명력이 꺾여 버렸다는 것이다. 그들의 눈에는 초점도 없다. 그러나 그들의 눈은 '난 아직 앞으로 나아가기에는 힘이 없습니다. 저에게 힘을 주세요. 저를 사랑해 주세요' 라고 말한다. 물론 꿈을 가질 수 있는 사람이 엄살을 피우는 경우도 있다. 잘 분별해야 한다. 그러나 개척교회에 이런 사람은 거의 오지 않는다. 이런 성도들에게는 꿈을 갖는 것이 문제가 아니다. '목표와 푯대를 향하여 나아가야 합니다. 우리는 군사로 부름을 받았습니다. 영광의 면류관이 기다립니다. 히피처럼 흐물흐물 살면 안 됩니다. 타는 불에 소금 치듯 하는 불 못이 기다립니다' 하는 설교는 그들에게 소 귀에 경 읽기가 된다. '잘됩니다. 반드시 좋은 일이 일어납니다' 라는 밝은 인사도 이들에게는 통하지 않는다. 그 이유는 사랑하고 사랑받는 것에 이미 수없는 실패를 경험했기 때문이다. 이미 그들은 삶을 지옥으로 경험한다. 지옥이 있다면 이것보다 더 지옥일 수 있을까, 하고 생각하는 사람들이다. 오히려 지옥이 여기보다 낫다고 생각하는 사람들일 수 있다. 이들에게 지옥에 대한 말이 무슨 의미를 갖겠는가?

사랑을 받거나 사랑받은 경험이 있는 사람에게 세상은 살 만한 곳이 된다. 그러나 사랑받지 못한 낮은 자존감의 사람에게 세상은 살 만한 곳이 되지 못한다. 이들에게 꿈과 비전은 아득한 것이다. 야곱의 아들 요셉은 꿈과 비전의 특별한 예가 된다. 그러나 그는 그 이전에 다른 어떤 형제보다 더 특별히 사랑을 받았다. '요셉은 노년에 얻은 아들이므로 이스라엘이 여러 아들들보다 그를 더 사랑하므로 그를 위하여 채색 옷을 지었다(창 37:3)'고 성경은 말한다. 요셉은 다른 형제들보다 더 깊이 사랑을 받았다. 자신이 사랑받지 못했다고 생각하는 사람은 의욕도, 목표도 없이 세상을 살아간다. 깊이 사랑받는 자만이 꿈을 갖는다. 요셉의 형제들은 꿈이 없었다. 그러나 사랑받은 요셉은 꿈을 불러오고 꿈을 꾸었다. 상대적으로 사랑받지 못한 요셉의 형들은 요셉을 미워하고 시기하였다. '그의 형들이 아비가 형들보다 그를 더 사랑함을 보고 그를 미워하여 그에게 편안하게 말할 수 없었더라(창 37:4).'

꿈을 주기 이전에 사랑을 주어야 한다. 남자는 자기를 알아주는 사람을 위해서 목숨을 바치고, 여자는 자기를 사랑해 주는 사람을 위해서 죽는다는 말이 있다. 알아주고 사랑해 주면 삶의 의미가 생긴다. 인간이 가지고 있는 모든 문제는 사랑받지 못함이다. 사랑받지 못하면 꿈을 갖지 못한다. 사랑받고 인정받으면 '세상은 살 만한 곳'이 되고 세상을 신명나게 살아간다. 그래서 꿈을 갖느냐 못 갖느냐, 성공적인 인생을 사느냐 실패의 인생을 사느냐보다 더 선행되어야 하는 것이 사랑받음이다.

우리는 수시로 모든 사람을 선과 악의 기준으로 재단한다. 도대체 나이가 몇 살인데, 신앙생활을 얼마나 오래했는데, 사랑을 주면 오히려 사랑의 결핍을 채울 수 있는데 등등. 물론 틀린 말은 아니다. 그러나 이 말이 모두에게 보편적으로 적용되는 것은 아니다. 채우지 못한 사랑의 결핍을 무의식중에 다른 욕망으로 대치하기도 하고, 또는 사랑의 요구를 다른 방법으로 위장하기도 한다. 잔소리, 불평, 원망, 주벽, 놀음 등.

이들도 조건 없이 사랑받아야 한다. 조건 없이 인정받아야 한다. 기독교에서 사랑은 조건도 없고 한계도 없다. 이 한계에 질려서 결국 율법으로 돌아서려고 하는 것이 인간의 본성이다. 그러나 이 길은 은혜와 반대되는 길이요 죽음을 불러오는 길이다. 사랑받은 경험만 많이 축적되어 있으면 자기 길을 찾아간다. 영국의 볼라스(Christopher, Bollas)는 destiny and fate(두 단어 모두 운명이라는 뜻이다)의 차이를 설명하면서 데스티네이션(Destination)의 의미인 종착지, 목적지가 데스티니(Destiny)와 같은 어원임을 밝히며 destiny가 fate처럼 결정론적이고 운명론적인 의미가 아니라 '참 자기'가 자신의 목적지를 찾아가는 것을 함의한다고 말한다.[13] 사랑받는 사람은 어떤 방법으로든 자신의 목적지를 찾아간다. 사랑해 주면 목숨을 바쳐 사명을 감당한다.

춘추 말기 '오기'라는 장수는 병사가 막사에서 종기로 신음하는 모습을 발견하고 고름을 빨았다. 이 소식을 들은 병사의 어머니는 고향에서 울음을 터뜨렸다. 어머니에게 그 이유를 묻자 "오기 장군께서 내 아들의 고름을 빨았으니 내 아들은 이제 장군을 위해서 목숨을 바칠 것이 자명하니 이제 제 아들은 죽은 목숨이니 어찌 울지 않을 수 있겠습니까?"라고 말한 일화가 있다.

'너는 왜 소망이 없느냐? 왜?'라는 것은 율법이다. 기독교에서 사랑의 극치는 '조건 없이, 그럼에도 불구하고'이다. 이것이 은혜이다. 우리는 이미 조건 없는 사랑을 받은 자이다. 인간은 재단하고 야단치지만 하나님은 조건이 없다. 사랑받는 자는 항상 가슴이 뛴다. 아침이 기다려진다. 할 일이 많기 때문이다. 사랑도 해야 하고 사랑도 받아야 한다. 그들의 가슴은 항상 두근거린다.

아침에 눈 뜨기를 두려워하는 사람들은 꿈이 없기 때문이다. 이들은 하루를 살아가는 것이 걱정이다. 그들에게는 앞으로 나아갈 힘이 없다. 눈을 뜨고 세상으로 나가 보아야 아무도 자신에게 눈길을 주는 사람이 없다. 자신을 사랑하는 자가 없다. 이런 사람들이 개척교회에 온다. 이들이 원하는 것은 조건 없는 사랑이다. 위로다. 이들에게 꿈과 비전을 말하는 것은 무리다.

우리는 사람을 '무엇'으로 본다. 개척교회 목사는 교인을 '무엇'으로 보려 하지 않는다. 아무라도 그저 나와만 주면 감사하지 않은가? 이들은 사랑과 관심만 주면 된다. 개척교회가 전도해야 할 사람은 돈이 있는 사람이 아니다. 돈이 많은 사람은 이 교회 목사가 내 주머니를 노리고 있구나, 생각한다. 능력 있는 사람은 내 능력을 탐내는구나, 생각한다. 아무것도 없는 사람, 아무 능력도 없는 사람에게 다가가야 한다. 그래야 이중 구조에 걸려들지 않고 마음껏 사랑을 줄 수 있다. 사랑이면 되는 사람들이다.

임길택 선생이 쓴 『탄광마을』이라는 동시집에 '아버지'라는 시가 있다. 아버지를 아버지다워야 하는 조건으로 보다가 아버지가 돌아가시고 나니까 아버지의 존재가 얼마나 중요한지 보이기 시작한다는 내용이다.

> 아버지 사진만으로는 우리 집이 채워지질 않아요.
> 병으로 누워 계실 때만 해도 아버지가
> 우리 집을 꽉 채우고 있는 줄을 미처 몰랐어요.
> 그러나 지금 아버지 사진만으로는 우리 집이 채워지지 않아요.
> 다른 친구들은 모를 커다란 구멍이 우리 집에 있어요.
> 식구들 가슴마다 있어요.

우리는 사랑할 사람이 널려 있는데도 항상 가르칠 사람을 찾고 제자가 될 사람을 찾는다. 개척교회를 움직이는 추동력은 꿈과 비전이 아니다. 세팅된 교회에서는 꿈과 비전이 필요하다. 프로그램이 필요하다. 그러나 개척교회를 움직이는 추동력은 사랑이다. 개척교회 성도들은 절대 설교를 듣지 않는다. 그들은 오직 사랑받기를 원한다. 그들은 성숙이라는 말을 공격으로 받는다. 그리고 '너나 잘해!' 라고 말한다.

사실 사랑이 필요하지 않는 자가 없다. 누구든지 과거에 엄마의 젖이 모자랐기 때문이다. 그들은 사랑을 나누어 가진 상처가 있다.[14] 초기의 사랑은 한계가 없기에 우리 모두가 사랑에 대한 상실이 있다. 때문에 사랑보다 더 좋은 방법은 없다. 그러나 하나님의 사랑은 너무나 멀리 있다. 그래서 작은 예수가 필요하다.

4. 그들은 왜 개척교회를 떠나는가?[15]

1) 세팅의 문제

세팅은 1차적으로 외적인 것, 곧 구조나 형체와 관계된 것을 말한다(건물, 인력, 헌금 액수, 행정력 등). 교회를 공연에 비유하는 것 자체에 약간의 무리가 있기는 하지만, 개척교회의 모습은 지휘자가 단원을 모아서 지휘해야 하는 교향악단을 생각하면 쉽게 그려진다. 세팅된 교향악단에서 객원지휘를 요청받은 사람은 지휘만 준비하면 된다. 그러나 세팅되지 않은 교향악단에서 가장 중요한 문제는 지휘가 아니라 단원을 모으는 것이다. 세팅되었다는 것은 이미 리허설까지 마치고 이제 판을 벌일 준비가 되었다는 것이다.

세팅이 이루어지지 않은 상태에서 관객을 불러들이는 공연은 없다. 그러나 개척교회는 세팅이 되지 않은 상태에서 관객을 불러 모으는 유일한 기관이다. 세팅이 불완전한 상황에서 관객을 불러 모았을 경우, 오지도 않지만 관객이 혹시나 하고 왔다가 분노하며 돌아서는 모습을 생각하면 개척교회의 현실을 쉽게 이해할 수 있다. 기가 막힌 상황이다.

세팅된 무대는 청중들이 야유를 하든 환호를 하든 그 공연을 성공적으로 마무리할 수 있는 준비를 갖춘 무대이다. 그만큼 내, 외부의 어떤 공격에도 안정감을 유지할 수 있는 자원을 가지고 있다. 이 무대는 마치 큰 웅덩이에 돌을 던졌을 경우, 잠시 파동이 일어나지만 이내 다시 잠잠해지는 것과 같다. 그러나 작은 물웅덩이에 큰 돌을 던지면 물이 거의 다 넘쳐 웅덩이 자체의 존립에 문제가 생긴다. 이것이 바로 세팅이 이루어지지 않는 교회의 특징이다. 따라서 세팅되지 못한 공간에서 성도와 지도자 모두는 의식적, 무의식적으로 항상 불안에 시달린다. 이 불안은 성도들이 예배드리러 왔다가 판단하고 분노하며 돌아가서 다시는 찾아오지 않을 것이라는 것을 알고 있는 불안이다.

필자의 지인(知人) 중에는 주일 아침이 되면 오히려 성도가 올 것을 두려워하며 괴로워하는 목사도 있었다. 와봐야 분노하며 떠날 것이 분명하기 때문이다. 그런 가운데에서도 목회자는 기도하며 언젠가는 기적이 일어날 것이라는 막연한 환상을 버리지 못하고 버티다가 결국 탈진한 상태에서 목회를 내려놓게 된다. 개척교회에서 예배를 드리고 가는 사람들 중에는 상당수가 '다시는 개척교회 오나 보자!' 라는 굳센 각오로 돌아서는 경우가 대부분이다. 개척교회는 다녀가는 거의 모든 성도들이 돌을 던지고 가거나 몇 푼의 돈을 동냥하고 가는 곳이 되어버린다. 이렇게 두드려 맞으면서 버티는 목회자가 살아남을 가능성은 거의 희박하다.

2) 울타리의 문제

우리 교회에 편부 슬하에 살고 있는 아이가 있다. 이 아이의 아버지는 아이가 무슨 잘못만 하면 집에서 내쫓아 버리고 문을 걸어 잠근다. 잘못한 것만큼의 체벌과 매는 보상원리에 의해 심리적으로 안정을 줄 수도 있다. 그러나 갈 곳이 없는 아이는 도둑질을 하고 교회에 들어와 헌금을 가져가고 교회 기관에 허락 없이 침범하는 일을 반복한다. 울타리는 견고하다고 해서 강한 것이 아니다. 유연한 울타리가 강한 울타리이다. 강하고 경직된 울타리는 깨진 울타리이다. 이런 울타리에서 아이는 보호받지 못한다. 이 아이는 이미 집에서 깨어진 울타리를 경험했기에 든든한 울타리를 찾아 지속적으로 다른 울타리를 침범하고 흔들어댄다. 이런 아이들은 물론 학교에서 더 담아내기가 어렵다. 학교도 학교의 법이 있기 때문에 그것을 적용하지 않을 수 없다. 학교에서도 이 아이를 포기한 상태다. 따라서 학교라는 울타리도 이 아이에게는 깨진

울타리가 된다.[16)]

교회에서도 이 아이를 다룰 수 없다면 결국 이 아이가 마지막으로 가야 하는 곳은 아주 견고한 울타리, 절대로 무너질 수 없는 울타리, 흔들 수 없는 강력한 울타리가 되는 소년원이 될 가능성이 높다. 감옥의 차가운 콘크리트 벽을 바라보고 그제야 올 곳에 왔구나, 하며 안도의 숨을 쉴 것이다. 그 벽은 절대 허물 수 없기에 오히려 안전한 울타리로 착각된다. 이런 아이들에게 교회는 마지막 보루가 될 것이다.

외상없이 정상적인 발달 과정을 경험하게 해주는 곳은 경계와 한계를 자발적으로 터득할 수 있게 기다려 주고 담아주는 공간이다. 이런 공간으로 가장 좋은 곳은 안정된 가정일 것이다. 담아주는 가정에서 자신의 한계를 아이는 공격성으로 시험하고, 그 경계를 경험한 자는 울타리를 다시 시험할 이유가 없는 것이다. 그들은 학교에서도 울타리를 넘어갈 이유가 없다. 울타리의 한계 안에서 노는 것이 어려운 일이 아니기 때문이다. 그러나 이 한계를 경험하지 못한 아이는(이 한계는 공격성을 통해서 터득하게 된다) 무의식적으로 어느 곳에서든 그 울타리를 시험하고자 한다. 자녀들이 어렸을 때 부모를 속 썩이는 것을 생각해 보라! 그것은 성장 과정의 전제 조건이다. 병리는 자신의 한계를 시험할 기회를 놓치고 때

늦은 시기에 이 울타리를 시험하려는 것과 연관된다. 그들은 왜 꼭 하지 말라는 것만 골라서 하는가를 생각해 보면 된다.

적당한 정도의 비정상성은 건강한 공동체에 섞여 있는 것만으로도 치유가 일어날 수 있지만 심하게 망가진 심령은 건강한 공동체에 섞이는 것만으로 그 병리가 해결될 수 없다. 때문에 이러한 자들은 원시적인 공동체를 선호하게 된다. 이들은 개척교회에 오지 않으면 안 되는 절박한 무의식적 동기를 갖고 있고 개척교회에 와야만 하는 당위성을 가진 자들이다. 개척교회는 병리를 활성화시키거나 나르시시즘을 드러내는 가장 좋은 터가 될 수 있기 때문이다. 큰 교회의 울타리는 흔들어봐야 꿈쩍도 하지 않고 흔드는 사람만 낯선 이방인이 된다. 그러나 개척교회에서는 흔드는 사람에게 모든 관심과 초점이 쏠리게 된다. 큰 공동체에서는 자신의 욕구를 공동체에 옮겨(교묘하게) 문제화하지 못할 뿐 아니라 성도들의 따가운 시선으로 공동체에서 퇴출 위험에 직면하게 된다. 이런 점에서 큰 공동체라고 해서 안전한 울타리가 되는 것이 아니라 오히려 억압의 울타리가 될 수 있다. 이러한 공동체는 전혀 개인이 주목될 수 없는 환경이어서 절박한 도움을 요하는 성도에게는 오히려 소외감을 느끼게 하고 무너진 울타리를 경험하게 할 수 있다.

좋은 울타리는 성도의 공격성을 유연하게 버텨주고(강압적이지 않다는 의미에서이다) 안 되는 것에 대해 분명한 한계를 그어주는 울타리이다. 울타리의 상실은 '억압적인 울타리', 또는 역으로 '한계 없음의 울타리'를 말하며, 이것이 문제의 근원이 된다.

　개척교회 목사가 출석하는 성도들의 이러한 무의식적 의도를 빨리 읽어내지 못하면 성도들이 교회의 울타리를 흔들어댈 때 함께 휘둘리다가 에너지가 완전히 소진되고 만다. 작은 울타리를 흔드는 사람의 무의식적 의도는 이 공동체가 얼마나 버티는가를 시험하는 것이고, 동시에 자신의 공격을 버텨주는 진정한 자신의 울타리가 되어주기를 원하는 마음이다. 무너지면 환상이 되고 다른 공동체로 옮겨야 한다. 이것이 교회를 옮겨 다니는 성도들의 아픈 현실이다. 그들을 부정적인 시각으로만 바라보는 태도는 수정되어야 한다. 부실한 울타리를 깨려고 하는 모든 동기는 무의식적으로 이루어지는 것이기에 목사나 성도, 본인 모두가 함께 속게 되고 이러한 경험이 여러 번 반복되면서 목회는 몰락의 위기를 맞게 된다. 개척교회가 이런 병리적인 사람들에 의해 무차별 난타당할 수밖에 없는 이유는 바로 울타리를 찾기 위한 성도들의 무의식적 몸부림 때문이고 자신을 담아줄 부모와 같은 지도자를 개척교회를 통해서 찾으려 하기 때문이다. 사실 눈에 보이는 개척교회의 울타리는 외관상 부실해 보이지만 약한 울타리가 되어서는 안 된다.

　다른 곳에서 아이의 공격성 때문에 양육을 감당하지 못해 우리에게 온 아이가 있었다. 이 아이는 이런 상황을 여러 번 경험했다. 몸집이 자그마하고 아주 민첩하며 눈이 유난히 반짝이는 아이

였다. 이곳에 와서도 학급 책상 위를 밟고 뛰어다니며 소리 지르
며 시위를 했다. 심할 때는 커터 칼을 들고 위협을 하기도 했다.
왜 다른 곳에서 다룰 수 없었는지 충분히 이해가 되는 아이였다.
학교 밖에도 소문이 나서 지역에서도 이 아이를 모르는 사람들이
없을 정도가 될 지경이 되었다. 자칫 다시 다른 곳으로 보내기에
는 이번에 마지막 기회인 것 같다는 생각이 들었다. 어르고 달래
고 야단치고 벌을 줘도 도무지 아이의 흥분과 난폭성을 가라앉힐
수 없었다. 하지만 막상 이 아이와 이야기해 보면 나름대로 항상
억울하고 원통한 사정이 있었다. 잃은 것이 너무 많은 아이였다.

이곳에 와서 가장 두드러지게 나타난 현상은 도벽이었다. 교회
에서 돈이 자꾸 없어져 학생 예배의 분위기가 침체될 지경까지 갔
다. 이런 행동은 "그래 한번 버텨봐! 얼마나 버티나 볼게! 다 나를
버렸는데 여기도 마찬가지겠지……" 하는 의미였을 것이다. 이
녀석은 우리의 울타리가 얼마나 견고한지 시험하는 것이었다. 그
때마다 아이의 손을 잡고 항상 하는 이야기가 있었다. "난 너를
절대 포기하지 않아! 누가 이기나 해볼까? 포기하는지 안 하는
지?"라고 말하며 맞섰다. 사실 포기하고 싶은 생각도 수없이 들었
다. 아이가 한 번씩 사건이 터뜨릴 때마다 일일이 훔친 돈의 액수
를 확인하고 돈을 어디에 사용했는지 가게마다 다니며 확인하고
계산을 맞추고 남은 돈은 어디에 감추었는지 찾아내는 작업을 했
다. 때로는 땅에 묻어둔 것까지 찾아냈다. 보통 이 작업은 반나절

이 걸렸다. 이렇게 끊임없이 싸워주고, 버텨주고, 안아주고, 달래주고, 함께 데리고 자고, 외식하고 하면서 1년 6개월이 지난 지금, 아이는 찬양도 하고 예배도 드린다. 다가와 안기기도 한다. 이제 자신이 유기되지 않는다는 믿음이 생긴 것이다.

3) 목회자와 성도들의 심리적 얽힘

성경은 정신과학에서 다루는 외상과 억압에 관해 분명한 방향을 가지고 있다. 고후 5장 17절에 "그런즉 그리스도 안에 있으면 새로운 피조물이라 이전 것은 지나갔으니, 보라 새것이 되었도다"라고 선포한다. 그러나 정신과학에서는 억압된 상실감과 버림받은 감정은 흔적으로 남아 무시간적으로 역사한다고 말한다. 이 때문에 그들에게 우리의 과거가 중요하다. 과거의 부정적 경험이 아직 내 속에 아픔으로 남아 그것이 현재의 삶에 깊은 영향을 주고 있다는 것이다. 그러나 성경은 과거는 지나갔다고 말씀한다. 우리에게 주어진 믿음의 세계는 너무도 엄청난 것이기에 그것이 상실이든 상처든 현실의 고통은 장차 받을 유업과 족히 비교할 수 없는 것이다. 충분히 떠내려 보낼 수 있다는 것이다. 그래서 절대 억압되었거나 파묻혀 있는 것이 아닌 것이다.

혹자는 과거가 현재로 들어오는 이것을 환상이라고 하여 무시하고, 또 어떤 학자는 그것이 심리적 현실이기에 가치 있는 것이라 말한다. 기독교에서는 환상도 아니고 심리적 현실도 아니다. 그것들은 믿음의 사람에게 영향력을 잃어버린 것으로 아무것도 아님이다. 그것들은 그림자도 되지 못한다. 헛것이다. 무다. 그래서 지나가 버린 것이 된다. 우리는 새로운 피조물임을 믿어야 한다. 그리고 앞으로 나아가야 한다. 여기에는 도약과 믿음이 필요하다(결코 조적(Manic)인 태도가 아니다).

그러나 어려운 현실을 살아가는 성도들에게 "너는 새로운 피조물이 아니야. 너의 지금의 과거에 모든 것이 축적되고 쌓여서 만들어진 너야! 개구리가 올챙이 시절을 잊어버리면 돼?"라는 소리가 들린다. 이 소리는 과거의 상황을 현재로 옮겨놓고 그 상황을 무의식적으로 재현하는 것이다. 그래서 사람이 모인 곳에는 끊임없이 얽힘의 현상('전이(轉移)'와 '역전이(逆轉移)'*)이 일어난다. '전이'는 자신의 과거 상황을 현재로 옮겨놓는 것이고 '역전이'는 리더가 성도의 전이에 대해 무의식적이고 신경증적인 반응으로 대처하는 것을 말한다.

작은 교회들은 이러한 현상학적인 문제들로 인해 모이면 과거를 재현하고, 착각하고, 오해하고, 분노하고, 미워한다. 작은 공동체에서 끊임없이 일어나는 역동들이다. 특별히 과거에 사로잡힌 사람들은 언어를 통해 문제를 해결하려 하지 않는다. 이들의 비언어적 의사소통을 사용한다. 그룹의 리더가 이러한 의사소통을 이해, 공감, 소화하여 돌려주지 못할 경우 끊임없이 이중 구속에 시달리게 된다.

'전이'는 말 그대로 이동하는 것이다. 무엇이 이동하는가? 과거의 드라마가 현재에 인물과 상황으로 옮겨지는 것이다. 두 상황은 분명히 다른 것임에도 불구하고 이러한 혼동과 착각이 무의식적으로 일어난다. 이 때문에 침범하고 침범 받기도 하며 서로의 경계를 넘어서고 다시 돌아오지 못하는 복잡한 정서적 얽힘의 현상들이 일어난다.[17] 물론 이러한 전이는 아무런 관계가 없는 길가는 사람들과 일어나는 것은 아니다. 특별한 관계나 가까운 사람들과의 만남 속에서만 일어나는 것이다. 일반적으로는 치료자와 내담자의 관계에서 일어나는 전문적인 용어이지만 일반적인 삶 가운데서, 또는 친밀한 관계를 갖는 가정에서 얼마든지 일어날 수 있는 현상이다.

대형 공동체의 경우, 목사와 친분이 있는 몇 사람을 제외하고 일반 성도들이 목사에게 전이가 발생할 가능성이 거의 없다. 목사와 성도가 개인적인 관계를 갖는 것이 쉽지 않기 때문이다. 그러나 소그룹의 모임에서는 개인적인 관계로 인해 얼마든지 전이가 일어날 수 있다. 이로 인해 큰 공동체의 대중 목회에서 일어나는 것과 달리 소그룹에서는 목회자와 성도들은 병리적 역동의 관계에 끊임없이 얽히게 된다. 한 사람과의 역동이 끝나고 나면 다른 사람과의 심리적 얽힘 현상이 다시 기다리게 된다. 이러한 현상을 잘 이해하거나 해석할 경우 기회가 될 수 있지만 이 현상이 무엇인지 이해하지 못하면 담아낼 수 없을 뿐 아니라 견디어낼 수 없게 되고 이것이 바로 공동체의 위기가 된다. 특별히 리더가 가지고 있는 문제가 해결되지 않을 경우에 더욱 문제가 심각하게 나타나게 된다.

병리는 아무 곳에서나, 아무 사람 앞에서나 쉽게 방어를 해제하거나 반대로 방어벽이 너무 든든하여 '깨진 마음(The primary state of unintegration or primary chaos)'이 되지 못하는 것이다.[18] 그것이 방어를 해제하는 것이든 경직된 것이든 부정적인 역동을 만들어낼 수밖에 없고 이로 인해 공격이 일어나기 시작한다. 이 침범이 작은 공동체 목회자에게 공격으로 해석되면서 어둠의 세력으로 치부되고 리더 역시 부정적인 역동에 휘말리게 된다. 이때 심리적 안정을 제공받지 못한 성도는 신앙의 기회를 잃게 된다. 건강한 공동체는 감정적으로 설교자와 성도들 간에 서로의 경계를 넘을지라도 말씀이라는 도구를 매개로 중재하며 균형을 유지할 수 있는 집단이다.

병리적 공동체에서는 강렬한 감정적 전이를 대체하기 위해 강력한 성결 구절을 찾아 성경 여기저기를 돌아다녀야 하고, 성경을 문맥과 관계없이 자기가 원하는 대로 말씀을 왜곡하는 결과를 빚기도 한다(이런 현상은 이단의 가장 두드러진 특징이기도 하다). 진정한 신앙은 열정에만 있는 것은 아니다. 넘어가고 넘어오는 침범 후에 제자리를 찾을 수 있는 능력도 필요하다. 그러나 강렬한 엑스터시만을 추구할 경우 마약처럼 그 강도는 상승되어야 한다. 이들은 아직 채워야 할 심리적 산소를 공급받지 못했기에 강렬한 예배 외에는 모든 것을 하찮게 여긴다. 개척교회에서 이러한 산소를 공급받지 못한 이들은 정상적인 공동체보다 병리적 공동체에 더 친밀함을 느끼게 되고 이단과 같은 역기능의 종교단체에 유혹받을 가능성은 그만큼 더 높아진다.

성도에게는 적당히 감정적이고 또 적당히 이성적인, 또는 적절하게 스스로 다가갈 수 있는 자율성의 의지가 제공되어야 한다. 지나친 침범이나 감정적 전이의 역동이 제일 먼저 시작되는 곳이 구조적으로 개척교회일 수밖에 없고, 이러한 이유가 바로 개척을 실패하는 원인이 된다. '전이와 역전이'를 잘 이해한다면 부정적 성향의 성도들을 잘 이해할 수 있어 그들을 안아주고 담아주는 데 많은 도움을 얻을 수 있다.

4) 이상화의 붕괴

이상화라는 말을 이해하기 위해서는 우선 연예인들을 추종하는 팬클럽 같은 것을 연상하면 쉬울 듯하다. 정신분석학자들은 이러한 현상을 유명한 인기 대상을 중심으로 너무 많은 연적이 모여들어 그 인기인을 혼자 차지할 수 없을 때 이러한 관심을 나누어 갖자는 취지에서 함께 공동체를 만드는 것으로 본다. 여기에는 탈성화(脫性化)—성적인 것을 억압하거나 다른 방향으로 돌리는 것. 또는 중성화의 의미도 있다. 그러나 sexless를 말하는 것은 아니다—의미가 숨어 있다.[19] 또 그는 교회와 같은 특수한 조직적 공동체 역시 이런 탈성화 현상에서 자유로울 수 없다고 말하기도 한다. 또 어떤 학자들은 이상화되는 사람에 대한 시기심으로 인해 상대를 파괴하려는 역동에 대해 이상화로 방어하는 것이라고 해석하기도 한다. 즉 '저 사람은 저렇게 잘나가는데 나는 이게 뭔가?' 하는 우울에 대한 방어라는 것이다.[20]

부정적인 이상화는 성도들 자신에게 있는 '다른 사람보다 내가 낫다'는 인식과 함께 자기 기준에 미달되는 사람들을 경멸하는 태도가 목사에게 투사※되면서 일어난다. 이 이상화를 다시 자신에게 거둘 때 이상화했던 목사는 갑자기 격노의 대상이 되면서 경멸의 대상이 될 수 있다. 이단들이 바로 이런 유아적인 사람들을 유혹하는 이유가 여기에 있다. 이 말의 진실 여부를 떠나서 사실 대형 공동체에서는 리더가 이상화되지 않기란 여간 어렵지 않을 것이다. 특별히 큰 예배당의 많은 성도의 무리 속에서 멀리 강대상에 있는 리더를 바라보고 설교를 듣는다면, 그리고 그 리더가 강한 카리스마를 갖고 있거나 설교를 아주 잘한다면 이상화의 발생은 아주 쉽게 일어날 것이다. 이렇게 본다면 큰 공동체에서 리더에 대한 이상화는 자연스러운 것이고 어쩌면 그러한 이상화가 없다면 대형 교회가 유지되지 못할 것이라는 생각까지 하게 된다. 이런 현상을 정신분석학자들은 마치 어린 유아가 부모를 이상화하는 것 같은 유아적 현상으로 보기도 한다. 이러한 점은 사실 부정적이고 병리적인 관점으로 이상화를 보는 것이다.

그러나 건강한 이상화도 있다. 건강한 이상화는 삶을 윤택하게 하고 삶의 목표를 향해 나아가는 추진력을 제공한다. 또한 예술을 창조할 수 있는 환상 역시 이상화에서 나올 수 있다. 사랑하는 사람에 대한 이상화는 예술가들에게 로맨틱하고 아름다운 예술을 만들어내는 영감을 부여한다.21) 이때 이상화는 성적 과대평가가 일어나는 대상과 관련된 것이고, 예술적인 승화는 본능과 관련된 탈 성욕과 연관된다. 이상화는 사랑의 에너지를 집중시키는 매개가 된다.22) 그러나 잘못된 이상화나 원시적인 이상화는 자신의 삶을 살지 못하게 하는 걸림돌이 된다. 특별히 왜곡된 이상화는 이상화를 주는 사람을 '상대적 빈곤'23)에 빠지게 할 뿐 아니라 자칫 이상화를 받는 사람에게도 부정적인 영향을 주게 된다. 이 때문에 자기 심리학자인 코헛(H. Kohut)은 이상화는 발달 과정을 가져야 하고, 이러한 발달 과정이 성공적일 때 인간은 포부를 갖게 되며 그 포부를 현실로 이루어낼 수 있다고 주장한다.24) 자신이 이상화했던 사람이 적절하게 이상화를 받아주며 동시에 또 적절하게 좌절을 경험케 할 때(받았던 이상화의 일부를 다시 돌려줌으로, 또는 감당할 만한 좌절을 안겨줌으로) 정상적인 발달 과정을 겪는다. 그러나 이 과정에서 갑작스러운 이상화의 붕괴로 점진적 발달 과정에 외상(Trauma)이 발생한다면 발달하지 못한 원시적 이상화는 지속적, 무의식적으로 자신의 상실에 대한 회복을 요청하게 된다.25) 반면, 이상화의 발달 과정을 순조롭게 겪어낸 사람은 포부를 갖게 되고, 이 포부는 그 꿈을 실현하기 위해서 현실에 발을 굳게 딛고 차분히 그 꿈을 향해 전진하게 한다. 하지만 이러한 발달 과정에 실패하면서 초기의 원시적 이상화로, 또는 왜곡된 이상화로 퇴행하면 무리 속에 숨어들어 가거나 연예인을 쫓아다니며 유아적인 삶을 살게 될 수 있다. 이러한 현상이 교회 공동체로 옮겨올 경우 신앙생활이 순조롭지 못하게 되고, 건강하지 못한 지도자를 이상화하거나 병리적 공동체에서 정서적 안정을 찾으려 하며 자기 정체성에 혼란을 갖게 된다.

그러나 중요한 것은 이들이 대형 공동체에 들어가기 전에 이상화 과정에 실패했던 환경을 다시 찾아서 재경험하기를 원하고, 그리고 다시 한 번 이상화 발달 과정의 기회를 찾으려 한다는 것이다. 그리고 이 장소가 바로 개척교회가 될 수 있다. 그들에게는 이상화 발달 과정의 대상이 될 수 없는 대형 교회 지도자보다는(대형 교회 지도자에게는 과도한 이상화가 주어져 발달 과정을 경험할 수 없게 된다) 개척교회의 지도자가 그들에게 더 과거의 환경을 재현하기 쉬운 대상이 된다.26)

성도들이 개척교회를 찾는 이유는 실패했던 이상화의 발달 과정을 복구하기 위한 무의식적 욕구이고 교회를 떠나는 이유 역시 이에 대한 불만족 때문이다.27) 개척교회는 이상화가 갑작스럽게 깨어져 과거의 상처를 재현하거나 그 상처를 회복시켜야 하는 문제 앞에 직면하게 된다. 그렇기 때문에 많은 목회자는 예배 외에 다른 일로 교인들과 가까이하는 것을 터부시한다. 어떤 유명세를 타고 있는 목회자는 심지어 사우나를 외국으로 가야만 하고 변장을 하고 골프장에 들어가야 한다. 목회자에게서 누미노즘(Numinosum, 신성한 힘)을 체험하려고 하는 성도들의 입장에서 목회자의 인간적인 면이 드러나는 것은 성도들을 실망케 하거나 이상화가 깨지게 되는 요인이 되기 때문이다. 그러나 지속적인 목사의 이상화 연출은 성도들의 병리적인 이상화를 치유할 수 있는 길을 막게 되고 성도들이 성숙할 수 있는 기회를 빼앗아 버리는 것이 된다.

건강한 이상화는 자신의 부족함과 상대의 좋은 점을 객관적으로 바라보고 정상적인 의존을 통해서 상대의 좋은 점을 자신의 것으로 만들고 상대방의 부족함을 섬겨줄 수 있는 능력을 말한다. '이상화의 때 이른 붕괴' 라는 면에서 작은 공동체는 그만큼 위험을 감수해야 한다. 작은 공동체에서 목사는 이상화 연출을 할 수 없다. 개척교회에서는 일거수일투족이 성도들에게 노출되기 때문이다. 이로 인해 작은 교회는 성도들이 교회에 출석하는 그 즉시 우울적 과정에 직면해야 하는 위험 부담을 안게 된다. 개척교회는 목회자와 성도 모두가 이 우울의 과정을 어떻게 잘 통과하느냐 하는 문제 앞에서 아무것도 모른 채 어둠의 터널 속에서 신음한다. 현실적으로 개척교회 목사가 이러한 현실을 감당할 수 있는 여건은 마련되어 있지 않다.[28]

제2장 대그룹과 소그룹의 '성향' 들

작은 **울타리** 큰 공간

　여기에서 대그룹이라 함은 대형 교회를 말하고 소그룹은 아직 조직화되지 못한 교회를 말한다. 물론 중간 그룹의 교회도 있지만 극단적인 이 두 유형을 비교해서 설명하는 것이 작은 교회를 이해하는 데 도움이 될 듯해서다. 이러한 예는 성경의 방법이기도 하다. 요한계시록에 나오는 일곱 교회 중 아주 부유한 교회가 둘이 있었고, 또 극한 가난에 시달리는 교회가 둘이 있었다. 공교롭게도 부자 교회인 사데 교회와 라오디게아 교회는 주님께 꾸중과 책망만 듣고 칭찬은 듣지 못한다. 그러나 서머나와 빌라델피아 교회는 한마디의 꾸중 없이 칭찬만 듣는다. 이 두 교회는 많은 핍박과 경제적 어려움에 시달리는 교회였다. 신앙을 위해서 꼭 가난해야 한다는 의미보다는 그만큼 물질문명과 문화적인 풍요가 신앙생활에 도움을 주기보다는 방해를 일으킬 수 있다는 사실에 주의해야 함을 말한다.

이스라엘 백성의 광야 생활은 유목민의 문화였다. 유목민은 사실 문화라 할 것이 없었다. 유태인에게 무슨 문화가 있냐고 독일의 바그너(Wagner)가 비아냥거린 것은 바로 이런 이유에서였다. 그들에게 굳이 문화가 있었다면 '피의 제사'가 있었다. 그들은 하늘에서 떨어지는 만나만 먹다가 가나안 정착 생활에 들어가면서 이스트가 들어가 부푼 반죽에 아몬드가 박힌 빵을 먹기 시작한다. 가옥의 형태도 바뀌었다. 텐트처럼 옮겨 다닐 이유가 없어 방에는 예술품도 걸리기 시작했을 것이다. 그들이 문화인으로 바뀌었을 때 그들의 신앙은 흔들리기 시작한다.

라오디게아 교회의 경제적, 그리고 문화적인 상승은 오히려 그들의 신앙을 잠재우는 결과가 되어버렸다. 계시록 3장 15절에는 '내가 네 행위를 아노니 네가 차지도 아니하고 뜨겁지도 아니하도다. 네가 차든지 뜨겁든지 하기를 원하노라(계 3:15)' 하는 말씀이 있다. 정신분석적으로는 이것을 바로 신경증(Neurosis) 중의 하나로 히스테리(Hysteria)* 증상과 비슷한 것으로 분류한다. 차지도 않고 뜨겁지도 않다는 말을 다르게 해석하면 품위와 격조가 있다는 말이다. 과거 유럽의 귀족봉건시대의 뒤를 이어 상업이 발달하면서 도시에 세금을 낼 수 있는 신흥 상류층의 세력이 나타나게 되었는데 이들을 라틴어로 클래식쿠스(Classicus)라고 불렀다. 이 말의 원래 의미는 세금을 낼 수 있는 신흥 상류층을 말했는데 이것은 오늘날 클래식(Classic:고전적)의 어원이다. 이들은 품위를 지키기 위해서 절대로 차거나 뜨겁거나 하지 않는다. 예나 지금이나 자신의 감정을 그대로 직설적으로 표현하면 상놈 취급을 받게 된다. 우리나라의 옛날 양반과 비슷한 사람이었던 것 같다. 라오디게아 교인들은 이런 부류의 사람들이었다. 그들은 갑자기 벼락부자가 된 천박한 부호가 아니고 전통을 가진 자들이었다. 균형이 있고 절제할 줄 아는 자들이었다. 지진이 났을 때 로마의 도움을 거부하고 자신 스스로 도시를 재건한 사람들이다. 자존심이 강한 자들이었다. 그들은 문화적으로도 질 높은 생활을 영위하고 있었다. 여러 개의 극장과 수천 명이 들어가는 경기장도 가지고 있었다. 그들의 신앙생활은 문화생활이었다. 아주 우아하게, 지금 식으로 말하면 주일에 주차원의 안내를 받으면서 멋있게 주차하고 지명도 있는 교회에 들어가서 유명한 목사님의 설교를 마치 음악회에 참여하듯 문화적으로 아주 우아하게 관람한다(겔 33:32).29) 끝나면 다시 주차원의 안내를 받으며 어디론가 식구들과 유유히 사라진다. 신앙생활은 일종의 패션이 된다. 멋있다. 깊게 빠져들어 오지도 않고 그렇다고 교회를 멀리하는 것도 아니다. 균형이 있다. 절제가 있다. 이들은 열광적이지 않기에 절대 이단에 빠질 가능성도 없다. 차지도 뜨겁지도 않기 때문이다. 라오디게아 교인은 2,000년 전에만 존재한 것이 아니라 지금도 존재하고 있다.

필자는 이런 식으로 신앙생활을 하는 성도들의 성향을 신경증, 곧 노이로제(Neurosis) 성향이라고 말하고, 이들은 주로 큰 공동체에 출석하는 경향이 강하고, 미조직 교회에 출석하는 성도들은 정신증적(psychosis) 성향의 사람들이 많다는 주장을 하려고 한다.*

일반적으로 신경증은 히스테리, 강박증, 공포증 등이 있는데, 신경증은 '도착증*의 부정적 형태'라고 말한다.30) 즉 신경증은 도착을 강하게 부정하고 절제 있는 문화인으로 살지만 그들의 강한 부정은 곧 긍정을 이야기하는 것이어서 그들의 무의식 속에는 억압된 도착적 성향이 항상 출렁인다는 것이다. 결코 도착을 포기하지 못하는 것이 노이로제 성향의 사람들이다. 그들은 어떤 방식으로든 도착을 꿈꾸고 있다. 예를 들자면 정상적인 사람들에게는 사회적인 위치도 있고 가정과 자녀도 있어 도착적인 삶을 드러내 놓고 산다면 그동안 이룩한 그 모든 것은 하루아침에 물거품이 될 수 있다. 이 때문에 다른 방법(포르노, 외도)으로 도착을 즐기든지, 다른 건전한 방법으로 자신들의 욕망을 승화시킨다는 의미이다. 아주 강하게 억압해 버리면 또 다른 증상에 시달릴 수 있다. 특별히 정신분석에서는 이것을 설명할 때 성적인 억압과 많이 연결시켜 해석한다. 물론 현대에서는 이러한 해석을 탈피하는 경향이 있지만 여러 가지 다른 도구를 사용하여 성적인 것을 승화시키는 탈성화(脫性化)는 문명인으로 살아야 하는 전제 조건이기도 하다. 이 때문에 프로이트는 삶의 애환을 예술로 승화시키는 예술가들의 컬리컬쳐를 히스테리로 보고 있다.31) 어떤 방법으로든 억압된 것들을 방출시켜야 하는데 그것을 문화적인 방법으로 교묘하게 승화하여 처리한다는 것이다. 물론 이런 사람들은 건강한 축에 들어간다고 할 수 있다. 교회 리더는 인간의 이러한 성향을 잘 이용하여 목회에 접목할 수도 있지만 사실 이러한 성향의 태도는 복음의 열정을 식게 만드는 원인이 된다. 주님은 이런 자들이 역겹다고 말씀한다. 그러나 세상에서의 균형과 절제는 문화인의 필수 조건이다. 그것이 문학이든 예술이든 정치든 서로 바닥까지 내려가고 서로를 발가벗기려 하지 않는다.

문제는 이러한 신경증 증상들이 과도할 경우나 경직되어 유연하지 못할 경우, 사태가 조금 심각하게 전개될 수도 있다는 것이다.

그 특성 중의 중요한 한 가지는 그들이 사랑을 하지 못한다는 것이다. 사랑은 적당한 거리를 유지할 수 있을 뿐 아니라 때로는 침범을 허락하고 나를 내어줄 수 있는 능력이다. 넘어가지 못하고 다른 사람이 넘어오지 못하게 하며 지나치게 경계를 두는 것은 정상성은 아니다. 사람은 서로 섞여서 하나가 되기도 하고, 또 분리되는 경험을 통해서 행복을 느낄 수 있다. 타자와의 정서적 관계에서도 적당히 넘나들 수 있어야 건강한 사람이다. 그런데 이것이 두려워 끊임없이 방어해야 한다면 불필요한 에너지를 많이 소모하게 되고 삶의 에너지가 방어 에너지로 인해 쉽게 고갈될 수 있다. 사랑은 내 것을 떼어 주기도 하고 다른 사람 것을 내 안에 들이기도 하는 것이다. 그러면서도 상대가 독립된 존재라는 것을 인정할 수 있는 능력이다.

인간은 찾고 욕망하는 것뿐만 아니라 찾는 욕망 그 자체를 즐기고 다른 사람의 욕망의 상태가 되는 것도 즐길 수 있는 존재다.32) 그러나 막상 자신을 내어주려 할 때, 자기 존재의 일부나 혹은 전부를 잃어버린다고 하는 가상의 위험을 두려워하여 집요하게 자신을 열어놓는 것을 거절하거나 타인이 자신을 계속 사랑한다는 오만함과 동시에 단절로 인한 소외와 불안33)에 시달린다면 어떻게 될 것인가?

삶이 힘들다는 것은 사랑하는 것이 힘들다는 것이다. 사랑은 다른 사람의 힘듦을 담아주고 나 역시 안길 수 있는 능력이다. 사랑의 능력은 관계의 능력이다. 관계의 성공은 인생의 성공과 연결된다. 관계에서 실패하면 인생에서 실패할 확률은 그만큼 높아진다.

히스테리는 넘어가지 못하고 누군가 넘어오는 것을 경계하는 것이다. 큰 집단은 이러한 히스테리 구조를 유지하기에 너무나 좋은 공간이 된다. 서로가 간섭함 없이 쓸데없는 것에 에너지를 지출할 필요가 없다. 그들은 이렇게 적당한 거리를 두면서 독특한 인간관계를 유지한다. 마치 고슴도치가 서로 다가갈 때 받는 상처로 인해 결국 적절한 거리를 유지하는 것과 같다. 피곤하지 않다는 이점이 있지만 많은 방어 에너지를 사용하고 있어 쉼이 없는 것이다. 사실 누구나 이러한 인간관계를 갖고 있다는 점에서 히스테리에 어느 정도 고착되지 않은 사람은 없는 셈이 된다.[34] 문제는 그들의 무의식은 항상 요동하지만 그들의 의식은 늘 경계하고 깨어 있다는 것이다. 그래서 주님은 라오디게아 교회에게 이 말을 준 것이 아닌가 싶다. '볼지어다. 내가 문밖에 서서 두드리노니 누구든지 내 음성을 듣고 문을 열면 내가 그에게로 들어가 그와 더불어 먹고 그는 나와 더불어 먹으리라(계 3:20).' 그분이 내 안에 내가 그분 안으로 넘어가고 넘어오게 하는 것이다.

하나님이 내 안에, 깊이 들어와 있기도 하고 동시에 초월적인 하나님을 동시에 느낄 수 있다면 건강한 신앙인이 될 것이다. 그러나 히스테리는 '여기까지. 이 이상은 안 됩니다!' 가 된다. 내어주지도 않고 다가가지도 않는 것이다.

그 이유는 히스테리의 중요한 특성 중의 하나가 바로 이원적 사고방식이기 때문이다. 그들의 세계는 강자와 약자, 건장한 사람과 불구자로 양분되어 있는 유아적 세계이다.[35] 이것은 5, 6세의 남근기에 있는 소년이 남자 성기와 여자 성기의 차이를 인식하지 못하던 시기에 발생하는 것으로 이들은 아직 페니스를 가진 남자와 질을 가진 여자로 구분되는 것이 아니라, 남근을 갖춘 존재와 박탈된 존재,[36] 즉 단순하게 강하거나 나약한 존재, 또는 건강하

거나 병든 존재, 아름답거나 추한 존재로만 구분된다.[37)]

이러한 점에서 그들의 눈에는 큰 교회는 성공한 교회, 작은 교회는 실패한 교회로 보이게 된다. 따라서 히스테리 성향의 사람은 절대 작은 교회에 출석할 수 없는 것이다. 실패한 교회이기 때문이다. 작은 교회에 출석한다는 것은 곧 인생에서의 실패를 의미하기 때문이다. 그들은 자신들을 내어주어야 하는 사명에는 당연히 관심이 없으며 누가 성공한 사람인지, 그리고 어떤 교회가 성공한 교회인지가 중요한 것이 된다. '세상은 절대 실패한 사람에게 찬사를 보내지 않으며, 그들은 실패한 사람에게는 잔인하게 돌아선다'는 말은 바로 그들의 히스테리 성향을 이야기하는 것이다.

그러나 정신증적 성향이란 히스테리와 달리 너무나 쉽게 넘어가거나 이러한 침범으로 인해 아예 철수하여 다가가지 못해 적절한 거리를 유지하지 못하는 것이 주요 특성이다. 개척교회에는 후자의 성격을 가진 사람이 많이 출석한다. 병리가 깊어 어디부터 어떻게 손을 봐야 할지 모를 정도로 삶이 심하게 뒤틀려 있는 사람들이 수없이 개척교회를 찾는다.

개척 초기의 일이다. 한 여자 성도가 계단에 엉거주춤 서 있어서 물었다. "아니, 왜 거기 그렇게 서 있으세요?" 하고 물었더니 그녀는 대답하기를, 계단을 올라가야 할지 내려가야 할지를 하나님에게 응답받는 중이라고 했다. 그래서 나는 이 성도에게 이 교회를 다녀야 할지 아니면 다른 교회로 옮겨야 할지를 하나님에게 물어보는 것이냐고 물어보았지만 그것은 아니라고 했다. 이런 일은 자주 있었고, 나는 이분에게 병원에 갈 것을 종용했지만 결국 말을 듣지 않았다. 가족들도 포기한 상태였다. 목회 초년이라 이분을 사랑과 기도로 섬겨보았지만 다루지 못하고 교회를 떠났다. 다른 곳에 가서도 종종 공중전화로 연락을 하다가 나중에는 소식이 끊겼다.

목회를 잘하는 사람은 달리는 말과 함께한다. 그러나 개척교회에 달리는 말은 오지 않는다. 이들은 정체성 장애(자신이 누구이며 삶의 의미와 목표가 무엇인가를 알지 못하는 증상)의 수준을 넘어선다. 병원을 다녀야 하고, 약도 먹어야 하고, 입원까지 해야 할 사람들일 수 있다. 그러나 이들은 절대 약도 먹지 않고, 병원도 가지 않고, 자신의 정신이 온전하다고 믿는 사람들이다.

가장 큰 문제는 이들은 아무리 가르쳐도 변하지 않는다는 점이다. 이런 사람들에게 더 분화된 도움과 사랑을 주어야 하지만 개척교회의 현실은 지력(知力), 경제력, 또는 인력에 있어서 이들을 도울 수 있는 자원이 턱없이 부족하다. 개척교회 목회자가 연민으로 이들 삶의 정황이라는 컨텍스트에 깊게 몰입하며 믿음으로 모든 것을 감당하겠다고 할 때, 목회자는 분별을 잃게 되고 그들과 감정적으로 얽혀 쉽게 정서가 고갈된다. 무엇보다 하나님의 일반계시의 영역을 무시한 채 이들을 성경적으로만 다루거나 사귀추출(邪鬼抽出)의 관점에서만 바라볼 경우, 하나님의 '일반은사'를 무시하게 되어 더 어려운 상황을 만날 수도 있다. 여러 가지 유형의 성도들이 교회를 찾지만 개척교회를 힘들게 하는 가장 다루기 어려운 몇 가지 유형을 언급해 본다.

1. 사랑이 두렵다

몇 년 전에 전도 사역을 하면서 함께 식사하는 자리였다. 평소 친분이 있는 분이었지만 가까이 다가갈 때면 그분은 기독교 교리를 이해할 수 없다거나 구도자들에게 대접하는 음식이 너무 사치스럽다는 등의 핑계로 도망을 다녔다. 이런 분들을 몇 번 경험하고 보니 이들은 사랑을 받아들이기 힘들어하는 것이라는 생각을 하게 되었다. 그들은 먼저 자신의 사랑을 주다가 상처받은 경험이 있는 것이다. 사랑을 주었을 때 그 사랑이 거절되었던 경험이 있는 사람이다. 그래서 사랑하기가 두려운 것이다. 자신의 사랑이 다른 사람을 파괴한다고 느낀다면 사랑이 공포로 경험될 것이다. 이런 분들에게 사랑으로 다가간다고 해도 그들은 사랑을 증오로 경험하고 있는 것이다. 그들에게 사랑을 받아들인다는 것은 쉬운 일이 아니다.

교회에 나오기 힘들어하는 사람 가운데 많은 사람이 관계를 부담스러워한다. 그들은 사랑을 두려워한다. 자신의 사랑이 상대방을 힘들게 할 것이라고 생각하는 것이다. 그들은 숨어들어 간다. 그러나 그 마음 깊은 곳에는 사람에 대한 허기도 있다. 누가 나에게 관심 좀 가져주지 않나? 하지만 막상 다가가면 다시 들어간다. 관계할 힘이 없는 것이다. 초청한 사람은 이걸 몰라 그들의 거절에 상처를 받게 된다.

사랑을 받아들이는 것은 삶의 가장 근원적인 기초다. 사랑을 사랑으로 받아들일 수 없다면 모든 것이 왜곡되어 들어온다. 늘 두려움에 쫓기는 사람이 되고 세상이 두려워서 현실로 나오지 못하게 된다. 사랑을 받아만 들인다면 사랑하는 법도 배울 수 있고 사랑을 나눌 수도 있다. 에릭 프롬(Erich Fromm)은 『사랑의 기술』이라는 책에서 사람들은 다른 모든 것은 열심히 배우면서 유독 사랑하는 법은 배우지 않는다고 말한다. 이 세상에서 가장 어려운 것이 있다면, 그리고 어려운 학문이 있다면 사랑을 받아들이는 방법과 사랑하는 방법이다. 목회를 실패했다면 사랑하는 법에서 실패한 것이다. 가정이 실패했다면 사랑에서 실패한 것이지 돈을 벌지 못해 실패한 게 아니다. 사랑을 받아들일 수 있는 단계, 사랑을 배울 수 있는 단계, 사랑을 나눌 수 있는 단계에서 가장 중요한 기초는 사랑을 받을 수 있는 능력이다. 많은 사람이 사랑을 받을 줄 모르고 사랑을 주어도 사랑으로 경험하지 않는다. 사랑을 주면 공격하고 다른 사람이 자기를 증오하게 만든다.

정신분석은 이러한 원인을 초기 유아기의 대상관계에서 찾는다. 유아기 초기에 입으로 접촉하는 방식이 평생의 삶을 좌우한다는 것이다. 엄마가 젖을 무는데 딴생각하고 시무룩한 표정으로 있거나 아이가 자신의 젖을 다 파먹는 것으로 생각하면 아이는 사랑을 사랑으로 경험하는 것이 아니라 나쁜 것으로 경험한다. '내가 사랑을 주니까 상대가 힘들어하는구나! 아하, 사랑이란 무서운 것이구나!' 라고 생각한다.[38] 내 사랑이 다른 사람을 파괴한다고 느낄 수 있다. 아이가 젖을 무는 행동은 사랑을 표현하는 첫 번째 방식이다. 젖을 빠는 것이 첫 번째 사랑의 경험의 표현이고 첫 번째 사회적 관계다. 이것이 모든 삶의 기초가 된다. 분열은 이렇게 삶의 초기에 형성되고, 사랑을 받아들이지 못하는 것으로 인생의 가장 초기에 결정되는 정신 구조다.※

　개척교회에는 이렇게 사랑을 두려워하는 자들이 온다. 이들은 삶의 가장 근원적인 기초가 왜곡된 사람들이다. 사람과의 관계를 두려워하는 사람은 당연히 하나님의 사랑도 두려워할 것이다. 하나님이 당신을 사랑한다는 말을 두려워한다면 어떻게 복음을 전할 수 있겠는가? 사랑이라는 것은 관계를 맺는 능력이다. 이것이 안 되는 사람은 하나님과 당연히 관계를 맺을 수 없다. 하나님을 믿지 못하겠다는 것은 하나님의 사랑을 받아들이지 못하겠다는 것이다. '사랑받음' 을 두려워하는 사람은 사람과의 만남에서 무슨 역동이 일어날지 몰라 도망간다. 교회에서 예배만 드리고 빠르게 나가는 사람들을 생각해 보라. 사랑을 사랑으로 받을 수 있는 능력은 건강한 것이다. 분명히 말씀은 교회를 세우는 기초다. 그 말씀이라는 것도 사실 따지고 보면 '사랑의 법'이다. 사랑하자고 말씀도 있는 것이다.

사람들은 사랑을 받으려고만 한다. 이 정도면 그래도 건강한 편이다. 문제는 사랑을 공격으로 받는 것이다. 그들은 사랑을 두려워한다. 사랑으로부터 도망을 간다. 때문에 외부와의 관계를 단절하고 자신의 내적 세계에 몰입하는 것을 좋아한다. 이들은 내적 환상, 유령, 그리고 사이버 세계에 빠지는 것을 좋아한다. 이 때문에 만성적인 공허에 시달린다. 몸의 참여가 배제되어 삶이 생생하지 않기 때문이다. 이렇게 사랑을 두려워하는 사람들은 존재하는 것 자체를, 그리고 숨 쉬는 것조차 힘들어한다. 이런 사람들에게 도덕적 책임이나 성숙을 요구할 수는 없다. 그들은 사랑을 요구하지만 또한 사랑을 두려워한다. 그리고 다른 사람들이 관심 가져 주지 않는다고 분노한다. 때문에 교회도 여기저기 옮겨 다니며 구경꾼으로 있을 뿐이지 참여하지 못한다. 이런 성향의 사람들이 교회에 출석한다고 해도 큰 공동체에 숨어들어 가서 예배만 보고 도망 나오거나 참여하지 못한다. 교회도 이들을 방치할 수밖에 없다. 말씀의 영향력 밖에 있고 다가가면 도망가기 때문에 작은 공동체는 이런 사람들에게 몇 번 신경을 쓰다가 결국 포기하게 된다.

이들에게 필요한 것은 지속성과 반복성으로 다가가는 것이다. 일관성이 필요하다. 이들은 사랑을 받다가 거절당한 사람들이다. 함부로 한두 번 다가가서 복음을 전하다 포기하게 하는 역동이 그들 속에 숨어 있다. 이들을 정신분석에서는 분열 성격의 사람으로 조심스럽게 진단한다.

밝게 웃는 모습으로 환대하는 것을 싫어하는 사람은 없다. 우울한 마음도 이런 분위기를 만나면 곧바로 기분이 전환되게 마련이다. 그러나 이런 모습, 곧 반겨주고 환대해 주는 이 상황이 두려워서 교회 나오길 꺼리는 사람도 있다는 것은 아이러니이다. 사랑을 표현한 것이 사랑으로 돌아오지 않고 공격으로 돌아온 경험, 자신의 사랑이 상대방을 무너지게 했던 경험, 자신의 욕망이 대상의 존재를 위협했던 경험, 대상에 대한 갈망과 두려움 사이에 갈등이 발생하면서 대상을 보호하기 위해 대상에게서 철수하려는 경향39)을 가진 이들의 특징은 현실에 발을 딛지 못하고 현실을 두려워하거나 기피하는 것이다. 이들은 현실에 맞설 힘이 없기에 도피적인 성격을 갖게 되고 외부와의 관계를 단절한다.40) 이들은 자신의 사랑을 안전한 곳에 보관할 뿐만 아니라 지하 창고에 가두어둔다. 자신의 사랑이 나쁘다고 느끼기 때문에 다른 사람의 사랑도 비슷할 것이라고 생각한다.41) 이들에게 교회 일을 맡기게 되면 에너지의 고갈로 언제 어느 때 철수할지 알 수가 없다. 이들은 항상 회피하고 도망간다.

이들의 사랑은 생생하지 않아 하나님은 항상 초월적인 공간에서 인간을 내려다만 보는 추상적인 신(神)일 뿐, 자신의 삶에 실질적인 영향을 주지 못한다. 그들에게 신의 사랑은 감정이나 정서로는 다가오지 못한다. 이들은 늘 교회공동체에서 믿음이 없는 사람들로 정죄되며 소외된다. 그러나 이들에게 희망이 있는 것은, 늘 교회 주위를 맴돌고 있다는 사실이다. 누군가 다가와서 사랑해 주길 기다리면서. 목회자가 이들의 마음을 읽어만 낸다면, 그리고 그들을 정죄하지만 않는다면 이들도 개척교회에 헌신할 수 있는 중요한 인물이 될 수 있다. 물론 오랜 시간을 요한다.

2. 목사와 성도 간에 일어나는 원시적 대상관계

1) 개척교회 안에서만 반복되는 과거

성도들이 교회를 떠나려 하는 여러 가지 이유 중 가장 주된 것은 목사와의 관계 때문이다. 큰 공동체에서는 목사와의 관계 자체가 성립되기 어렵다. 부교역자나 다른 임직들과의 관계가 대부분이고 문제가 있을 경우에도 목사와의 관계가 연루되지 않는다. 이 때문에 성도들과 개인적인 문제로 얽혀드는 일이 없게 된다. 그러나 작은 공동체의 모든 관계는 목사를 중심으로 이루어지게 되고 성도들과의 복잡한 심리적, 정서적 얽힘의 관계는 거의 피할 수 없는 운명처럼 만나게 된다. 만약 목사와의 관계만 원만하다면 성도들과의 불편한 관계는 그럭저럭 버티기도 하고 해결되기도 한다. 그러나 작은 공동체의 경우, 아무리 조심해도 피할 방법이 없게 된다. 성도들이 하나님을 만나기 위하여 교회에 나오지만 그들의 무의식 안에서는 또 다른 사람, 곧 그녀의 과거 어머니나 아버지를 만나러 나오게 되는 것이다. 물론 목사의 무의식 안에서도 목사 자신이 모르는 어떤 충동과 정서들이 출렁이고 있을 수 있다.

아는 목회자의 사례다. 전도사 시절에 성도의 집에 전세를 살게 되었다. 세든 집사님의 집이 경매가 되었고, 집주인이 성도이다 보니 할 이야기도 못하고 전도사님은 그대로 손해를 보고 나와야 했다. 이 일로 전도사님은 마음에 많은 상처를 입었다. 이 전도사님이 후일 목사가 되어 집을 얻는 과정에 또 교회 성도와 계약을 하게 된다. 분명히 성도와의 계약 관계로 좋지 않은 결과를 경험했음에도 과거의 상황을 반복하는 것이다. 이삿날이 얼마 남지 않아 성도에게 전화가 왔다. '목사님, 지금 살고 있는 분이 전세금을 올려주고 그대로 살기를 원하는데 목사님이 양보할 수 있으세요?' 목회자는 성도가 유익하다면 무엇이라도 다 양보할 마음할 준비가 된 사람들이 아니던가? 이 목사님이 양보하고 다른 집을 알아보는 도중에 그 성도에게 또다시 전화가 온다. '목사님, 죄송합니다. 살겠다고 하던 분이 다시 이사를 간다고 하는데 어쩌지요? 다시 저희 집에 들어오셔서 살면 안 되나요?' 한다. 순간 목사님은 갑자기 과거의 상처가 떠올라 불안해지기 시작했다. 언젠가는 좋지 않은 결과가 생길 것 같아 차라리 지금 계약을 거절하는 것이 서로 좋겠구나 싶어 계약을 거절했다. 이후 이 성도님은 교회에 자주 빠지고 신앙에 수동적인 사람이 되더니 결국 교회를 떠나 버렸다. 일반적인 상식으로 보면 분명히 성도가 잘못한 것이다. 약속을 두 번 번복한 것은 성도다. 그러나 정신분석에서는 목사의 마음 안에 있던 과거의 상처와 불안이 무의식적으로 성도 안에 흘러들어 간 것으로 볼 수 있다. 목사와 성도와의 이런 상처를 재현하도록 목사가 원인 제공을 한 것으로 보는 것이다. 애초부터 성도와의 계약은 하지 말아야 했다. 성도는 성도대로 죄책감에 시달리고 괴로웠다. 중요한 것은 왜 이 목사님이 전도사 시절에 있었던 일을 다시 반복했느냐는 점이다. 애초에 성도와의 이해관계가 얽힌 일을 하지 말았어야 하는데 왜 과거의 경험을 다시 반복했냐는 것이다.

2) 왜 반복되는가?

현재 상황이 과거와 유사하다는 느낌은 성도에 의해서 시작되기도 하고 또 목사에 의해서 시작될 수도 있다. 대부분의 경우 성도님들이 과거의 경험을 목사와의 관계 상황으로 간주하면서 마치 과거가 현재에 흘러들어 온 것처럼 반응한다. 이때, 목사와 성도는 과거의 어떤 측면과 공명하는 방식으로 행동하게 되는데 물론 무의식적으로 일어나는 것이다. 무의식의 관점에서는 시간 감각이 없으므로 과거가 현재에 속한 것으로 보일 수 있다. 유사한 것을 동일한 것으로 보는 것이다. 전이(轉移)라는 것은 이와 같이 유사함을 동일함으로 착각하는 것을 말한다.[42] 이전의 경험과 느낌들이 과거로부터 전이되어서 마치 현재에 실재하는 것처럼 경험되는 것이다. 때문에 전이 현상은 매우 현실적이고 직접적인 느낌을 가질 수 있다. 이렇게 개척교회에서는 너와 나, 과거와 현재, 현실과 환상의 경계가 섞이고 혼돈되는 현상이 교회 안에서 비일비재하게 일어난다는 사실을 개척교회 목사는 항상 유의해야 한다. 현실이 환상 같고 환상이 현실같이 느껴지는 정신 역동이다.

3) 원시적 의사소통※

정신 구조가 성숙하게 발달하지 않은 사람은 불안이나 좌절을 견디는 능력이 누구보다 연약하다. 그래서 주로 짜증이나 다른 방법으로 자신의 의사를 전달한다. 이들은 자신의 감정을 대상에게 일방적으로 집어넣기도 한다. 대상도 이것을 그대로 받을 수밖에 없다. 이렇게 되면서 두 사람의 관계는 융합의 상태가 된다.[43] 부부나 부모, 자식 사이에서는 이러한 융합이 자연스러울 수도 있다. 만약 엄마와 아기의 관계라면 엄마가 아기의 짜증이나 울음의 의미를 해석하여 담아주고 아기가 소화할 수 있는 것으로 되돌려주면 아이는 짜증 속에 있는 내용을 순화시켜 이해하고 짜증을 담아주는 엄마의 능력과 정신 구조까지도 받아들이게 된다.[44] 아기 자신은 스스로 이해할 수 없는 막연한 무엇을 엄마에게 집어넣었지만 의미 있는 것으로 다시 되돌려 받는다. 그러나 엄마가 담아주지 못하거나 오히려 엄마의 힘든 것까지 더해서 돌려주게 되면 아이는 자신의 감정을 조절하지 못하게 된다. 이렇게 자신의 감정을 상대방에게 밀어 넣거나 집어넣는 것은 일반적으로 가장 가까운 가족 관계에서 많이 일어난다.

이런 점에서 대형 교회에서는 원시적 의사소통이 일어나기가 어렵다. 그러나 가정과 유사한 착각을 불러일으키고 특별히 목회자와 친밀감을 느끼기 쉬운 작은 공동체는 원시적인 정신 과정, 또는 의사소통으로 침범당하고 침범하는 융합의 경험이 자주 일어나게 된다.

초기에 가정에서 이런 경험이 없거나 적절한 발달 과정을 거치지 못한 사람은 작은 공동체에서 너와 나, 현실과 환상 등의 경계가 모호하고 밀착된 원시적 관계를 자주 재연하는 사람이 될 수 있다. 사실 이러한 원시적 관계는 정상적인 사람들도 친밀한 관계 안에서 일어날 수 있는 현상이다.

자기 경계가 약한 사람일수록 상대방이 집어넣어 주는 감정에 자주 걸려들게 된다. 건강하다면 적절히 거리를 유지하며 맞물리지 않고 도울 수 있게 된다. 이렇게 자기의 경계가 없는 유아적인 사람들은 자기의 것을 다른 사람에게 집어넣기도 하고 또 다른 사람의 것을 잘 받아들이기도 한다. 피상적으로 보면 공감 능력이 뛰어나기 때문에 많은 은사를 가지고 있는 것 같이 보인다. 상대방의 마음을 투시한다든가 상대방의 아픈 부위에 자신의 몸도 동일시(Identification)※되어 같은 자리가 아플 수도 있다. 그러나 이러한 은사들은 아직 유아적인 인격에서 벗어나지 못한 경우가 많다. 교회에서 은사자들이 종종 물의를 일으키는 주된 원인이 여기에 있다. 그것이 교회의 덕을 위해서 사용되려면 많은 정련 과정을 거쳐야 한다.

이런 동일시는 다른 여러 형태로 개척교회 안에서 일어난다. 성도들은 수많은 알 수 없는 불안을 교회로 가지고 들어온다. 그리고 이러한 불안을 목사나 다른 교역자에게 은밀하게 집어넣는다(대형 교회 목사의 세속화는 바로 성도들의 너무 많은 혼탁한 투사와도 연관시켜 볼 수 있다. 즉 성도들에게서 투사되는 세속의 영을 감당하지 못하는 것으로 볼 수 있다). 성직자 자신 역시 해결 못한 문제가 있게 되면 성도들에게 집어넣는 일이 일어난다.

성도들이 학벌에 대한 열등감을 가지고 있는 경우, 자녀들의 학업이나 학원, 과외 등의 문제로 아이들을 교회에 보내지 않으면서 목사를 자극한다. 현상적으로는 신앙이 없는 것으로 보인다. 교회 나오는 시간에 자녀들에게 공부를 더 시키자는 계산이다. 그러나 신앙의 문제가 아니라 목사에게 보내는 의사소통의 한 방법이다. '나 공부 못한 것에 대해서 한(恨)이 있어!' 하는 아픈 마음을 이렇게 전하는 것이다. 이것을 해석하지 못하면 그들을 담아내지 못하게 되고 목사는 성도들에게 분노와 답답함을 전달받고 성도들에게 공격받는 느낌에 빠지게 된다. 이러한 느낌은 사실 성도들이 은밀하게 목사에게 집어넣는 것일 수 있다. 그들은 이런 식으로밖에는 자신들의 '한'을 전달할 방법이 없다. 이때 목사는 '장로가 되어 가지고 겨우 그 정도밖에 안 돼?' 하며 분노하게 된다. 그러나 목사는 이런 이상한 행동들에 대해 바로 해석하고 잘 담아서 그들이 감당할 수 있는 것으로 변형시켜 돌려주어야 한다. 그러나 이것을 담아내지 못하면 설교 내용 중에 야단을 치거나 분노하게 되고, 아니면 설교 도중 무의식적으로 학벌을 자랑해서 성도들의 시기심을 자극하게 된다. 사실 성도는 이 부분에 상처가 있기 때문에 그 상처를 다시 재현하고 여기에 목사가 걸려들어 악역을 맡게 된다. 그리고 성도는 마음에 상처를 받고 교회를 떠나게 된다. 역설적으로 성도가 교회를 떠나고 싶어서 무의식적으로 이러한 느낌들을 목사에게 넣어 주고 상처받을 상황을 만들어낸다고 볼 수도 있다.

헌금의 문제에 대해서 상처가 있었던 성도들은 무의식적으로 이러한 상처를 목사에게 집어넣는다. 목사가 말려들게 되면 돈에 대해 상처받을 내용을 이야기하게 되고 성도는 '그럼 그렇지. 저번 목사와 다를 게 하나도 없어!'라고 불평하게 된다. 물론 이런 내용을 전이받는 것은 성직자 역시 물질의 문제에 대한 아픔을 갖고 있기 때문일 것이다. 성도의 입장에서도 이 문제가 해결되지 못한 사람은 계속 이런 공동체를 직관적으로 선택하게 되고 같은 상처를 반복하고 계속적으로 교회를 옮겨 다니게 된다.

작은 공동체의 경우, 목사는 설교 도중 갑자기 설교 내용이 어떤 성도의 개인적인 문제와 관련이 있다는 것을 알게 된다. 의도된 건 아니지만 성도는 이런 상황을 목사가 의식적으로 만든 것이라고 생각한다. 사실은 성도가 집어넣은 것에 목사가 걸려든 것일 수 있다. 의도된 것이 아니었기에 설교자는 원고 내용을 즉흥적으로 바꾸게 되고 이 과정에 성도와 이중 구속의 상태로 빠져들게 된다. 결국은 의도한 것처럼 상황이 변하는 것이다. 작은 공동체에서 자주 일어나는 현상이다.

큰 공동체에서는 목사와 성도와의 개인적인 친밀함이 없을 뿐 아니라 목사가 성도의 개인적 사정을 잘 알지 못하기 때문에 이런 상황에 빠질 확률이 거의 없다. 작은 교회에서의 이러한 현상은 성도가 목사에게 집어넣은 경우가 대부분이다. 성도의 입장에서는 자신 안에 있는 상처를 다시 재연하는 것이다. 왜 재연할까?

그 부분을 다루고 싶기 때문이다. 그 상처를 해결하고 싶기 때문이다. 그러나 목사가 성도의 이런 소원을 해석하지 못하고 말려들게 되면 관계가 깨어진다. 개척교회, 작은 공동체에서는 수없이 일어나는 현상들이다. 사람이 적은 소그룹에서의 설교일수록 설교 원고를 빈틈없이 여러 번 체크하고 이중 구속에 걸려들지 않도록 검토해야 한다. 자칫 원고 외의 것을 말하다가 복잡한 정서적 관계에 얽혀 들어갈 수 있다.

우리는 언어 외의 다른 여러 방법으로 우리의 의사를 전달한다. 성직자나 성도 모두 이런 표현을 읽어내지 못하고 신음할 수 있다. 자신의 문제와 많은 사람의 문제가 동시에 얽혀 있기 때문이다. 서로 담아내지 못하면 끊임없는 상처와 관계의 단절을 경험해야 한다. 상대방의 마음을 읽으려고 하는 것보다 자신의 문제를 먼저 살필 수 있다면 이러한 얽힘의 현상에서 자유로울 수 있다. 그러나 개척교회는 항상 의도되지 않은 상황을 만나게 된다. 과거에서 완전히 자유로울 수 있는 사람은 없기 때문이다.

3. 교회 안에서 일어나는 수동 공격

유명한 오케스트라에 객원지휘자가 왔다고 가정하자. 그런데 객원으로 온 이 지휘자는 젊고 후진국가 출신이며 지명도도 떨어진다. 그러나 단원 가운데는 오랜 경력으로 머리가 허연 사람도 있을 것이다. 그렇다고 연주를 거부할 수도 없다. 경영사의 매니지먼트에 의해서 조정되는 일이기 때문이다. 이때 오케스트라 단원들이 신참 지휘자를 골탕 먹이는 방법은 간단하다. '어디 한 번 흔들어 보시지! 얼마나 잘하나!' 하는 마음으로 연주에 수동적으로 임하는 것이다. 당연히 연주는 망치게 된다. 그리고 연주에 대한 '평가의 몫'은 지휘자의 것이 된다. 직장에서도 이런 일은 얼마든지 일어날 수 있다. 직접적으로 해고 통지를 보내지는 않지만 여러 가지 간접적인 방법으로 압력을 넣어 결국 사표를 쓰게 한다. 이런 것을 '수동 공격'이라고 한다. 그러나 이런 수동 공격은 비교적 의식 안에서 일어난다. 공격을 가하는 자와 당하는 자가 서로 자각하지 못하는 수동 공격은 공동체를 파괴하게 되고 그것을 방지할 방법이 없게 된다. 문제는 이러한 수동적인 공격성이 가장 많이 일어날 수밖에 없는 곳이 바로 교회공동체라는 것이다.

1) 수동 공격의 종류들

우리 교회가 개척교회의 수준을 조금은 넘어섰을 때의 일이다. 한 번은 전도사님들이 하는 일이 마음에 들지 않아 야단을 친 적이 있다. 그들의 얼마 되지 않는 사례비에 대한 불만과 담임목사의 꾸중에 대한 대응이 수동적으로 나타났다. 전도사님이 운전하는

교회 15인승 봉고차가 여기저기 찌그러지고 벽에 긁히고 흉물스
럽게 변해가는 것이었다. 실수로 했다고 하지만 사실은 수동 공격
일 가능성이 매우 높다고 보아야 한다. 교회 봉고차의 외장이 초
라하여 몇 백만 원을 주고 전체 수리를 한 적이 있다.

대형 교회에서는 통제를 원하는 지도자와 자유를 반납하고 통제
받기를 원하는 성도들 간의 공모가 있을 수 있어 억압적인 공동체
구조를 만들어낼 수 있다. 카리스마적인 리더십은 신앙 색깔의 통
일을 만들어내고 힘있는 추진력을 만들어낸다. 그러나 여기에 합
류하지 못하는 성도들은 도태되어 방황한다. 정당한 토론이나 의
문 제기를 '믿음 없음'이나 '불순종'으로 간주하게 될 때, 그들은
두려워 교회도 옮기지 못하고 합류도 못한다. 또 성도들은 목사에
게 상처 주기를 원하지 않는다. 따라서 자연스럽게 교회를 옮기길
원하지만 기회가 오지 않는다. 이럴 때 수동 공격을 사용한다. 능
동적이고 의식적으로 일어나는 공격은 교회를 옮기거나 출석 안
하기, 파벌 만들기 등, 적극적으로 표현된다. 이런 공격은 눈에 보
이는 것이기에 문제의 근원을 빨리 바라볼 수 있지만 수동 공격은
분별이 느리기 때문에 공동체에 많은 손실을 가져오게 된다.

수동 공격은 설교만 시작하면 졸기, 맹종하여 아무 생각 안 하
기, 성숙하지 않기 등이다. 이런 신앙은 결국 실족하여 교회를 더
크게 시험에 빠지게 한다. 교회에서 멀리 떨어진 곳으로 이사 가
기, 지각하기, 관계하지 않기(예배만 보고 도망가기), 앞에서는 순종

하는 척하지만 뒤로는 다른 짓 하기, 침묵하기, 이러저러한 이유로 모이기를 거부하기 등, 교묘하게 위장된 형태들이 있다. 이러한 억압된 공격성은 착한 성도를 만들어내는 것 같지만 사실 거짓 자기를 발달시키게 되고 두려워 떠는 비창조적인 성도들을 만들어낸다. 성도의 입장에서는 교회를 중심으로 하는 자신의 행동 하나하나가 자신이 가지고 있던 문제를 교회 안에서 재연하는 정당치 못한 수동적인 공격이라는 것을 인식할 수 없다.

이런 신앙들은 교회를 더 크게 시험에 빠지게 한다. 의식에서는 이러저러한 핑계로 정당화될 수 있지만 사실 자기 자신도 속으면서 이루어지는 무의식적인 현상들이다. 이러한 수동 공격들은 교회공동체를 서서히, 그리고 은밀하게 파괴하는 힘을 가지고 있다. 우리는 이것을 사단의 영향이거나 시험이 들었다고 생각하기보다는 인격 안에 수용되지 못한 공격성(Aggression)※이 의식에서 떨어져 나가 무의적으로 행해지는 수동 공격으로 보아야 한다.45) 사실 공격성은 삶을 살아가게 하는 추진력이 될 수도 있다. 그러나 공격성이 사랑의 능력, 창조적 능력, 삶의 에너지가 되기 위해서는 인격 안에 통합이 되어야 한다.

공격을 받을 때 보복하지 않고 공격에 아픔을 느끼면서도 그것을 수용하고 견뎌주며 유연하게 그 아픔을 표현할 때 공격 주체의 공격 성향은 인격 안에 통합이 되고 이 공격성은 능력이 될 수도 있다. 그러나 수동 공격은 어느 누구도 이겨낼 재간이 없다. 부부싸움에서도 말 안 하고 버티며 수동적으로 공격하는 사람이 결국 이기게 되어 있다. 결국은 이러한 수동적 공격성을 목사는 버텨 주지 못하고 보복하게 되고, 관계는 더욱더 악화된다. 수동 공격은 가장 잔인한 방법으로, 그 파괴적 에너지는 가늠할 수 없을 정도로 대단한 것이다. 이러한 수동 공격은 억압되고 떨어져 나간 공격성으로 여러 가지 형태로 왜곡되어 나타난다. 일종의 변형된 공격성이다.

교회가 안전하다고 여겨질 그때, 숨어 있던 수동적 공격성이 활성화되면서 인격 안에서 떨어져 나갔던 공격성은 재연(再演)된다. 어려서 자신의 자율성과 창의성에 침범을 받은 경험이 있는 성도는 카리스마적인 지도자를 만날 때 무의식적인 거부반응이 수동 공격으로 표현되기도 하고, 어떤 성도는 신앙생활을 잘하다가 어느 순간 갑자기 차지도 뜨겁지도 않은 미지근한 상태로 떨어지기도 한다. 물론 아주 극소수의 사람들이기는 하지만 이러한 수동 공격이 지속되거나 양적으로 늘어날 때 공동체는 소리 없이 무너지기 시작한다.

2) 작은 교회에서 일어나는 능동 공격

건강한 가정은 아이의 공격성을 마음껏 시험케 하고 공격성을 인격 안에 통합하게 해준다. 자녀의 공격성을 충분히 버티어줄 수 있기 때문이다. 그러나 학교나 사회는 규율이나 법이라는 이름으로 공격성에 제재를 가해야 한다. 체제를 유지하기 위해서이다.

그러나 교회는 자라지 못한 영혼들이 엄마의 자궁이나 엄마의 품으로 생각하면서 나오는 곳이기도 하다. 마치 품을 떠난 어린아이가 제 세상을 만난 듯 문밖으로 뛰어나갔다가 넘어져 울고 엄마의 품으로 돌아오듯이, 세상에 시달리다가 넘어진 영혼들이 재충전하기 위하여 달려나오는 곳이 바로 교회다. 교회는 따뜻하고 안전한 곳이기에 성도들 안에 있던 왜곡된 공격성을 무의식적으로 재연할 수 있는 곳이다.

대형 공동체는 그 틀이 크고 단단하여 공격성을 실험해 볼 기회가 없어 수동 공격이 활성화된다. 작은 교회는 성도의 수가 적고 가족과 같아 과거 자신의 가정과 같은 착각을 일으킬 수 있다. 이 때문에 성도들은 개척교회에서 과거의 어머니와 아버지를 만나게 된다. 점차 친밀해지면서 이들의 과거에 억압되고 떨어져 나갔던 공격성을 사용하기 시작한다. 이때 수동적인 공격이 아니다. 능동적으로, 적극적으로 사용하며 교회를 흔들어본다. 그러나 개척교회가 현실적으로 든든한 울타리 역할을 하기는 쉽지 않다. 든든한 울타리는 사랑의 매가 있고 거룩한 분노가 있는 곳인데, 성도들이 조금만 섭섭해도 교회를 옮길 수 있는 도피처가 많기 때문이다. 결국 교회는 사랑이라는 이름으로 그들의 공격을 마냥 방치하고 기도만 해야 하는 상황으로 떨어진다. 교회는 그들의 공격성을 버려주지 못하는 것이 되고 안전한 울타리는 환상이 된다. 성도의 눈에는 교회가 자신의 공격에 무너진 울타리가 되는 것이다.

또한 교회가 목사에 대한 불만, 설교에 대한 불만, 권위적인 것에 대한 불만을 수용하지 못한다면 이것 역시 성도의 공격을 담아내지 못하는 무너진 울타리가 된다. 이런 상황에서 작은 교회의 성도들은 수동적인 자세를 취하면서 관망하거나 수동적으로 공격하는 방법을 취하지 않는다. 바로 교회를 옮겨 버리거나 직접적인 공격을 가한다. 이때, 보복(목사의 혈기나 신앙 없음에 대한 책망의 시선)하는 것이나 공격성에 무너지는 것(거짓된 환영(歡迎), 피상적인 만남)이나 성도들에게는 동전의 양면이 된다.

교회에서 성도들은 따뜻한 하나님의 품을 경험할 수 있다. 그래서 그들은 가정과 구분하지 못하고 공격하는 경우도 있다. 개척교회가 안전한 울타리의 역할을 해야 하는 것은 이 때문이다. 안전한 울타리는 보복하지도 않지만 무너지지도 않아야 한다. 이때 개척교회 성도는 위기를 극복하게 되고 교회의 일원으로 남을 수 있다. 보복하거나 버려주지 못하는 것도 모두 무너진 울타리일 뿐이다. 안전한 울타리에서만 공격성을 인격 안에 통합할 수 있고, 현실의 한계를 수용하게 된다. 이때의 한계는 통제가 아니라 오히려 안전한 공간이 된다. 그러나 공격성이 통합되지 않으면 한계는 항상 가두는 것이 되고, 항상 무너뜨려야 하는 어떤 것이 된다. 성도들의 공격성을 수용하지 못한다면 성도들은 심한 죄책감을 느끼게 된다. 자기로 인해 공동체가 무너지는 부담을 안아야 하기 때문이다. 이러한 죄책감이 그들이 교회를 떠나게 한다.

4. 내가 잘되면 당신이 그 상급을 받는다고? 그럴 수는 없지!

필자는 특별한 일이 없는 한 일주일에 한 번은 노모를 모시고 외식을 한다. 그리고 반복되는 어머님과의 외식을 통해서 얻은 경험은 어머님이 우리 토종 웰빙류의 음식을 사드릴 경우 잘 드시지 않는다는 것이다. 한 번은 "몸이 안 좋으세요, 아니면 이 음식이 싫으세요?"라고 물어보았다. 어머님이 대답하시길 "내가 해도 이것보다는 맛이 있을 것이다. 이거 순수 메밀이 아니다. 장을 잘못 띄웠다. 다른 것이 섞였다"는 등의 말을 하시고 몇 수저 뜨지 못하신다. 가만히 생각해 보니 어머님은 당신이 만드신 음식은 맛있게 먹지 못하면서 외식할 때만 잘 먹는 아들의 모습이 싫으셨던 것이다. 맛있게 먹는 아들의 모습이 좋아야 하는데 싫은 것이다. 그 후로 외식을 할 때는 어머니 앞에서 맛있게 먹는 태도도 자제해야 했고 물론 토종 웰빙 식당도 가지 않게 되었다.

새로운 성도의 영혼을 위하여 열심히 기도해 주고, 담아주고, 사랑해 주면서 정성을 다한 목사는 이제 겨우 이 성도에게 복음이 들어갈 수 있는 상태가 되었다고 생각할 수 있다. 이제는 교회를 위하여 조금씩 일할 수 있는 단계가 된 것 같다는 생각이 드는 것이다. 한 단계만 더 넘어간다면 궤도에 진입할 것 같고, 목사를 도와 교회를 세우는 역할까지 감당하겠구나, 하고 기대한다. 그러나 바로 이 시점에서 성도는 교회를 떠나거나 다시 원래의 상태로 복귀해서 스스로 망가져 버리는 경우가 있다. 목회자의 그동안의 모든 노고를 무위로 돌려 버리는 것이다. 목사는 이 현상을 이해하지 못하고 실의에 빠지게 된다. 시기심이 하는 모든 일은 내가 잘되는 것을 즐기는 것보다는 다른 사람이 잘되는 것을 견디지 못하는 것이다.

정신의학에서 병이 낫는 것을 원하지 않는 일부 환자의 경우, 자신이 치유되면 분석가의 전문가적 명성에 일종의 훈장을 달아 주는 것을 견딜 수 없기 때문이라는 분석이 있다.[46] 내가 망가져서라도 다른 사람의 공로를 망가뜨리려는 것이다.

시기심은 인간의 본성이다. 다윗에 대한 사울의 시기심을 생각해 보면 시기심에 대한 이해가 한층 쉬울 것이다. 어떤 인간도 시기심에서 자유로울 수 없다. 그럼에도 인간은 시기심을 다루는 것을 터부시한다. 이 때문에 시기심은 항상 우리의 심리 안에 어두운 부분으로 남아 있어야 하며, 이 어둠이 '부정적인 자기'로 작용하면서 자신의 삶을 살지 못하게 하고 이것이 다시 시기심의 원인이 되는 악순환을 치르게 된다.[47] 대형 교회에서는 시기심을 방어할 수 있는 좋은 메커니즘을 가지고 있다. 그것은 목사에 대한 이상화이다. 이상화는 시기심의 반대이다. 이상화함으로 시기심의 두려운 파괴를 감출 수 있는 것이다. 그러나 개척교회에서 목사를 이상화하기란 쉽지 않다. 작은 교회 목사, 힘들어하는 목사, 성공하지 못한 목사가 이상화되기 어렵기 때문이다. 이 때문에 숨을 곳이 없는 인간의 시기심은 작은 교회에서는 위장할 필요 없이 자연스럽게 나타날 수밖에 없게 된다.

시기심을 정의하기 위해서는 먼저 질투(Jealousy)와 관련해 설명되어야 한다. 〈질투〉는 3자 관계로써 좋은 것을 두고 다른 것과 경쟁하는 것이지만 〈시기심〉은 파괴 자체가 목적이다.[48] 능동적으로 선함의 요소를 파괴하고 선하고 아름다운 것을 불쾌해하기까지 한다. 심지어 나쁜 것과 관계하면서 마음의 평정을 얻는다. 다른 사람의 행운에는 자신이 조롱받는다고 느끼며 자신에게 침범이 된다.[49] 때문에 자신을 보호하기 위해 항상 다른 사람의 선함을 평가절하해야 하고 파괴해야 한다. 결국 악을 추구하고 선을 외면하게 되면서 가치의 역전이 일어난다. 선함이나 좋음은 무조건 파괴되어야 하는 무엇이 된다.[50]

시기심은 인간의 가장 원초적인 감정의 하나이며 초기 유아기에 처음 발생하는 것으로 보고된다. 어머니의 사랑과 보살핌, 그리고 어머니가 주는 음식이 만족감뿐 아니라 동시에 이러한 음식,

사랑, 안락함이 자기 바깥에 있다는 인식이 올 때, 시기심의 반응을 불러일으킨 젖가슴이 유아의 고통스러운 상황을 행복한 상황으로 변화시켜 줄 수도 있지만, 반대로 젖가슴을 통해 만족을 느낄 때, 젖가슴이 그 무언가를 무한히 많이 갖고 있다고 느끼면서 풍족한 젖가슴에 대한 시기심을 갖게 된다는 것이다.[51] 이러한 심리적인 현상은 엄마의 좋고 나쁨과 관계없이 모든 아기가 보편적으로 겪어야 하는 심리 과정일 수 있다. 때문에 시기심은 〈아담이 선악과를 따 먹은 인간의 원죄〉와 연관시키기도 한다.[52] 따라서 작은 공동체에 일어나는 이러한 기대하지 못했던 상황들을 언제나 예측하고 있어야 목회자는 상처를 줄일 수 있고 사역을 버텨낼 수 있다. 이러한 파괴 역동에 여러 번 휘둘리게 되면서 결국 목회자는 사역을 포기하게 된다.

1) 시기심—존재하지 못함의 결과

시기심은 하나님을 떠난 인간에게 주어진 부산물로 인격 안에 텅 빈 구멍이 존재함을 의미한다.[53] 때문에 신학적인 관점에서 시기심은 존재의 문제이다. 시기심은 자신에게 제공되는 모든 선함을 거절하고 빛을 외면하는 것이다. 자신 안에 있는 좋은 요소를 보지 않을 뿐 아니라 없는 것에 초점을 맞춘다. 신학적으로 죄란 허탄한 것, 사라질 수밖에 없는 것, 존재하지 않는 것에 초점을 맞추는 것임을 감안할 때 죄의 본질은 시기심의 역동과 같은 뿌리에 있다고 할 수 있다.[54] 시기심이 선함에 저항하지만 동시에 그 이상으로 선함에 강한 매력을 느낌으로써 궁극적으로 선함의 원천인 하나님과 씨름하는 것이라고 역설한다.[55] 바울 역시 시기심의 역동이 선에 대한 역설적인 긍정이라는 사실을 간파하고 있었다. '만일 내가 원치 아니하는 그것을 하면 내가 이로 율법의 선한 것을 시인하노니(롬 7:16).'

　시기심은 곧 선함의 근원이 우리가 아니라는 사실을 알고 있고 그 선함을 통제할 수도, 소유할 수도 없다는 사실을 알고 있는 것이다. 그래서 선을 증오하고 거절함으로 결국 삶의 현장을 떠나 스스로 지배자가 되는 영역을 세우게 되는데, 이 시기심은 결국 자기 안에 좋은 요소마저도 잘라 버리고 죽음을 향해 달리는 파괴 본능이라는 것이다.[56] 성경은 로마서에서 '그 입에는 저주와 악독이 가득하고 그 발은 피 흘리는 데 빠른지라 파멸과 고생이 그 길에 있어 평강의 길을 알지 못하였고(롬 3:14—17)'라고 기록하면서 자연인의 운명을 시기심으로 규정한다.

2) 개척교회 안에서 일어나는 시기심의 형태들

　작은 교회에서 목사는 말씀을 전하는 대상이 아니라 시기의 대상이 될 수 있다. 큰 목사님을 시기하면 했지 부족한 개척교회 목사에게 무슨 시기할 것이 있냐고 반문할 수 있다. 그러나 오히려 개척교회 목사이기에 만만하고 한번 붙어볼 만한 것이다. 곧 시기심이 발동되는 것이다. 목사 아들을 둔 장로님이 다른 목사님의 설교를 듣고 시기심이 발동되면 설교는 들리지 않는다.[57]

　필자의 지인이 모교회의 부목으로 사역하고 있었을 때 들었던 이야기다. 대형 교회인지라 부교역자도 많았고 교역자 중에는 장로님의 자제분들도 있었다. 하루는 이 부목사님이 담임목사님의 부재를 대체하기 위해 설교를 맡게 되었다. 설교하기 위해 강대상으로 걸어가는 순간 뒤에서 기도하기 위해 앉아 계시던 장로님의 목소리가 들렸다. "오늘 은혜받기는 다 글렀군!" 자신이 원하던 좋음을 자신의 아들에게서 발견하지 못하고 라이벌 친구의 아들에게서 발견한 것 때문일까?

　앞에서 언급한 것처럼 신앙이 한참 좋아질 무렵, 이제 한 단계 발걸음을 옮기겠구나, 이제 한 고비만 넘기면 되겠구나 생각될 무렵, 갑자기 자신을 망치며 마음의 문을 닫는 사람들, 아이가 교회에서 공동체 생활을 통하여 밝아지고 좋아지는 모습을 보면서도 강제적으로 아이를 집 안에 감금하는 경우가 비일비재하다.

　아이가 좋아짐으로 그 상급이 아이를 양육한 사람에게로 돌아간다는 그 사실, 그리고 아이가 좋아짐에 대한 그 시기심을 견디지 못하는 것이다. 시기심은 다른 사람의 행복을 막기 위해서 자신이 망가지는 방법도 불사한다. 상대방의 잘됨과 선함을 파괴만 할 수 있다면 지옥도 좋다는 식의 파괴 본능으로 신앙도 포기한다. 이런 역동은 결국 선의 본체인 하나님을 대적하는 것이다. 다른 성도의 믿음이 남다르게 좋아질 때 '나도 그럴 때가 있었지!' 하면서 평가 절하한다든가, 대형 교회 화장실을 보고 '뭐야, 화장실이 우리 집 안방보다 좋잖아!' 라고 투덜거릴 수 있다. 교회가 부흥될 때도, 교회 건물이 아름답게 올라갈 때도, 심지어 설교가 너무 좋아도 좋다는 이유 때문에 기분이 나빠지고 설교가 귀에 들어오지 않을 수 있다. 이런 사람들을 기도가 부족했다거나 은혜가 떨어져서 그렇다고 간단히 정죄할 수 있는 문제는 아니다.

일반적으로 이 시기심의 벽을 넘지 못하는 원인 역시, 정신분석은 초기 유아와 엄마의 관계에서 찾는다. 이러한 시기심이 개척교회와 같은 작은 공동체가 그 꽃을 피우기 좋은 온상이라는 사실은 불행한 현실이다. 그들은 개척교회를 도우려 하지 않는다. 오히려 파괴하려 한다. 이런 자들과 함께 신앙생활을 해야 한다. 이들을 어떻게 붙들어야 할지 고심할 필요는 없다. 이들의 시기심은 교회를 떠나는 것으로 드러나기 때문이다. 그들이 남아만 있다면 버티어낼 수 있지만 교회를 나가 버리는 것이 문제이다. 그러나 그들의 시기심을 마음 깊이 이해하고 담아내며 이들을 낮은 자세로 붙든다면 가능성은 희박하지만 혹 마음이 변할 수도 있다.

3) 지체의식과 시기심
시기심을 해결할 수 있는 방법으로는 '전부가 되겠다는 생각을 포기하고, 자신 안에 있는 구멍을 그대로 가진 채 부조화와 부조리를 받아들여야 하고, 내게 없는 것은 다른 사람이 가지고 있다는 것을 믿음으로 상호 의존하는 것이며, 누군가는 가진 자이고 누군가는 가지지 못한 자라는 사실로 괴로워하지 않는 것이다.' 58)

  이것이 기독교의 지체의식과 같은 내용이다. 〈지체의식〉은 내가 가진 것이 비록 작고 부족할지라도 함께 마음을 모을 때 부족함을 채우고도 넘쳐난다는 것을 믿는 것이다. 결국 시기심은 기독교의 지체의식에 가장 반대편에 서 있게 된다. 따라서 시기심은 교회공동체를 파괴하는 가장 핵심 역동이기도 하다. 지체의식을 받아들일 수 있는 정신 구조는 높은 수준에서 일어나는 정신 현상이다. 우리는 하나님과 교회를 사랑하길 원하지만 나타나는 결과는 원하는 것과 반대의 일을 할 수 있다.

  바울은 로마서에서 이렇게 고백한다. '나의 행하는 것을 내가 알지 못하노니 곧 내가 원하는 것은 행하지 아니하고 도리어 미워하는 것을 행함이라(롬 7:15).', '내가 원하는 바 선은 행하지 아니하고 도리어 원하지 아니하는 바 악을 행하는도다(롬 7:19).', 동시에 '오호라, 나는 곤고한 자'라고 애통해하면서 돌파구를 제시한다. '그러므로 이제 그리스도 예수 안에 있는 자에게는 결코 정죄함이 없나니 이는 그리스도 예수 안에 있는 생명의 성령의 법이 죄와 사망의 법에서 너를 해방하였음이라(롬 8:1,2)'는 말씀처럼 나 자신도 용납할 수 없는 그것을 주님이 용납하셨다는 그 사실을 받아들임으로 자신의 죄성을 용납하는 그것만이 시기심에서 벗어날 수 있는 유일한 방법이다.

우리는 선함이 너무나 본질적이고 이 세상에 속하지 않은 것이라 그 선함을 우리가 받을 수 있다는 사실을 믿을 수가 없다.[59] 우리에게 시기심이 있다는 것, 그리고 이 시기심이 용납되었다는 사실과 함께 시기심의 노예가 될 수밖에 없는 인간의 실존을 받아들이고 그것을 주님이 용납하셨다는 것을 받아들임으로써만 내 자신 안에 있는 시기심을 볼 수 있고, 다룰 수 있으며, 시기심의 역동에서 조금이라도 벗어날 수 있을 것이다. "선이나 아름다움은 훔칠 수도, 파괴될 수도 없다. 선은 어디에 있든지 항상 존재할 뿐이다. 그 선함을 핍박하거나 파괴한다고 해도 언젠가 어떤 명목으로든 부활하고야 만다."[60] 그러나 만약 시기심의 가장 밑바닥까지 내려가 그것을 느낄 수 있다면 그 시기심이 선함을 즐거워하는 자리로 우리를 인도할 것이다. 시기심이란 변질된 칭송이고, 시기심의 밑바닥에는 선한 요소에 대한 과도한 주목과 경외와 놀라움이 있었기 때문이다. 우리의 불행은 순간순간 그 선함이 우리 자신이 아니라 다른 사람 안에 있다는 사실에 초점을 맞추게 되면서 시작된다.[61]

시기심의 밑바닥까지 내려가 시기심이 감추고 있는 근본적인 선함에 대한 허기와 칭송을 경험한다면 그것은 우리로 하여금 다시 한 번 선함의 현존을 향해 마음을 열게 하며 우리의 영혼을 기뿜으로 채우도록 할 것이다. 그때 우리는 선함의 에너지를 받아들이고 그 에너지가 지닌 순수한 즐거움이 막힘없이 터져 나올 수 있도록 허용하게 된다.[62] 우리는 자신의 선함이 부족할 때 다른 사람들의 선함에 의존할 수 있고, 자신의 능력이 한계에 이를 때 다른 사람의 성취를 믿을 수 있다. 우리는 더 이상 모든 것을 우리 자신이 해야 한다는 압력에 짓눌려 있을 필요가 없으며, 다른 사람들이 할 수 있는 것을 함께 나눌 수 있다.[63] 인간의 삶은 함께 나누고 함께 짐을 질 때에만 인간다운 것이 된다. 우리는 우리의 결핍을 다른 사람들의 넘쳐흐르는 풍성함으로 채울 수 있다. 상호성은 비록 제공되는 것이 보잘것없을지라도 서로의 부족함을 채우고도 넘쳐흐르게 한다.[64]

5. 경계선 성격

경계선 인격 장애라는 것은 말 그대로 경계에 있다는 의미이다. 이 때 경계는 정상성과 비정상성의 경계를 말한다. 어떤 때는 정상성인데 어떤 때는 비정상인 특징을 드러내어 사람들의 정서를 혼란스럽게 한다. 이들의 주요한 특징은 충동에 약하며 화를 자주 내고 사람과의 관계가 불안정하다. 또 어떤 일에 쉽게 열정을 내다가 쉽게 권태를 느끼고 물러가는 경향이 있다. 자신과 타인의 구분이 분명하지 못해 침범적으로 또는 착취적으로 느껴지기도 한다. 이들은 인격의 통합과 자신의 정체성을 확립하는 데 실패한 듯한 인상을 주는 사람들로 어느 교회에서든 쉽게 만날 수 있는 유형의 성도들이다. 목회적 돌봄으로 다루기에 가장 힘든 유형에 속한다.

이들은 주로 과대증이나 조울증으로 시달리기도 하고 어느 교회도 안착하지 못하고 여기 저기 교회를 옮겨 다니기도 한다. 이들의 가장 두드러진 특징은 그들의 생각을 바로 행동으로 옮겨야 한다는 것이다.[65] 부정적 사고가 행동으로 나타날 경우 교회의 기물이 파괴되거나 다른 성도들에도 폭력을 휘둘러 상처를 입힐 수도 있다. 이들은 자신들이 정상이라고 생각하기 때문에 절대 약도 먹지 않고 병원에도 가지 않는다.

한 번은 새로 출석할 교회를 찾기 위해 개인적으로 나를 방문한 사람이 있었다. 이분이 나를 보자마자 "목사 안수받으신 지는 얼마나 되지요?"라고 물었다. 제가 그건 왜 묻지요? 라고 했더니 "목사라고 다 목사가 아니잖아요"라고 시비투로 말을 던졌다. 그분은 초면이었고 나는 그분에게 어떤 공격을 받을 만한 일을 하지 않았다. 그러나 이러한 대화는 그분과 처음 만나자마자 일어난 일이다. 만약 그렇다 치더라도 보통 속으로 생각하게 되지 이렇게 직설적으로 표현하지 않는 것이 보통 사람들의 상식이다. 이분은 눈을 아래로 깔고 오죽하면 시골에서 목회하느냐는 공격적인 시선으로 나를 대했다(물론 이것은 그분에 의해서 건드려진 내 속의 무엇이다). 나는 이분을 도와드릴 수 없다고 판단하고 좋은 목회자를 만나게 해달라고 기도해 드리고 헤어졌다. 경계선 성향의 의식 구조는 유아적이고 단순하기 때문에 공격적으로 느껴질 수밖에 없다.

아주 오래전에 있었던 일이다. 설교와 축도를 마치고 인사하기 위해 서 있는데 성도 한 분이 오시더니 "어쭈! 오늘은 설교 잘하시네?" 하고 반말을 한다. 태연한 척했지만 당황스러웠고 오후 내내 찌뿌듯한 기분을 떨쳐 버리지 못해 힘들게 보냈다. 이 성도는 자기 안에 있는 불편한 감정들과 신체정서들(Affects)을 순간적으로 내 안에 옮겨놓은 것이다. 보통 사람의 경우 친밀감이나 전이가 일어나기 위해 방어구조가 점차적으로 해소되면서 서서히 전이가 발생하지만 이들 경계선 성격의 사람은 만남의 초기에 곧바로 전이가 활성화된다. 이는 자아와 타자의 경계가 거의 없어 타자와 동일시되고 쉽게 침범하거나 침범당하는 현상이다.66)

교회공동체에서 경계선 성향의 성도에 대해 경험한 바를 열거하면 다음과 같다.

- *설교 중에 어떤 부분에 몰두하여 예배 분위기를 파악하지 못하고 설교의 흐름을 끊는 사람.*
- *위, 아래가 없이 반말을 하는 사람.*

- 술에 취해 새벽에 전화하는 사람.
- 헌금을 공 예배에 하지 않고 주로 개인적으로 가져와서 기도를 부탁하는 사람.
- 쉽게 다가오고 쉽게 떠나가는 사람.
- 목사의 집에 갑자기 예고 없이 노크를 하거나 벨을 울리는 사람.
- 사택에 들어와 식사를 준비하여 대접하고 목사의 집에 살림이 무엇이 있는지 숟가락, 젓가락 숫자까지 다 세고 있는 사람.
- 지나친 이상화를 주고 돌아설 때는 매몰차게 돌아서는 사람.
- 대상을 인격으로 보지 않고 사용하려 한다는 느낌을 주는 사람 등.67)

이들은 자아와 타자의 경계가 불확실하여 다른 사람과 융합의 상태를 많이 연출한다. 타자가 마치 자기인 양, 조종하고 착취한다.68) 누구와도 안정된 좋은 관계를 유지하지 못하고, 흥분 대상이 없을 경우 곧바로 우울해지며 행동의 심한 불균형을 일으킨다. 이들은 불안정하고 강렬하며 마치 전병을 뒤집듯 긍정과 부정을 변덕스럽게 오간다.69) 충동적이며 하고 싶은 일이 있으면 반드시 해야 하는 성격으로 자제하지 못한다. 교회 일에 추진력이 있어 일을 크게 벌이지만 찬사와 끊임없는 찬양이 뒤따르지 않으면 곧바로 손을 놓아 공동체를 힘들게 한다.70) 조증과 울증의 시차가 짧고 정동(Affect)적이다.※ 만성적 공허감에 시달리며 모든 일에 스스로 부적절함을 느낀다. 편집적인 상황에 자주 빠지고 다른 사람의 이야기에 거의 집중하지 못하고 자신의 이야기만 한다. 정신병과 많은 내용을 공유하는 예비 정신병자라 할 수 있다. 중요한 것은 그럼에도 분열을 이루지 않는다는 것이다. 분열이 일어난다 할지라도 일시적이다. 병원에만 가지 않는 정신병자와 같은 수준에 있는 사람들이다. 이들과의 관계에서 일어나는 전이는 항상 원시적이며 혼돈, 무의미, 공허의 정동들이다. 이들은 정신의학에서도 다루기 힘든 사람들로 분류되며 오랜 기간의 작업을 통해 치료되는 것으로 알려진다.[71] 따라서 목회적 돌봄으로 이들을 다루는 것은 많은 무리가 따른다. 목회자들에게는 가장 섬기기 힘든 성도들이며 목회자의 정서를 가장 많이 고갈시키는 유형의 성도들이다. 이러한 성도 몇 명을 만나다 보면 결국 목회를 포기하는 지경까지 이르게 된다. 이러한 성도들을 만날 경우 지혜롭게 이 분야의 전문가의 도움을 받을 것을 권하고 싶다. 그러나 이들에게 치료를 권하면 분노하고 교회를 떠난다.

6. 자기애적 성격※

주일 아침, 교회계단에서 전도사님이 한 성도에게 "전도사님, 이게 안 보여요?" 하고 야단을 맞고 있었다. 무슨 일인가 보았더니 계단에 쓰레기가 있었고 전도사님은 그 계단에 있는 쓰레기를 줍지 않았다고 혼나는 것이었다. 보통 사람 같으면 먼저 줍는 것이 상식이다. 그러나 자기애의 병리가 심한 사람은 자신이 해야 할 일이 아니다. 이 성도는 집안 청소도, 그리고 밥도 거의 하지 못한다. 남편이 출근했다가도 점심때가 되면 다시 돌아와 부인의 밥을 차려주고 다시 직장으로 간다. 아이들에게는 웰빙 식품을 먹이는데 옆에 다른 아이들이 있어도 절대 주는 법이 없다. 그리고 집에 돌아가서는 자신의 한 행동에 대해 다른 사람의 평가에 신경을 쓰며 괴로워한다. 옷도 브랜드가 아니면 입지 못한다. 속옷부터 음식까지 모든 것은 생협이나 농사짓는 사람들에게 유기농으로 신청한다. 그럼에도 늘 건강염려증으로 시달린다. 모든 에너지가 자신에게만 집중되어 있어 다른 사람을 배려할 수 없는 것이다.

실제 있었던 일이다. 미군 두 명이 월남전에서 포탄에 맞았다. 한 사람은 팔이 잘렸고 다른 한 사람은 다리가 끊어졌다. 서로 너무 아파서 상대방을 돌아볼 겨를이 없었다. 병원에 후송되어서 두 사람은 치료를 받고 마취에서 깨어났다. 팔을 잘린 사람이 의족을 달고 다리를 절룩거리는 동료에게 "저 새끼가 내 팔이 잘려 나가 소리 지르는데 한 번도 쳐다보지도 않았다"고 욕한다. 문제는 이런 욕을 평생 동안 하고 다닌다는 것이다.[72]

나르시시즘(Narcissism)은 모든 생명체가 보유하고 있는 보편적인 자기 보존본능으로 지극히 이기적인 것이다. 하여 모든 에너지가 오직 자아를 향해서만 집중되어 있게 된다.[73] 이중 일부가 대상을 향해 발현되지만 자아를 향한 관심의 집중은 살아 있는 한, 지속적으로 존재한다. 이렇게 인간의 자기애는 결코 포기될 수 없는 것이다. 타자를 사랑할 수 있는 건강한 대상애 역시 자기를 사랑할 줄 아는 건강한 '자기 사랑'의 기초가 있을 때 가능하게 된다. 건강한 자기애는 생애 초기 원초적 자기애에 대한 전능환상※을 경험하고 이것이 적절한 발달과정을 거쳐 갖게 된다.[74] 그러나 자기애가 적절한 발달을 경험하지 못할 경우 모든 인간관계에서 어려움을 만나게 된다. 다른 사람을 배려하거나 이해할 수 있는 능력이 거의 전무하기 때문이다. 성인들에게 나타나는 자기애적 성향의 경우, 자기의 이해관계에 관련된 것은 절대 포기하지 못하고 계산이 빨라 영악스러워 보이기까지 하다. 타협에 미숙하며 케어의 대상이 되기보다는 미움의 대상이 되기 쉽다. 이 사실에 대해 본인은 항상 이해받지 못하고 존중받지 못한다고 생각한다.

그들과는 언어를 사용한 대화는 쉽지 않다. 그 이유는 그들이 아직 언어 이전의 관계에 머물러 있어 언어를 사용할 경우, 언어가 만들어내는 공백(언어 자체는 이미 상징의 세계다. 언어는 사물 그 자체를 나타내는 것이 아니기에 이 공백은 일종의 무의식이 되기도 한다)을 메울 수 있는 상징의 능력이 없어 반드시 공감에 실패하게 된다. 따라서 그들은 어떤 말에도, 그것이 비록 칭찬일지라도 상처받고 부정적인 반응을 보인다. 아무리 유능한 리더일지라도 이들을 케어하는 데 거의 실패하게 된다. 그들의 필요를 채워주되 끝까지 채워주지 못한다면 그들은 결국 격노한다(Rage). 그러나 채워만 준다면 그들은 교회를 떠나지는 않는다. 문제는 공동체에서 이들의 필요를 절대적으로 채워줄 수 없다는 데 있다.

공동체 안에서 일어나는 갈등과 싸움은 바로 '자기 전능성'의 대립이며 우울증의 원인 가운데 하나가 바로 이 포기되지 못한 '자기애'와 연관을 갖는다. 덴마크의 실존주의 철학자 키에르케고르(S. Kierkegaard)도 사랑의 열정이 어떻게 자기파멸을 의욕하는지를 '사랑의 역설'로 표현한다.[75] 대체적으로 자기애적 성격의 성도들이 큰 교회에서 자기애를 드러낸다는 것은 쉬운 일이 아니다. 사회 저명인사들, 지식인들, 또는 유명 기업인들, 곧 사회에서 자기실현을 이룬 사람들이 부서 부서에 포진하고 있어 자신을 드러내거나 자기애를 표출한다는 것 자체가 우스운 모양새가 될 수 있다.

큰 공동체의 경우 서로가 겸손의 모양을 하지만 사실 자기애는 겸손의 모양 뒤에 숨어 있을 수 있다. 그들도 퇴행할 수 있는 환경만 주어진다면 곧바로 자기애를 활성화시킬 잠재력을 갖고 있다. "인간의 자기애는 쉽게 단념되는 것이 아니다. 좌초된 그 소망은 내면으로 들어가 반드시 기회를 노린다. 소망은 없어지는 것도 아니고 망각되는 것도 아니다. 추구하던 것이 덧없는 것일지라도 그것의 포기를 감수하기에는 인간은 너무나도 자부심이 강하다."76) 정상인들도 그러할진대 자기애적 성격의 사람들은 당연히 자신의 성격장해를 활성화시키기 좋은 환경을 찾을 것이고 그 대상으로 개척교회만 한 곳이 없게 되는 것이다. 이들의 퇴행은 자기 전능성들의 갈등을 만들어내고 그 결과 교회에 문제를 일으키기 시작한다.

무엇보다 자기애적 성격의 사람들에게 선포되는 말씀은 나를 위한 말씀이 결코 아니다. 모든 말씀은 옆집의 누구누구, 공동체의 아무개가 받아야 하는 말씀일 뿐이다. 그들은 전혀 변하지 않을 뿐 아니라, 변할 생각조차 하지 않는다. 그 이유는 그들에게 가장 시급한 문제가 상실한 자기애를 채우고 적절한 발달과정을 다시 경험해야 하는 것이기 때문이다. 이것은 마치 대상에 대한 사랑의 감정이 아무리 강하더라도 병으로 몸이 아프게 될 때 그 사랑의 감정이 무관심과 냉담함으로 변하는 것과 같다. 병에서 회복되어야 다시 리비도를 밖으로 내보낼 수 있는 것이다.77)

시인 빌헬름 부쉬(Wilhelm Busch)는 치통으로 고통받을 때, "어금니의 그 좁은 구멍 안으로 내 영혼이 집중되어 있다"고 말함으로 사랑의 에너지와 자아에 대한 관심이 같은 운명 속에 있음을 말하고 있다.78) 이러한 강한 이기주의는 병에 걸리는 것을 막아주는 보호막이 되지만 더 큰 병에 걸리지 않기 위해서는 결국 타자를 배려하는 성숙으로 자라가야 한다.79) 그들은 이러한 요구를 개척교회 지도자에게서 원하고 있는 것이다. 이런 사람에게 가르치려고 하거나 성숙을 요구하는 것은 상황을 더 힘들게 할 수 있다. 그들에게 말씀은 오직 '위로'를 주고 '하나님은 오직 당신만을 사랑한다'는 '구원론'의 축에서만 선포되어야 한다.

자기애적 성격의 사람들은 타자에 대한 배려가 불가능할 수밖에 없는 근원적인 이유를 갖고 있는 사람들이다. 따라서 이들에게 자기성찰이나 사회개혁이나 시민운동을 요구하는 것 자체가 모욕이 될 수 있다. 이들은 항상 아파하고 건강염려증으로 고통받고 우울증에 시달리는 사람들이다. 누군가가 완벽한 자기애를 채워주기를 기다리는 사람들이다. 이들은 자기를 이해해 주지 않는 환경을 전혀 이해하려 하지 않는다. 자신은 항상 피해자가 되고 타자는 모두가 다 가해자일 뿐이다. 이들에게는 자기 자녀를 돌보거나 자신의 가정을 돌보는 일조차 쉬운 일이 아니다. 이들은 당당히 자신이 이 교회에 나와주는 것만으로도 고마운 줄 알라고 표현한다(자기애의 반동으로 "내가 누군데!"가 나오는 것이다). 그들은 성경에 대해서도 뚫어지게 알지만 몸은 따르지 못한다. 이러한 성도들의 자기애적 성격을 이해하지 못할 때 목회자는 그들을 염소로 분류하며 대립하게 된다. 그들에게 성숙이나 도덕, 상식의 잣대를 들이댈 수 없다. 그들에게는 어떤 것도 기대할 수 없다. 교회에 나와주는 것만으로도 얼마나 감사한지를 목사는 알아야 한다. 그들은 결코 엄살을 부리는 것이 아니다.

목사들이 저 사람만 교회에서 없으면 목회는 할 만하다고 생각하는 그 대상들이다. 때로 목사들이 볼링장에서 "OOO 집사 맞아라! OOO 장로 맞아라" 하면서 스트레스를 푸는 그 대상들이 대체적으로 자기애적 성격의 사람들일 가능성이 높다. 그러나 그들은 미움의 대상이 아니다. 사랑받지 못한 미움과 분노가 목사에게 옮겨진 것이고 목사는 역전이 상태에 놓인 것이다. 그들은 절대 히스테리 성향의 성도들처럼 무관심을 전이시키지 않는다. 이러한 자기애적 성향의 사람들은 목회의 가장 큰 장애인 경우가 많아 전문적인 논의가 필요한 부분이다. 이들만을 대상으로 하는 목회일 경우 별 문제는 없을 수 있다. 낮은 수준의 자기애적 성격의 성도 수가 70~80%를 차지할 경우 정신지체아들과 생활하는 장애우 공동체 사역으로 생각하면 되기 때문이다. 목회적 돌봄을 넘어서는 그 이상의 기대를 버리기만 하면 된다. 그들을 사역적, 동역자적 입장으로 본다면 목사의 정서는 그들과 얽히고 묶여 고갈되어 사역을 감당할 수 없게 된다. 이것이 개척교회의 현실이다.(그러나 건강한 성격의 성도가 70~80%이고 20~30%의 성도가 자기애적 성격을 가지고 있다면 이야기는 달라진다. 이러한 구성원의 모임은 아무리 작은 공동체 일지라도 이미 개척교회가 아닌 것이다.) 그러나 성도가 몇 명 되지 않는 아주 작은 소그룹에서 자기애적 성향의 사람들이 또 다른 기회가 될 가능성이 전혀 없는 것은 아니다.

강북에서 목회를 하는 동기 목사님이 있다. 덩치도 크시고 가슴도 넓어 푸근한 느낌이 들고 마음도 훈훈하시다. 누가 어떤 말로 상처를 주어도 '허허!' 하고 받아넘길 수 있는 호인이다. 교인도 많지 않다. 그런데 어느 날 분열증과 우울증세로 약을 먹으며 고통받는 성도 한 분이 교회에 입교했다. 이분은 목사님에게 자신의 요구를 전능적으로 들어줄 것을 주문했고, 목사님은 그 성도가 해달라는 대로 다 해주었다. 장을 보아야 하는데 운전기사가 필요하다고 하면 운전을 해주고, 그 외 여러 요구를 다 들어주었다고 한다. 약 2년 정도 이분의 전능성을 모두 채워주고 났더니 모든 우울증과 분열의 증상이 다 사라졌다는 것이다. 그리고 지금은 교회의 기둥처럼 일하고 있다고 한다. 이 목사님은 인간의 정신과 심리에 대한 공부를 한 것도 아니다. 그냥 열심히 품어주고 담아주고 사랑해 준 것 외에는 한 일이 없다고 한다.

초기 개척시절 필자의 교회에 별장지역에서 사시는 돈 많은 귀부인이 출석을 했다. 한 번은 교회식사가 마음에 들지 않는다. 다음번에는 나물 종류를 차려달라, 나는 채식을 좋아한다며 단돈 천원을 내 손에 쥐어주는 분이었다. 이분도 전형적인 자기애적 성향의 사람으로 세상 물정을 전혀 모르는 공주 타입이었다. 이 성도는 교회에서 약 15km 정도 떨어진 곳에 살고 있었고 본인에게 여러 번 전화를 해서 자신을 픽업해 달라고 했다. 집에 차가 여러

대 있었지만 차가 모두 외출 중일 경우가 많았던 것 같다. 영업용 택시를 이용할 만한 충분한 재력이 있는 사람임에도 자주 나에게 도움을 요청하곤 했다. 필자는 몇 번 하다가 지쳐 떨어져 버렸다. 사실 당시에는 충분한 시간과 체력도 되었다. 그러나 "도대체 나를 뭐로 알아? 이런 것이 목회란 말인가?" 하는 마음으로 이분의 요구를 거절했다. 당시 나로서는 이분을 전혀 이해하거나 담아낼 수 있는 능력이 없었다. 사실 개척교회의 기회가 될 수 있었던 분이었다.

교회를 옮긴 성도는 왜 다른 교회에도 정착하지 못하는가?

교회를 여기저기 옮겨 다니다가 오는 성도들이 있다. 이들은 다시 교회를 떠나는 경우가 대부분이다. 이들이 개척교회에 정착하든 떠나든 목회자는 먼저 그들이 왜 그렇게 방황하는지 이해할 수 있어야 한다. 이들이 교회를 옮겨 다니며 방황하는 이유는 이전에 다니던 교회의 담임 목사님과의 관계에서 아직 해결되지 못한 부분이 남아 있을 가능성이 매우 높다.

인간이 정을 나누고 함께 마음을 나누었다는 것은 한 개인의 정서 일부가 대상에게로 옮겨간 것이다. 이때 정서만 간 것이 아니라 살점도 옮겨간 것이다. 그래서 관계를 끊는다는 것은 살점이 떨어져 나가는 고통과도 같은 것이다.

그들은 전번 다니던 교회의 목사님과 대적의 관계나 아니면 상처를 주고 떠나왔을 수 있다. 목회자는 이러한 성도가 교회를 찾아왔을 때 이전 상황과 똑같은 반복을 무의식적으로 반복할 준비를 가지고 온 성도라는 사실을 인지해야 한다. 그리고 이 성도가 다시 교회를 떠날 경우 목회자의 임무는 그가 어느 곳에서 신앙생활을 하든 하나님의 백성으로서, 그리고 성도로서 신앙을 잘 감당할 수 있게 해야 하는 것이다. 그러나 대부분 성도들은 관계를 정리하는 능력이 미숙하기 때문에 다시 목사에게 상처를 주는 악순환만 일어나게 된다. 그 책임을 성도에게 묻기 이전에 이러한 상황에 대해 목회자가 준비되어 있어야 한다.

경계선 성격을 가진 약 1년 이상 함께 신앙생활을 했던 성도가 있었다. 앞에서 살펴본 것처럼 경계선 성격은 대체적으로 방어 없이 쉽게 다가오고 쉽게 자신의 것을 모두 내어주기도 한다. 이 여집사님은 주벽이 있었는데 하루는 술에 취해 자신의 남편과 교회에서 싸움이 벌어졌다. 이 과정에서 교회의 물건이 상하고 창문이 깨어져 유리가 교회 계단에 모래알처럼 흩어졌다. 이후에도 여러 번 술에 취해 담임목사에게 불만을 드러내었다. 목회 초년인 필자는 이것을 담아내지 못했고 결국 이 여집사는 교회를 나가겠다는 선언을 하였다. 필자는 감당하기 힘들어 내심 반가웠고 이 여집사님도 나의 심중을 눈치채는 듯했다.

자기의 포부를 채워줄 지도자를 찾는 이 여집사님에게 교회는 너무 작았다. 이분은 대형 교회에서 신앙생활을 하던 분인

데 시골 별장지역으로 이사를 오는 바람에 시골 교회를 나오게 되었고 이 성도의 눈에는 목회자도 너무 작아 보였던 것이다.

이분이 하루는 꿈을 가져왔는데 그 꿈의 내용은 자신이 여왕인데 개미들을 거느리고 있고 자신에게는 개미들을 죽일 수 있는 권한이 있었다. 개미들이 여러 곳에 자신의 집을 지어놓았는데 어떤 집도 마음에 드는 곳이 없었다. 나는 이분의 과대적인 마음을 해석해 주었고 마음에 드는 교회를 찾아보고 교회를 옮기는 문제에 큰 부담을 갖지 말라고 조심스럽게 종용했다. 물론 지금 생각해 보면 잘못된 해석이었다. 해석보다는 이 집사님의 공허한 마음을 이해하고 공감해야 했었다. 이분이 결국 교회를 떠나게 되었는데 이 여집사님이 교회를 나간 후 여러 번 만나기를 원했고 나에게 식사를 대접했다. 그 이유는 미안해서가 아니라 나에게 주었던 것, 나에게 옮겨졌던 것을 다시 가져가기 위한 것이었다. 그것은 돈이 아니라 마음이었다. 나에게 주었던 그 마음을 다시 회수하기 위한 과정이었다. 그래서 여러 번 식사하면서 다시 나에게 주었던 마음을 돌려주는 애도의 과정을 가져야 했다. 이 성도와의 관계는 여러 달이 걸려서야 정리가 되었다. 그러나 그 이후 이 여집사님은 교회를 정하지 못하고 오랜 세월 방황하고 있었다.

이 성도님을 축복하며 떠나보냈지만 나 자신은 이 성도님에게 진정성을 가지고 축복하지 못했다. 이 성도님이 나에게 옮겨 놓은 불편한 감정(작은 교회 목사, 힘없는 목사, 힘없는 아버지—사실은 이분의 과거 상황을 재현하는 것일 수 있다)에 대해서 당시 나 자신을 성찰할 수 있는 능력이 없었고, 그때 나는 아직 이분은 담을 만한 그릇이 못 되었던 것이다.

목회자는 교회를 떠나는 성도와는 모든 관계가 잘 정리되어야 하고 진실된 축복을 빌며 떠나보내야 한다. 그리고 이전 목사님과의 모든 관계도 해결할 수 있도록 도와주어야 한다. 그렇지 않으면 어느 교회든 정착하지 못하고 돌아다니게 된다. 그 이유는 교회를 옮긴 것, 그리고 어려운 교회를 도와주지 못하고 부담스러워했던 것, 이것이 그녀의 '초자아'※로 남아서 계속 그녀의 뇌리를 때리기 때문이다. 그녀는 이렇게 말하고 있다. "저를 보세요, 목사님! 저는 이 교회에서도 이렇게 만족을 못하고 또 옮기고 있잖아요! 보았지요? 저는 아마 다른 교회에 가도 그럴 거예요. 저를 너무 욕하지 마세요! 저를 너무 책망하지 마세요, 미안해요!" 물론 이러한 과정은 무의식 안에서 일어나는 것이다. 떠나는 성도가 무의식적 죄책감을 갖지 않도록 충분히 정리하게 해야 하는데 대체적으로 그런 관계가 쉽지는 않다. 목사는 목사대로 아파하고 힘들어하고 성도는 성도대로 괴로워한다. 이러한 성도는 언제나 교회를 편하게 떠날 수 있는 대형 교회의 구경꾼으로 가게 된다. "절대 목회자 옆에는 가는 게 아니야! 목회자와의 관계를 피하는 것이 상책이야!"

하는 마음을 가지게 된다. 목사는 성도가 교회를 떠날 때 적절한 애도의 과정을 끝낼 수 있도록 최선을 다해 도와주어야 한다. 하나님의 사랑에 대한 통합적인 안목이 요구되는 지점이다. 성도를 떠나라고 먼저 이야기해도 안 되고 성도의 진정한 의도가 무엇인지 파악하는 것도 쉽지 않다. 그렇다고 붙들 수도 없는 상황을 잘 견디어내야 한다.

여기저기 교회를 옮겨 다니다 개척교회를 찾아온 상처받은 영혼들, 전번 목사님과의 문제가 마무리되지 못해 상처받은 영혼들, 이전 교회 목사님에게 다시 돌려보낼 수도 없는 이들에 대한 인간적인 이해가 먼저 있어야 한다(교인으로서가 아닌). 그렇지 않으면 이들은 계속 같은 경험을 반복할 것이기 때문이다.

제3장 작은 교회가 넘어야 할 산들

작은 **울타리** 큰 공간

1. 인간의 근원적 정신 구조 : 편집분열[80])의 숙명

　'편집분열' 이라는 용어는 대상관계(사물 또는 사람과의 관계)에서 일어나는 일종의 원시적인 정신기제의 일종이다. 가령 사람과 관계할 때, 어떤 사람의 전체, 즉 장점, 단점, 맹점 등을 통합해서 보지 못하고 그 사람의 어느 일부분을 보고 전체화시키는 것이다. 분명히 객관적으로 볼 때 이러저러한 점에서 훌륭한 점을 많이 가지고 있는 대상임에도 편집분열적 자리에 있는 사람들은 한 가지 나쁜 점 때문에 모두를 나쁘게 취급한다.

　이러한 성격 구조는 유아 때 아이가 엄마의 젖가슴을 보고 한없는 만족을 제공해 줄 것 같은 그 젖가슴을 이상화하거나 그 반대로 인식될 경우(엄마가 제때에 젖을 안 주거나 원하지 않는데도 넣어주거나 할 때) 이 젖가슴은 무서운 박해자로 보였던 정신 상황을 그대로 다시 재현하는 것이 된다.

분열은 유아가 대상의 좋은 면과 적절한 관계를 맺기 위해 환상 속에서 자기를 분열시키는 현상이다. 유아의 정신으로는 분열시키지 않고 좋음과 나쁨을 함께 담아낼 능력이 없기 때문에 이러한 정신 기제는 생존을 위해 필연적인 선택이 된다. 이러한 점은 유아가 처음부터 정신 활동을 가진다는 것을 가정하게 된다. 결국 유아의 정신성으로는 외부 대상을 인식할 때 외부 현실 그 자체를 인식할 수 있는 능력이 미약하여 주관적이고 자기 투사를 많이 한 세상을 보게 된다는 의미다. 이것은 부정적인 이미지로써 다시 내사되면서 유아 안에 나쁜 대상 이미지가 형성된다. 그러나 이것으로만 살아갈 수 없기에 생명 본능에서 나온 좋은 대상 이미지도 본능적으로 만들어내려고 한다. 이때, 두 작용이 동시에 일어나게 된다. 그러나 좋은 것과 나쁜 것이 섞이면 좋은 대상을 잃게 됨으로 좋은 것을 나쁜 것에서 보호하기 위해 분열을 시킨다. 이것이 편집 분열적 자리의 특징이다. 분열이 작용하지 못하면 혼동 상태에 있게 되므로 유아의 정신은 이것을 감당하지 못하게 된다. 따라서 분열은 정신병적 상태이지만 유아에게 꼭 필요한 것이 된다.

목사가 교회를 어떠한 방향으로 이끌어가야 하는가에 대한 것은 성경적이어야겠지만 목회자의 성품과 기질, 그리고 교회의 성격과 구성원 등의 영향에서 완전히 자유로울 수는 없을 것이다. 누구나 예수님의 목회 철학과 성경적 목회상을 닮는다 해도 그들의 목회 철학과 성향을 분석해 보면 두 개의 큰 기둥 위에 기초해 있음을 알 수 있다. 이 두 기둥은 모든 집단이 가지고 있는 근원적이고 원형적인 것으로 그 하나는 '편집적 분열적 자리'에서 기능하는 것이고 다른 하나는 '우울적 자리'※에서 기능하는 것이다. 성숙의 관점을 지향한다면 우울적 자리에서 기능하는 목회 철학을 갖고 설교하게 될 것이고, 성장 위주의 관점을 지향한다면 편집적 자리의 방향을 지향해야 할 것이다. 대형 교회를 지향한다면 편집적 자리로 이끌고 가야 할 것이고, 작은 교회를 지향하거나 큰 교회일지라도 어느 정도의 규모가 되어 분가시키는 방향으로 나간다면 우울적 자리로 나아가야 할 것이다.

편집적 자리와 우울적 자리를 이해하기 위해 우선 좌, 우파의 개념으로 해석해 보자. 정치에도 좌파, 우파가 있듯이 신앙도 좌파와 우파가 있다. 우파는 항상 번영과 성공을 이야기한다. 지상 낙원이 가능하고 고통은 제거될 수 있다고 말한다. 행복할 수 있으며 행복의 실현은 이 땅에서 결코 불가능한 것이 아니라고 말한다. 그 대신 불구자는 낙태시켜야 한다. 열등한 것을 다 제거하기만 하면 낙원이 올 수 있다는 생각을 한다. 그러나 이것의 문제는 양극화를 만들어낸다는 점이다. 가난한 사람은 잘난 사람이 돈 많이 벌어서 먹여 살리면 된다. 이들에게 정신적인 것이나 인간의 의식 같은 것은 별로 중요하지 않다.

좌파는 항상 없는 자 편에서 일하려고 한다. 작은 것을 중시한다. 그래서 큰일을 벌이지 못한다. 복지를 좋아하고 소외된 자들을 품어야 된다. 물론 이러한 좌파 역시 양극화를 만든다. 우파가 부계적이고 권위적이라면 좌파는 모성적이고 수평적인 것을 더 원한다. 그러나 우든 좌든 극우나 극좌는 둘 다 한쪽으로 치우치게 된다. 극으로 가면 우든 좌든 전투적이 되고 테러리스트가 된다. 저놈들 때문에 이 세상이 다 망가졌다고 생각한다.

우파는 번영을 외치고 대형주의를 지향한다. 하나님께서 우리의 모든 저주를 다 지고 가셨는데 네가 뭔데 세상 죄를 다 짊어진 것처럼 그렇게 궁상을 떨며 사느냐고 한다. 그들에게는 전능한 하나님만 있다. 십자가의 하나님, 실패한 하나님은 받아들일 수 없다. 누가 사업에 망하면 예수 잘못 믿어서 그런 것이다. 신앙생활 잘했으면 그런 일은 없었을 것이라고 한다. 과정이 중요한 것이 아니다. 결과가 중요하다. 극우는 자본주의적이다. 목적을 위해서라면 수단은 어떠하여도 된다고 생각하기에 도덕을 담보하기 어렵다. 그래서 세습도 한다. 세계 복음화를 위해서 다국적 기업처럼 세계적으로 뻗어 나간다. 주님의 명령이기 때문이다. 그러나 자기를 돌아보기가 쉽지 않다. 늘 적이 바깥에 있기 때문이다. 좋은 것만 본다는 점에서, 그리고 긍정적이라는 점에서는 힘을 준다. 인생에 고난이라는 것은 있을 수 없으면 무능한 하나님도 있을 수 없다. 그리고 신앙의 모든 관심이 궁극적인 것에만 있다. 세상이 어떻게 돌아가는가, 하는 것은 그렇게 중요하지 않다. 나 하나 잘되고 축복 받고, 그리고 천국 가면 되는 것이다. 개인적이면서 집단적이다.

기독교 좌파는 수평적이고 위계가 없다. 혹시 내가 순례의 길에 잘못하고 있는 것은 없는지 자기를 살핀다. 그러다 보니 추진력이 없다. 작은 것이 중요하기 때문에 일을 벌이지 못한다. 외형적인 것보다는 가치와 의미를 추구하게 되고 한 영혼에 깊은 관심을 갖는다. 형식이나 의식보다는 내용에 관심을 많이 갖게 된다. 이런 목사님들끼리 모여서 식사를 하면 각자 기도하고 먹는다. 대중식당임에도 불구하고 '다 같이 기도합시다' 하고 나오는 데는 우파 기독교인들이다. 우파는 형식을 갖추지 않으면 그게 큰 죄가 된다. 우파는 형식이 중요하여 모두가 넥타이를 매고 오는데 다른 한 목사님이 넥타이를 매지 않고 가면 금방 공격으로 해석한다. 그러나 좌파는 형식에 신경을 쓰지 않는다. 바리새인들을 싫어하고 성화에 신경을 쓴다. 늘 노심초사하고 구원을 성숙에 둔다. '성숙되지 않는 놈이 무슨 구원을 받겠어?' 라고 한다.

우파는 성숙이 안 되어도 예수 믿었으니까 구원은 받는다고 생각하지만 좌파는 치유가 구원이다. 소외된 것을 재결합하는 것,

분열의 틈을 메우는 것, 하나님과 인간, 인간과 세계, 인간과 인간 사이의 분열과 극복을 추구한다. 구원은 먼저 우리가 이 땅에서 사람이 되는 것이다. 성숙한 사람이 될 때 구원이 있다. 그래서 이신칭의(以信稱義)를 믿지 않는 극단적인 데까지 이르게 된다. 좌파에게는 치유가 중요하다. 그러나 치유집단은 외적으로는 전혀 성장하지 않는 것이 또 문제가 된다.

기독교 우파의 주된 관심은 궁극적인 것에 있고 내 이웃이 어떻게 되는지, 이 세상이 어떻게 돌아가는지에 대해 소홀한 경향이 강하다. 좌파는 궁극적인 것에 관심이 없다. 오직 정의를 위해서, 인권을 위해서, 생태계를 위해서, 이 세상을 위해서 현실의 부조화와 부조리를 위해서 싸운다. 성경을 문자적으로 믿지 않는다. 지금 이 핵시대에 성경이 무슨 영향을 주고 있는가? 하나님이 핵을 막지 않는다. 인간 스스로 이 죄성의 문제를 해결해야 한다고 생각한다.

우파에서 대통령이 나와야 한다고 생각하는 사람들은 대개 투기업자들이다. 좌파는 다 묶어버린다. 특정한 사람만 부자가 된다는 것이다. 우파는 남이야 어떻게 되었든 무한 생존경쟁이다. 생존경쟁에서 이기면 그것이 하나님의 뜻이 된다. 좌파는 덜 먹고, 덜 쓰고, 아끼면서 이 지구를 살려야 한다. 작은 것을 사랑해야 한다. 자연은 부메랑이다. 저주는 우리가 잘못해서 받는 것이지 하나님이 하는 것이 아니다. 믿음이 있노라 하면서 삶을 엉망으로 사는 모습을 혐오하며 구원은 하나님과 우리가 같이 이루어가는 것이라고 생각한다.

그러나 성경은 극우도 극좌도 아니다. 성경은 분명히 두 가지가 조화를 이루어야 할 것을 이야기한다. 이런 부분도 나오고 저런 부분도 나온다. 그러나 이런 좌와 우의 경계선상에서 사는 것이 쉽지가 않다. 경계선상에 있는 사람이 좌파에게 가면 '넌 우파야!' 라고 하고 우파에게 가면 '너 좌파야!' 라고 한다. 어디에 가도 있을 곳이 없다. 우파는 궁극적인 구원을 위해서 예수를 잘 믿어야 한다. 좌파로 치우치면 예배를 소홀히 하고, 궁극적인 것을 무시하고, 또 우파로 치우치면 성화가 안 된다. 삶의 현실을 무시한다. 한쪽에 치우쳐서 이 땅의 신음 소리와 탄식 소리, 내 이웃의 신음 소리를 외면할 수 있다. 이렇게 좌, 우의 이항대립으로 나누어지는 것은 인간의 본능이고 성향이다.[81] 인간에게는 누구나 편견이 있다. 이삭은 에서를 좋아했고 리브가는 야곱을 좋아했다. 모든 이야기 속에는 그래서 항상 두 개의 대립 쌍이 있다. 그렇지 않으면 사람들이 이야기 속에 빠져들지 못한다. 이것은 이미 우리 마음속에는 굉장한 편집적 성향이 있다는 증거이다.

이러한 두 개의 대립적인 구조는 아주 간단한 일상적 담론에서도 사용된다. 아이들만 놔두고 집을 비워둔 사이에 누가 집에 다녀간 것을 알게 되면, 그 사람이 누구인지 알아내기 위해 아이들에게 우리는 이렇게 묻는다. '그 사람의 키가 크더냐 작더냐, 몸이 뚱뚱하더냐 홀쭉하더냐, 목소리는 굵더냐 가늘더냐, 얼굴이 무섭게 생겼더냐 착하게 생겼더냐, 안경을 썼더냐 안 썼더냐, 다시 온다고 하더냐 오지 않는다고 하더냐?' 이렇게 두 가지로 묻는 이유는 복잡한 것은 걸러 버리고 판단하는 데 필요한 정보만 갖겠다는 것이다.[82] 그래서 흑백 두 개로 나눈다는 것은 일종의 여과 장치와 같은 것이다. 모든 것을 다 이 필터에 걸러 버린다. 누구에게나 이 필터는 마음 깊이 숨어 있다. 사람들은 명료하고 안정된 분류를 좋아한다. 돼지는 초식도 아니고 육식도 아니다. 어떻게 분류해야 할지 모른다. 사람들은 잡식을 좋아하지 않는다. 무규정적 상태는 압력처럼 느껴진다. 그래서 돼지고기를 금기하는 곳이 많다. 친구와 적, 좌익과 우익, 선한 사람과 악한 사람, 지배자와 피지배자로 나누는 범주화는 회색지대를 허용하지 않는다. 그러나 세상을 오직 흑백 두 개로만 보는 것은 비문화적이요, 야만적일 수밖에 없다. 그러면서도 이러한 구분 없이 우리는 살 수가 없다. 네가 어느 편이냐는 것이 확실히 분류되어야 안전감을 느낀다. 그래야 내가 멀리해야 할 사람인지 아니면 가까이 지내야 할 사람인지가 결정된다. 어중간하면 아무도 상대하지 않는다. 그러나 색깔을 보아라. 얼마나 아름다운 색이 많이 있는가? 정의와 자유를, 민족 해방을, 세계 인류의 구제 등의 표제가 항상 따라다니지만 그 밑바닥에는 이러한 편집적 태도에서 나오는 악의 원형, 엄청난 살기의 공격적 에너지가 도사리고 있다. 이단이 가르치는 성경의 교재를 보면 모든 것이 도식화되어 있다. 명료하게 구분된다. 명료하게 해석한다. 이들에게 각론은 중요하지 않다. 중간은 없다. 이렇게 단순하게 도식화하고, 정확하게 해석하려는 이유는 불안하기 때문이다. 구분하면 내가 어떻게 해야 할 지가 결정되고 불안이 제거되기 때문이다. 불안을 내 안에 담고 있지 못하는 것이다. 이 세상의 군주는 사탄이다. 이 세상은 언젠가는 멸망할 세계이다. 영광의 나라를 기대하는 묵시록(다니엘, 요한계시록)은 이단들이 가장 많이 가르치는 성경이다. 이러한 이원론의 구분은 편집분열적 자리에서 기능하는 것이다.

우울적 자리의 사람은 인간의 무능이나 약함으로 인해 하나님을 찾는 것을 부끄러워한다. 인간의 성숙성을 인정하고 높은 윤리성과 도덕성으로 하나님 앞에 서야 함을 고민한다. 독일의 현대 신학자 본훼퍼(D. Bonhoeffer) 역시 우울적 자리를 강조하여 하나님은 인간의 연약함과 틈을 채우시는 분이 아니라고 보았다. 고난을 피하고 끝까지 자기의 뜻을 관철하려는 태도는 편집분열적인 태도이고, 고난 앞에 신의 뜻을 찾으며 성숙의 길을 가려 하는 것은 우울적 자리의 영성이다. 편집적 자리의 가장 극명한 역사적 사례는 나치 독일의 유대인 학살이다. 유대인에게 비난을 퍼부었던 독일인들은 유대인더러 '작당한다, 자기네끼리 논다, 돈에 인색하다,[83] 자기네 전통만 고수하고 남과 섞이지 않는다'고 말했다. 그러나 정작 그들이야말로 아리안족의 순수한 피를 지켜야 한다며 오만했고, 스스로 우월감에 젖어서 자기네끼리 작당했으며, 그들 자신 또한 매우 돈에 짠 사람들이었다. 기독교도 선한 의지를 내세워 이교도를 칼로써 징벌한다고 십자군의 전쟁을 일으켰고, 중세 때 마녀사냥으로 기록에 의하면 10만 명을 죽였다. 마녀들의 목적은 군주정치의 철폐, 사유재산제도와 유산상속제도의 철폐, 결혼의 철폐, 질서의 철폐, 종교의 전면적 철폐였다고 하는데 여자들이 그렇게 조직적으로 정치적 사회운동을 전개하진 못했을 것이다.[84] 두려우니까 상대방에게 뒤집어씌운 것이다. 모든 정치, 종교, 사회적 이념의 대립에는 언제나 크고 작은 마녀사냥이 있었다. 다만 마녀의 이름만 바뀌었을 뿐이다. 반동분자, 빨갱이, 배신자, 민중의 적, 이단자로 말이다.[85] 사람이 자기와 다른 생각을 가졌다는 단지 그 이유로 싸우고 죽이는 숫자는 천재지변으로 인한 것보다 많다고 한다. 보스니아를 비롯한 중동 아시아에서의 이슬람과 기독교 간의 종교적 싸움은 아직도 지속되고 있다. 이념의 그림자는 정치권력의 수단으로 이용되고, 분쟁은 격화되고, 마침내는 인종 청소의 끔찍한 살육으로 치닫는다. 유고슬라비아의 코소보 사태도 그 한 예이다.[86] 세계의 마지막 분단국으로 남아 있는 한반도에서 남과 북의 대결은 언제 어떤 일이 일어날지 모르는 상황이다. 이러한 분열은 기독교도 예외는 아니다.

인간은 자기 이해관계에 따라서, 또 이런저런 이유로 자기와 동일시되는 쪽에 서게 된다. 이것이 인간의 본성이다. 사람은 반드시 어느 한쪽으로 치우치게 되어 있다. 중요한 것은 분열이란 힘이 있는 사람이 행한다는 것이다. 힘없는 사람은 분열 자체를 유지하지 못한다. 분열을 유지하는 주된 이유는 경계가 무너져서 결국은 정신증의 상태에 빠질 것을 염려하기 때문이다. 즉 그 원인이 불안에 있는 것이다. 불안을 담아내거나 해석하려 하지 않고 불안을 자신에게서 분리하려는 태도에는 어떤 이익이 있는가?

2. 편집적 목회의 이익 : 신호 반응

성경은 '너희가 살려면 이렇게 하라. 이래야 살고 그렇지 않으면 죽는다' 는 식으로 이야기한다. 단순하고 명령조이다. 왜 그래야 하는지 납득하도록 설명도 하고 기다려 주어야 하는데 성경은 그렇게 말하지 않는다. 하나님은 왜 우리에게 이해시키고 깨닫게 하는 방법을 사용하시지 않는가? 왜 먼저 순종을 요구하는가? 깨닫고 이해할 때까지 기다릴 수 없을 만큼 항상 시간이 촉박하기 때문일까? 아니면 어거스틴이 말한 대로 알기 위해 먼저 믿어야 하는 것일까?

우리는 빨간 신호등을 보면 자동적으로 브레이크에 발이 간다.

빨간 신호등을 보고 '저게 무슨 표시지? 가라는 거야, 말라는 거야?', 또는 '아, 끔찍해! 피다!' 라고 말하지 않는다. 그러면 정신병자다. 빨간 신호등을 보고 장미꽃을 생각하면서 '아하!' 그녀를 생각하는 순간 꽝! 할 수 있다. 이걸 의미반응이라고 한다. 신호반응에서는 빨간 신호등 앞에서 의미를 생각하지 않는다. '왜 빨간색을 서라는 표시로 만들었지? 파란색으로 하면 안 돼?', 뭐 이런 생각할 겨를이 없다.[87] 그러는 순간에 꽝 하고 저세상으로 이사해야 한다. 그 정도로 급하다. 먼저 순종해야 한다. 순종해 보면 '아하, 이래서 그랬구나! 아하, 나에게 이렇게 복을 주려고 했구나!' 하는 것을 알게 된다. 순종하고 나면 하나님이 책임진다. 순종하지 않고 넘어간 순간은 모든 것이 나에게 손해로 작용한다. 문제는 신호반응은 굉장히 편집적이고 공격적이라는 점이다. 고양이가 쥐를 보면 생각할 틈이 없다. 신호반응을 한다. 개는 고양이를 보자마자 물려고 덤벼든다. 고양이는 개를 보자마자 도망친다.[88] 고양이가 개보고 '저걸 한번 덤벼봐?' 하지 않는다. 즉각적으로 도망간다. 이걸 조건반사라고 한다. 그러나 인간은 자극을 해석한다. '이게 뭐지?' 그러나 성경에서는 이런 것들을 터부시한다. 세례 요한은 자신을 소개할 때 외치는 자의 '소리'라고 했지 '의미'라고 하지 않았다. 의미를 잘 전달하는 것이 문제가 아니다. 외치면 의미는 그분이 전달한다는 것이다. 오직 소리로만 있는 것이다.

인간이 인간다워지는 데 있어서 이렇게 한 가지 신호, 한 가지 뜻만 있으면 야수적이 된다. 장미꽃을 주는데 '뭐 이런 남자가 있어? 가시가 있잖아!' 이러지 않는다. 의미반응을 한다. '아, 이 남자가 나를 사랑하는구나!' 데이트할 때 '달이 너무 밝지?' 그러는데, '그야 대보름달이니 밝지, 이 멍청아!' 그러면, '이 멋대가리 없는 맹추야!' 이렇게 나올 것이다.[89] 멋대가리에서 이 멋이 바로 문화이다. 문화는 양극의 중간 완충지대이다. 좌우의 틈새에 있는 것이 문화이다. 사람은 멋도 있고, 운치도 있고, 학식도 있고, 다 좋은데 왜 예수만 믿으면 바보가 되고, 합리성이 떨어지고, 단순해지고, 호전적이고, 배타적이고, 공격적이 되느냐는 것에 사람들은 의아해한다. 이중인격자처럼 보이는 것이다. 이 점에서 기독교가 욕을 먹는 것은 부인할 수 없다. 그래서 기독교인은 두 세계를 유연하게 왕래할 수 있는 실력이 있어야 한다.

대부분의 기호나 말에는 다중적인 의미가 있지만 하나님의 말씀만은 사실 신호등처럼 즉각 반응해야 하는 부분이 많이 있다는 사실도 부인할 수 없다. '하나님의 말씀을 비비 꼬고 말 잘 들으라고 비유로 만든 거지, 영원토록 죽지 않는다는 것처럼 사람을 겁주는 말도 없지, 지옥 불에서 영원토록 죽지 않고 고통을 받는다고? 너무 교묘해! 이렇게 사람을 겁주고……. 거 봐, 오늘도 목사가 겁주고 있잖아!' 이것은 아니다. 사람들은 텔레비전에 나오는 현대 광고를 보면 신호반응을 한다. 의미를 생각하기 시작하면 물건을 사지 않는다. 그래서 광고를 만들 때 다중적 의미를 찾게 하지 않는다. 당장 사게 하고 당장 돈을 쓰게 하려면 사람들의 몸을 자극한다. '자동차에 왜 여자들이 서 있어?' 이러지 않는다. 자동차의 몸체도 여자의 몸을 상징한다. 음료수 마실 때 배우들이 '캬아!!' 하는 모습을 보면서 저것을 마시지 않으면 안 될 것 같은 자극이 들어온다. 이런 현대인들이 왜 성경만 보면 다중적인 의미를 찾으려고 할까? '아마 이런 말이 아니고 다른 뜻이 있는데, 이 유치한 돌대가리들이 주님이 이렇게 멋있게 한 말을 알지 못하고 이렇게 해석하다니' 한다.

불교에서는 젊은 수도승이 선종의 진리를 가르쳐 달라고 고승에게 청원한다. '자네, 조반은 먹었는가?', '네, 먹었습니다.' 고승은 즉시 말한다. '그러면 가서 밥그릇을 씻거라!' 이 말에 젊은 수도승이 진리에 눈을 뜬다. 높은 수준에서 의미작용이 일어난 것이다.[90] 그러나 기독교는 이런 것이 아니다. 진리가 모호하고 높은 의미가 있어서 깨닫는 게 아니다. 받는 것이다. 들어오는 것이다. 의미반응이 없는 것은 아니지만 신호반응을 해야 하는 부분이 많이 있다. 이러한 것에 대해서 가장 명확하게 기록된 성경이 신명기 28장이다.[91]

휴전선 전방에 가면 지뢰가 여기저기 묻혀 있는데, 이것은 세상의 모습과 너무나 흡사하다. 이 지뢰밭을 피해 가는 방법은 명령을 지키는 방법밖에 없다. 때로 명령을 지키지 않아 봉변을 당하는 군인들이 있다. 그들은 안전 수칙을 지키지 않아서 당한 것이다. 안전 수칙을 지키는 데는 학문이 필요한 것이 아니다.

필자는 군악대 출신이다. 군악대는 종종 장례식 행사에 나가게 된다. 고인이 된 장병의 부모님을 모시고 군대에서 장례식을 치루는 것이다. 총포를 쏘고 트럼펫으로 장례 팡파르를 구슬프게 분다. 망자의 부모가 통곡을 한다. 분명히 가지 말라는 지역이 팻말로 표시되어 있었다. 봄이 되면 더덕이 올라올 때 나는 냄새가 정신을 휘감는다. 냄새만 쫓아가면 반드시 더덕을 캘 수 있다. 산더덕은 향이 강해 냄새만 쫓아가면 반드시 발견하게 된다. 운이 좋으면 그 더덕 뿌리가 10년, 20년이 넘은 것도 있다. 이런 것은 약효가 산삼과 같다. 술에 담가 땅에 묻었다가 1년 후 휴가 때 부모님에게 주려고 가지고 간다. 약효가 얼마나 좋은지 그 더덕 술을 먹으면 취하지도 않는다. 그래서 팻말의 경고를 무시하고 더덕을 캐다가 지뢰를 밟아 죽는다.

경고의 팻말 앞에 의미반응을 하면 죽는다. 안전 수칙을 잘 지켜야 한다. 그 안전 수칙은 보라고 있는 것이 아니다. 지키라고 있는 것이다. 이것은 생명에 관한 것이기 때문에 따지고 어쩌고 할 전제가 아니다. 위반하면 죽는다. 성경은 많은 사람이 경험하고 검증한 것이다. 나 혼자서 외롭게 다시 검증 작업을 시도한다는 것은 어리석은 것이다. 솔로몬은 아들을 위해서 지혜서인 잠언을 지었지만 아들 르호보암은 아버지에게서 교훈을 받지 않고 다시 시작하다가 망한다. 생명을 얻는 데 가장 중요한 것은 안전 수칙을 지키는 것이다. 우리의 자유는 이 안전 수칙을 지킨다는 전제하에 있다. 그 안에서 우리의 삶을 누려야 하는 것이다.

보통 안전 수칙은 머리에 기록하지 않는다. 몸에 기록한다. 운전은 머리로 기억하지 않는다. 운전하고 다니는 길은 몸에 기록되어 있다. 머리는 잊어버리는데 몸은 잊어버리지 않는다. 자전거도 마찬가지다. 타는 법이 몸에 저장되어 있다. 자전거를 타는데 페달은 어떻게 밟고 몸은 어떤 자세를 취해야 하는지 이론으로, 머리로 아무리 해봐도 소용이 없다. 운동장에서 넘어져 가면서 몸에 익히는 것이다. 운동선수들도 몸에 기록한다. 신앙생활이라는 것이 그렇다. 몸에 기록되어야 한다. 그래서 때로 삶이 힘들고 버거운 것이다. 몸으로 익히기 위해서이다.

우리가 올무에 빠지고 고생하는 이유는 신호 체계를 의미 체계로 바꾸려고 하기 때문이다. '왜 빨간불이야, 하필. 난 보라색이 좋은데……' 하면 안 된다. 빨간불이 들어오면 브레이크를 밟고 파란불이 들어오면 액셀을 밟는다. 80킬로라는 팻말을 보면 80킬로로 가고 40킬로로 서행하라고 하면 40킬로로 가야 한다. '내가 너희에게 명하는 이 모든 말을 너희는 지켜 행하고 그것에 가감하지 말지니라(신 12:32).' 가감하지 말라는 말은 곡해하지 말라는 것이다. 순종하고 싶지 않으니까, '이건 이런 말일 거야!' 라고 생각한다. '가지 마! 죽어!' 라는 말 앞에서 다른 생각을 하면 안 된다는 것이다. 하나님은 비비 꼬아서 이야기하지 않는다. 수준 높고 지적인 사람들에게 성경은 유치할 수 있다. 그러나 그들도 생명 앞에서는 말장난하지 않는다. 생명 앞에서는 누구나 단도직입적이다. 강도 앞에서 말 돌리지 않는다. '살려 달라! 원하는 게 뭐냐? 내가 무엇을 주면 생명과 바꿀 수 있겠니?' 라고 한다.

복 앞에서도 마찬가지이다. 축복받고 싶다. 복을 달라. 유치하다. 아니다. 본능이다. 복도 받아야 문화도 있고 공부도 한다. 배가 불러야 다른 것에 관심이 간다. 성경 말씀을 가감하지 말고 받아야 한다. 그러나 중요한 것은 이러한 정신적 구조만 가지고 살라고 하는 하나님이 아니시다. 일반적인 삶 속에서도 이항대립의 구조로만 산다면 병리적인 사람이 될 것이다. 이런 사람을 편집분열적이라고 한다. 이제 우울적 자리가 무엇인지를 살펴보기로 하자.

3. 우울적 자리 기능

성경에는 요셉이 애굽의 총리가 되어서 형들을 만나는 장면이 있다. 요셉이 정을 억제하지 못하고 큰 소리로 우는 울음은 복수하고 싶은데 복수하지 못하고, 사랑하고 싶어도 사랑하지 못하는 애증의 감정, 미우면서 기쁘고, 반가우면서 괘씸하고, 안도와 함께 경이로움과 두려움이 섞인 복잡한 울음이다. 너무나 많은 회한이 동시에 몰려온다. 여러 가지 감정이 동시에 북받쳐 올라오는 것이다. 요셉의 울음은 이 복잡한 감정을 동시에 처리하기에 감당하기 어려워 쏟아지는 울음이다. 요셉은 종으로 팔리고 보디발의 아내에게 누명을 쓰고 감옥에 들어간 적이 있다. 그는 '나쁨'이라는 것에 사로잡힐 가능성이 많은 사람이었다. 도대체 내 인생은 왜 이렇게 악운만 따르는가? 그리고 이러한 감정은 원한이 되고 바로 악령에 사로잡히는 과정이 될 수 있다. 진정한 애도는 체념, 맡김, 증오심, 공포, 불안, 후회, 슬픔, 허무, 공허, 모순적인 감정, 사랑과 증오 등의 여러 가지 요소가 뭉쳐 있는 것이다. 이 세상을 살아가기 위해서는 이런 감정을 담아낼 수 있는 가슴이 필요하다. 한 가지 감정만 다룰 수 있는 사람은 추진력이 있고 능력 있어 보인다. 그러나 추진력과 힘은 부작용도 함께 동반된다. 변덕이 죽 끓듯 하고 일을 벌여놓지만 마무리를 하지 못한다.

진정한 영성은 애도의 과정을 통과하는 것일 수 있다. 그런데 이런 과정, 곧 작은 공동체에서 활동할 때는 여러 가지 감정을 동시에 처리해야 하는 과제가 있다. 큰 공동체는 무리 속에 숨어서 편하게 필요한 것만 취하면 된다. 물론 마음속에서 '너도 무리 속에 숨어 있지 말고 일 좀 해야지' 하는 목소리가 들릴 수도 있다. 그러나 쉽게 눌러 버릴 수 있다. 한 가지 감정만 처리하기는 쉽다. 작은 공동체는 일꾼이 워낙 없고 또 주위의 시선 때문에 이러한 요구에 대한 부담이 커진다. 그래서 작은 공동체는 여러 가지 감정을 동시에 처리해야 하는 어려움이 있다. 작은 공동체는 쉽게 친밀감을 형성할 수 있다는 점도 있지만 숨을 수 없는 불안도 처리해야 하는 문제가 있다. 힘들고 어려울 때 도망갈 곳이 없기 때문이다. 편하지 않다. 여러 가지 감정을 감당해야 하는 것으로부터 도망갈 수 없어 힘들고 고통스러울 수 있다. 내가 좋아하는 사람하고만 상대하고 미운 사람은 고개를 돌리면 된다. 쓰면 뱉고 달면 삼키면 된다. 이건 큰 공동체에서만 가능하다. 그러나 작은 공동체는 이것이 어렵다.

한 가지 감정만 처리하는 것은 유아성이고 미숙함이다. 이러한 점은 주부가 아침 식사를 준비하면서 동시에 얼마나 많은 일을 다루는지 생각해 보면 이해하기가 쉽다. 능숙한 주부는 밥을 함과 동시에 찌개를 끓이고 또 나물도 무친다. 만약 밥을 할 때 밥솥만 쳐다보거나 찌개를 끓이면서 가스레인지만 들여다본다면 집안 식구들은 일과에 큰 지장이 생기게 된다. 미숙한 엄마 때문이다.

깊은 영성은 여러 가지 감정을 동시에 처리해야 하는 것이다. 동시에 많은 것을 담으려면 몇 배의 일을 동시에 처리해야 하기 때문에 고통스럽다. 인간은 누구나 고통은 피하고 안락을 추구하려고 한다. 그러나 진정한 인간으로 태어나기 위해서는 여러 가지 감정을 동시에 담아내는 능력이 필요하다. 도망가고 싶은 생각과 직면해야 하는 상황을 동시에 담아내야 한다. 이 과정에 우울과 애도가 일어날 수밖에 없다.

예수님이 겟세마네 동산에서 기도할 때 '할 수만 있거든 옮겨주세요. 그러나 내 뜻대로 마옵시고 아버지의 뜻대로 하옵소서(눅 22:42)' 라고 기도한다. 도망가고 싶은 마음과 하나님의 뜻을 행해야 하는 책임, 이 두 가지 감정을 처리하는 것이 애도의 과정이다. 성숙한 사람은 전체가 보인다. 좋음과 나쁨이 동시에 들어온다. 이 감정을 동시에 수용할 수 있을 때만 성숙한 사람이 될 수 있다. 미성숙한 사람일수록 한 가지 감정만 붙든다. 나쁨은 투사하고 좋은 것만을 붙들려고 하지만 결국은 부정적인 것에도 사로잡히게 된다. 이 부정적 시각은 대상을 두려운 시각으로 바라보게 하고, 이것이 박해 불안으로 바뀌고, 또다시 나쁨에 사로잡혀 투사하는 과정을 반복한다. 결국 애도와 멀어지게 된다.

상대의 좋은 것을 좋은 것으로 받아들일 수 있는 것은 능력이다. 그러나 평가 절하하면서 조적인(Manic) 상태가 되거나 원망으로 도망가 슬픔의 원인을 다른 사람에게 돌릴 수도 있다. 부모를 탓하고, 조상을 탓하고, 누군가를 미워하고 원망하다가 원한으로 발전한다. 그리고 그 원한은 결국 복수로 옮겨질 수도 있다.[92] 이 모든 것은 심리 안에서 일어나는 것이다.

사울왕은 다윗이 사위이면서 시기심의 대상이었다. 그러나 사울은 한 가지만 붙들었다. 자기의 왕위를 찬탈할 수 있는 적으로만 보았다. 그래서 다윗을 시기하고 죽이려고 했다. 애도를 거부한 것이다. 다윗은 사울왕에게 쫓겨 다니면서 수없이 죽을 고비를 넘긴다. 다윗의 입장에서 사울은 장인어른이기도 하고 하나님의 기름 부음을 받은 자이기도 하다. 그리고 자기를 죽이려고 하는 원수이기도 하다. 다윗은 이 여러 가지 감정을 다루어냈다. 그리고 이것이 그가 왕이 되는 결정적인 역할을 하게 된다.

요셉은 자신을 애굽에 팔아넘긴 형제들을 만났을 때 '드디어 내 꿈이 이루어졌구나!' 라고 하지 않았다. 그 순간에도 자신의 복잡한 감정을 견뎌내야 했다. 그것이 바로 신앙이고 믿음이다. 그분은 항상 합력하여 선을 이루는(롬 8:28) 분이시라는 그 믿음을 끝까지 붙들면서 원한에 빠지지 않았다. 애도라는 것은 사건과 사건들이 서로 연결되어서 어떤 좋은 의미를 만들어내는 것이다. 그리고 그 중심에 하나님이 있다는 것을 믿는 것이다.

여러 가지 감정을 동시에 처리하는 애도는 결국 하나님의 뜻을 찾게 하고 우리에게 생명을 준다. 그러나 그 많은 감정 가운데 한 가지만 붙들게 되면 애도가 일어나지 않는다. 애도는 복잡한 감정을 동시에 담아내는 것이다. 애도가 없는 감정은 부정적인 경험과 상처의 원인을 남의 탓으로 돌리고 보복하려고 한다. 자신의 문제가 무엇인지 들여다보지 않고 애도의 과정을 치르려고 하지 않는다. 엉뚱한 사람들을 적으로 만들고 이유 없이 미워하고 적대하게 된다. 교회라는 곳은 잘못하면 애도하기 가장 힘든 곳이 될 수 있다.

집단주의에 빠져서 '와와!' 하고 교회를 한 가지 색깔로만 도배하기 시작하면 힘이 있는 모임인 것 같지만 잘못하면 다 함께 잘못된 길로 치닫는 이단의 모임이 될 수도 있다. 혹 부정적인 것이 부각될지라도 이것이 섭리 안에서 합력하여 복이 되고 더 좋은 길로 가기 위한 과정으로 받아들이는 것, 나와 다른 것을 포용하는 것, 더디더라도 기다려 주고 함께 가는 것이 바로 이 우울적 자리의 영성이다. 우울적 자리란 여러 가지 생각과 조각이 연결되어 어떤 의미를 만들어내는 과정이다. 그 의미의 핵심에는 항상 하나님이 있다. 이것을 믿는 것이 애도이다. 가난을 애도한다는 것은 가난 가운데 정말 얻은 것이 있고 그 가난의 중심에 하나님의 섭리가 있다는 것을 믿는 것이다.

우울적 자리의 영성과 교회 음향

우리가 사용하는 스마트폰의 화질은 과거 핸드폰에 비하면 그 해상도가 비교할 수 없을 만큼 좋아졌다. 그러나 이 화질을 몇 천 배로 확대해서 본다면 어떻게 되겠는가? 당연히 해상도가 떨어질 것이다. 큰 화면에서 해상도를 작은 화면처럼 높게 하려면 더 좋은 기술력과 고급의 부속품들이 들어가야 한다. 그 만큼 가격이 비싸진다는 이야기다. 큰 화면이 웅장하고 현장감이 있는 것은 사실이지만 해상도에 있어서는 작은 화면을 능가하는 것은 쉬운 일은 아니다. 음향도 마찬가지다. 청소년들이 귀에 끼고 다니는 몇 만 원짜리의 이어폰 음향은 소리의 질로 따지면 몇 억 원짜리 음향시스템보다 더 나을 수 있다. 큰 홀에서 사용되는 고출력의 시스템이 이어폰의 소리의 질과 같은 소리를 만들어내려면 엄청난 공력이 들어가야 한다. 그렇다고 해서 그 엄청난 출력과 이를 만들어내기 위해 투자된 물질이 이어폰보다 더 좋은 소리를 만들어낸다는 보장은 없다.

가끔 다른 교회의 강대상에 서게 되는 일이 있다. 강대상에는 설교자가 자신의 소리를 듣게 하기 위해 모니터라는 것을 설치한다. 어떤 교회에서는 정상적인 톤으로 설교를 해도 모니터에서 나오는 소리는 귀가 찢어지는 듯 아프다. 속으로 "이 강대상의 메인스피커인 담임목사의 귀가 망가졌구나!" 하는 생각을 하게 된다. 난청이 된 것이다. 나에게는 크지만 이 교회 담임목사에게는 적당한 소리인 것이다. 교회의 성도들과 목회자들은 다른 누구보다 미디어의 음향에 많이 노출되어 알지 못하는 사이에 난청이 될 수 있다. 담임목사에게 "귀가 망가진 것 같으니 치료를 받아보라"고 권고하면 자신의 교회 앰프시스템을 모 유명한 분이 와서 설치했다고 한다. 아무리 유명한 분이 와서 음향시스템을 설치했어도 담임목사의 귀에 맞게 기계를 조정할 뿐이지 망가진 귀를 조정하지는 않는다. 영국의 BBC 방송국의 PD들은 난청이 되어가는 자신들을 보호하기 위해 특별한 스피커를 제작 주문하기도 했고 이 스피커는 세계적으로 유명한 명기가 되기도 했다.

외국에는 톤 마이스터(Tone meister) 과정이라는 학과가 있다. 이 과목은 음악과 공학을 함께해야 하기 때문에 전공하는 사람도 적고 학과 과정도 다른 전공보다 길어 마치기가 쉽지 않다. 독일로 유학을 갔었던 후배가 학교에서 아름다운 피아노 콘체르토 연주에 반해 소리를 따라 연주의 주인공을 만나보니 톤 마이스터를 공부하는 학생이었다고 한다. 후배는 연주가 너무도 프로페셔널해서 음악전공자라고 생각했던 것이다. 톤 마이스터라는 직업, 곧 음향을 다루는 직업은 그만큼 전문적이어야 한다는 것이 외국인들의 생각이다. 현대인의 삶과 문화 그리고 거의 모든 예술에도 음악이 보조적인 역할을 하고 있다는 점에서 음향을 다루는 전문직의 중요성은 간과할 수 없는 듯하다.

교회도 마찬가지다. 음악이 예배의 중심은 아니지만 중요성은 상상할 수 없을 정도의 위치를 차지한다. 자칫 음악이 더 중심의 자리를 차지할 수 있기에 과거의 교부들은 음악에 대한 부정적인 태도를 갖기도 했다. 그러나 이제 이러한 경계를 갖는 일은 거의 없다. 교회에 CCM 음악이 없이는 젊은이들이 교회를 찾지 않는다. 그런데 문제는 교회의 청소년들이 전자파에 너무도 많이 노출되어 난청이 되어가고 있다는 것이다. 이것은 서서히 이루어지고 있어 인지하기 어렵고 어느 날 귀가 잘 안 들리게 된다. 이런 점에서 교회에서의 음향을 다루는 문제는 각별한 것이 되어야 한다.

귀 먹은 노인들이 말소리가 점점 커지는 것을 보면서 그분들의 귀가 점점 먹어가고 있다는 사실을 아는 것처럼 교회의 음향이 점점 커지고 있다는 것은 음향을 조절하는 사람이나 목회자 그리고 교인들이 귀가 점점 더 먹어가고 있다는 증거가 된다. 몇 억짜리 콘솔(Console, 음향을 분배하고 제어하는 기계)과 고가의 앰프 등이 우리의 귀를 보호해 주지 못한다. 대규모 집회나 수련회가 열리는 곳에서 소리가 너무 크다고 간청을 해도 이 말은 '믿음 없음' 으로 치부되지 기계의 소리가 도를 넘었다고 생각하지 않는다. 과학적으로 얼마 정도의 소리를 우리의 귀가 견딜 수 있고 어느 정도의 크기가 되면 소음이 되는지 등의 객관적 사실에 대해 전혀 받아들이지 않는다. 은혜가 있으면 다 넘어갈 수 있다고 생각하는 것이다. 찬양과 경배에 몰입하고 은혜에 빠져든다면 큰 소리가 무슨 상관이겠는가 생각할 수 있다. 물론 은혜가 난청의 문제도 해결될 수도 있다. 그러나 하나님은 지속적으로 초자연성만을 강요하시지 않는다. 결국에는 귀가 망가지게 될 것이다. 이 중심 역할에 편집적 성향의 교회가 서 있는 것이다.

빠른 속도로 달리기를 하면 근육이 경직되어 호흡이나 기운이 몸 깊숙이 침투하지 않을 수 있다. 그러나 걸으면서 심호흡을 하면 깊이 호흡이 들어갈 수 있다. 소리도 마찬가지다. 느린 음악, 작은 소리가 더 깊게 우리의 몸과 마음에 스며든다. 음악가들이 고안해 낸 가장 최고의 클라이맥스는 쉼표라는 사실에 주목해 볼 필요가 있다. 오랜 세월 동안 작곡가들은 어떻게 클라이맥스를 효과적으로 표출할 수 있을까를 고민해 왔다. 설교자가 설교를 만들 때도 마찬가지다. 소리를 지르거나 앰프의 볼륨을 올린다고 해서 은혜의 정점을 찍는 것이 아니라는 사실은 설교하는 사람들은 경험하여 아는 바다. 오히려 의미가 주어지고 잠시 쉼의 간극이 있을 때 은혜가 깊게 들어간다. 음악가들은 모든 악기 소리의 강도를 높이거나 연주자의 수를 늘려보기도 하고 때로는 타악기를 동원하는 등의 이러저러한 방법을 다 동원해 보았지만 그들이 찾아낸 최고의 클라이맥스는 오히려 소리를 아주 작게 하거나, 또는 쉼표를 선택하는 방법이었다.

이것을 좀 더 잘 이해하기 위해서 볼륨(Volume)과 강도(Intensity)를 이해해야 한다. 볼륨은 음의 양이 늘어나는 것이고 강도는 음의 파장의 크기를 말하는 것이다. 만약 오케스트라 단원의 수가 많다면 음의 양이 늘어날 것이고 그들이 악기를 강하게 연주한다면 강도가 올라갈 것이다. 그러나 음량을 늘이거나 무조건 세계 연주한다고 해서 감동적인 음악이 만들어지는 것은 아니다. 리듬의 길이와 음의 고저가 조화를 이루어야 하듯이 음의 강도와 볼륨도 균형, 불균형, 조화, 비조화 등의 대비가 있어야 한다. 그것이 바로 *pp*(피아니시모), *sf*(스포르짠도), *ff*(포르테시모) 등의 다이내믹 기호들이다. 이것들은 볼륨과 관계되는 것이 아니다. *sf*(스포르짠도)는 다른 음표들과 상대적인 관계를 말하는 것이지 무조건 강렬하게 또는 악센트를 주라는 것이 아니다.

리듬도 계속 같은 리듬을 연주하면 사리지고 공간의 세계로 들어가게 되듯이(이것이 뉴에이지의 세계가 된다) 만약 볼륨을 무조건 올리게 되면 음이 찌그러지고 모든 음악의 다이내믹은 사라지고 멍한 상태에서 광란과 도착의 세계로 들어가게 된다. 물론 귀도 망가지게 된다. 어떤 이들은 은혜라고 생각하지만 또 다른 사람들은 나이트클럽에 온 것이나 별반 다르게 느끼지 못한다. 다른 사람들의 괴로움을 이해하지 못하고 자기의 세계에만 빠져 있는 것이 바로 편집증의 성향이다.

　도착의 세계는 주관적인 세계다. 그리고 이 주관성은 당연히 인정이 되어야 한다. 도착은 분명 역겨운 것도 이상화할 수 있는 능력을 갖고 있기 때문이다. 그리고 이러한 이상화 능력에서 에로스적 사랑도 가능하게 된다. 그러나 이러한 도착을 다른 사람에게 강요할 수 있는 것은 아니다. 도착이 개인적인 이유는 도착되는 대상이 서로 다르기 때문이다. 내가 도착이 되었다 해서 다른 사람도 꼭 이 부분에 도착이 일어나야 하는 것은 아니다. 내가 좋아하는 이성의 스타일에 당신도 반해야 하는 것은 아니다. 어떤 사람은 뚱뚱한 볼륨감에서 도착이 일어날 수 있고 어떤 사람은 마른 사람에게 도착이 일어날 수 있다. "아니 이렇게 엄청난 볼륨 앞에 흥분되지 않다니……"라고 강요하면 안 된다. 고통스러워 귀를 막아야 하는 사람도 있다. 은혜를 받고 싶은데 소리 때문에 은혜가 방해되는 사람 앞에 "당신은 믿음이 없어서 그런 거야!"라고 하면 안 되는 것이다.

한 집회에서 너무도 고막이 아파 음향실로 갔다. 그리고 음향을 다루는 콘솔의 이퀄라이저(음향계기판)를 보았다. 위험하다는 표시로 빨간 불이 계속 신호를 하고 있었다. "왜 규정을 어기냐? 기계도 말하고 있지 않냐." 항의를 했지만 그들은 상관하지 않았다. "은혜나 받을 것이지……. 쯔쯔쯔" 하는 경멸의 눈초리, "이 기계가 얼마짜리인 줄이나 알아?" 하는 눈초리로 쳐다보기만 한다. 수억 원을 호가하는 기계를 단 돈 몇 만 원의 기계만도 못하게 사용한다면 한므나를 땅에 묻어두었다 그대로 가지고 오는 악하고 게으른 종보다 더 악한 종이 될 수 있다.(눅 19:20) 자신이 난청에 걸린 것은 생각하지 않고 무조건 소리를 크게 틀고 그것이 은혜스러운 소리라고 강요하는 것은 폭력이 될 수 있다. 이 길만이 가장 좋은 최선의 길이라는 생각에는 가장 최악의 길도 숨어 있는 것이다.

이 때문에 음향을 다루는 전문직은 우울적 자리의 영성을 가지고 있어야 한다. 소리는 기계를 설치하는 사람의 몫만이 아니다. 예민한 감각과 영성을 가진 목회자의 몫이기도 하다. 전문성이 없는 사람이라도 음향을 다루는 사람이라면 적어도 "내가 다루고 있는 이 기계가 얼마짜린데 너희들이 무엇을 알아!"라는 편집적 태도에서 벗어나, 앉아 있는 성도들과 청중들을 생각해야 한다. 그리고 자신이 아무리 좋은 소리를 만들어내도 단돈 몇 만 원짜리 이어폰에서 나오는 소리에 미치지 못할 수 있다는 겸손함이 있어야 한다.

찬양 음악을 듣고 노래를 따라하는 것이라면 집에서 자신의 이어 폰으로 CD를 들으면서도 더 많은 은혜를 받을 수 있다.

음향을 조절하는 사람은 적절한 볼륨 속에서 음악과 강도와 고저가 잘 표현될 수 있는 환경을 만들어주어야 한다. 그러기 위해서는 겸손한 마음, 배우려는 마음 그리고 성도들을 생각하는 마음이 있어야 한다. 『감각의 제국』이라는 소설과 영화에서 도착의 강도를 계속 높이다가 결국은 남자의 성기를 잘라내는 지경까지 가게 된다. 도착은 결국 파멸에 이른 후에야 끝이 난다. 흥분은 계속 흥분의 강도를 높여야만 다시 흥분이 된다.

볼륨이 있는 사람은 힘이 있어 보이지만 사실 허약한 것이다. 사람이 살이 찌는 이유 중의 하나가 기운이 없기 때문이다. 기운이 없으면 살이 쳐지는 것을 잡아낼 힘이 없게 되고, 이것이 결국 비만의 원인이 된다. 볼륨이 있는 사람과 근육질의 사람 중에 누가 더 힘이 있어 보이는가? 장비만 좋고 소리만 크다고 해서 힘이 있는 것이 아니다. 힘이 없기에 볼륨을 키우는 것이다. 자신감이 없기 때문이다. 은혜를 빙자하여 사람들을 고문할 수 있다는 생각도 해야 한다. 그들이 다 난청이 된다면 그 책임은 누가질 것인가? 누구에게는 천국이지만 누구에게는 지옥이 된다면 이것이 편집증의 세계다. 부족하지만 다 같이 은혜를 누릴 수 있게 하는 것이 우울적 자리의 영성이다. 소리를 다루는 사람에게는 반드시 이러한 영성이 필요하다. 우울적 자리의 영성을 가져야 다른 사람을 배려할 수 있다. 자기에게서 벗어나 가끔은 객관적으로 자신의 모습을 바라볼 수 있는 것, 그리고 다른 다양성의 세계도 인정할 수 있는 것이 우울적 자리의 영성이다.

전자음향은 찬양을 보조해 주는 일을 해야 한다. 찬양이 전자음향에 묻혀서는 안 된다. 인간은 전자음향의 조장이 없이도 얼마든지 흥분해 왔고 찬양해 왔다. 절제할 때 고가의 기계가 30배, 60배, 100배의 효과를 가져다 줄 수 있다.

마술적인 언어의 세계와 초자연성만을 고집하는 전능성의 세계에서는 우리의 마음에 잔잔한 감동을 주고 우리를 주께 인도하는 일에 민감하게 할 수 없게 한다.

우울적 자리의 영성과 시간성

은혜의 도가니 속에서는 시간관념이 없어진다. 무의식에서 두 시간은 단 몇 분이 될 수 있지만 의식의 세계에서는 단 몇 분이 몇 시간도 된다. 이 때문에 부흥회나 말씀 사경회를 참석할 때는 모든 스케줄을 내려놓아야 한다. 일반 정례적인 예배가 기도원처럼 진행되면 언제 예배가 끝날 지 알 수 없어 불안하게 된다. 예배가 몇

시에 시작해서 몇 시에 끝난다고 하는 안정된 세팅은 사람에게 신뢰감을 갖게 한다. 부흥회인지 평상시 예배인지를 구분하지 않고 예배가 길어지기도 하고 짧아지기도 한다면 성도들이 마음을 닫아 은혜를 놓치는 경우가 있게 된다. 혹 성령의 거스르는 죄가 아닌가 하는 죄책감도 마음을 불편하게 한다.

시간 밖으로 나간다는 것은 무시간성의 세계로 들어간다는 의미이고 무시간성은 인간의 무의식과도 연관이 된다. 무의식의 주요한 특징 중의 하나가 시간의 제약을 받지 않는 것이다. 무의식은 항상 넘쳐흐르고 의식의 세계로 뛰쳐나오려 한다. 이러한 속성은 시계를 보거나 의식의 흐름에 관심을 갖는 사람들을 은혜가 없는 사람이라고 비난하게 한다. 물론 너무 의식적이고 건조한 사람들은 비난의 대상이 될 수도 있다. 적절히 의식과 무의식, 그리고 현실과 초월이 균형을 이루는 것은 삶에서 중요한 덕목이 된다. 주어진 한계 안에서 적절한 시간의 형식을 사용하여 그들이 은혜를 받을 수 있도록 말씀이 준비되어져야 한다. 의식의 세계에서 살아갈 수밖에 없는 그들을 주님께 인도하기 위해서다.

분명 설교의 현장이 시간이라는 형식과 문자로만 표현된다면 간과되고 소외되는 무엇이 숨어 있게 된다. 제한된 형식과 글은 현장감을 사라지게 만들 수 있다. 이때 은혜가 사라질 수도 있다. 이 때문에 어떤 학자들은 자신의 강의나 세미나 내용이 글로 인쇄되는 것을 원하지 않는다. 그러나 성령의 역사와 초자연적인 역사는 시간이라는 형식 안에서도 나타난다. 아름답고 훌륭한 고전의 예술품들이 모두 시간성을 배제하지 않았다. 절제된 형식과 구조가 있으면서도 그 안에는 광기, 초월, 그리고 아름다움과 감동을 갖는다. 설교도 그렇게 준비될 수 있다.

저녁에 산보를 하다가 갑자기 영감이 와서 대충 메모를 하고 집에 들어와 컴퓨터 자판을 신들린 사람처럼 두들긴다. 그리고 멋있는 글을 썼다고 생각하면서 잠을 청한다. 그러나 아침에 일어나 그 글을 다시 읽어보면서 생각처럼 좋은 글이 아니었다는 것을 깨닫게 된다. 잘라낼 것은 잘라내고 가다듬으면서 겨우 글 모양이 되어 가는 것을 발견하게 된다. 의식적 작업에 들어가야 하는 것이다. 무의식의 영역에는 창조성도 있고 자발성도 있고 생각지 못한 번뜩임도 있다. 그러나 무의식에는 상처도 있고, 결핍도 있고, 자기애와 같은 부정적인 것도 있음에 유의해야 한다. 준비되지 않은 즉흥적인 것에는 이러한 부정적인 독이 묻어나올 수 있다. 무의식은 고귀함과 저속함을 동시에 가지고 있다. 성공하면 100% 성공이 될 수 있다. 그러나 100% 실패할 수 있다. 그래서 목회자는 성도들 간증을 시킬 때 미리 써 오게 하고 점검한 후에 발표하게 한다. 어디로 어떻게 흘러갈지 알 길이 없기 때문이다. 철저히 준비해서 80~90%의 조금은 모자란 성공을 하는 것은 더 좋은 것일 수 있다. 100% 성공과 100% 실패는 결국 50%의 성공밖에 되지 않기 때문이다.

　시간 안에 갇혀 있는 우리들은 시간을 잘 안배해서 사용하는 것도 지혜다. 넘치도록 젖을 주는 것이 좋은 것인지 아니면 조금은 모자라게 주는 것이 좋은지는 깊게 생각해 보아야 할 문제다. 너무 넘치도록 자녀에게 모든 것을 주어서 자발성을 빼앗고 아이를 망치는 부모들이 있듯이 말씀의 은혜도 마찬가지가 될 수 있다. 절제라는 것도 성령의 열매 중에 하나이다. 편집성향의 목회자는 항상 넘치도록 주려고 한다. 그래서 제한된 시간을 마구 넘어간다.

　의식과 무의식은 적절히 배합되어야 한다. 성령과 말씀이 적절히 균형을 가져야 하듯이 지금 여기에서 시간 안에 있는 우리의 한계를 인정하고 광기를 절제해야 한다. 넘치거나 질퍽한 것은 금방 실증을 느끼게 한다. 여백이 있어야 하고 모자람이 있어야 한다. 성령님께서 개인에게 스스로 일하실 수 있는 여백을 남겨 드려야 한다. 절제하며 시간 안에서 일하는 것은 성령의 열매다. 이것이 우울적 자리의 영성이다.

4. 개척교회의 통과 의례

1) 분열에서 편집으로

살펴본 바와 같이 이항대립이나 신호반응은 확실한 추진력과 힘을 주는 편집 성향의 사람들에게 분명히 엄청난 영향력을 준다. 그러나 개척교회의 고민은 성도들에게 이러한 편집분열적이고 지시적인, 그리고 공격적인 방법을 사용할 수 있느냐 하는 것이다. 이항대립이라는 분열을 사용할 수 있는 사람은 어느 정도 힘이 있는 사람들이다. 이들에게(대형 공동체의 힘있는 자들) 편집분열적 성향의 설교를 하면 더욱더 편집적으로 고착시키는 역할을 하게 되고, 결국에는 이것이 교회를 분열시키는 원인이 될 수 있다. 따라서 이들에게는 편집적인 것보다는 우울적 자리의 설교나 목회 철학이 동원되어야 한다. 그런데 살펴본 바와 같이 개척교회는 정신증적 성향의 사람이 많은 편이다. 이들은 힘이 필요하기 때문에 우울적 자리를 견디지 못한다. 때문에 이들에게 필요한 것은 힘이다. 추진력이다. 이것도 될 수 있고 저것도 될 수 있는 것이 아니라 확실하게 답을 주어야 한다. 이들에게야말로 편집적인 설교를 주어야 힘을 얻을 수 있다. 부정의 방법이 아니라 확실하게 이 길로 가야 한다고 긍정의 방법을 이야기해 주어야 한다. 그런데 개척교회 목사들은 어떤 방법을 주로 사용하는가? 그들은 대형 교회와는 다른 차별화의 노선을 택하기 때문에 우울적 자리나 고난의 십자가, 영혼의 어두운 밤의 통과에 대한 설교를 하게 된다. 사실 개척교회 목사들이 지향하는 성숙의 관점은 대형 교회에서 다루어야 하는 것이다. 대형 교회가 계속 편집적인 힘을 주는 방향으로 나아갈 때 교회는 분열에서 벗어날 방법이 없게 된다. 그들의 확신과 추진력은 권위주의와 맞물리게 되고, 아랫사람들은 앞에서는 '예' 라고 하지만 문제가 발생했을 경우 반드시 적이 되어 공격한다. 수많은 목사님에게 자주 듣는 말이다. '자신에게 그렇게 잘하던 분이 어떻게 그렇게 갑자기 하루아침에 무정하게 돌아설 수 있느냐' 는 것이다. 그 이유가 그들에게 편집분열적 자리의 정신 구조를 목사 스스로 고착시켰기 때문에 그 보복으로 부메랑이 되어 다시 돌아온 것이다.

편집분열은 적군이 아군이 되고 아군이 다시 적이 되는 일이 비일비재하게 일어나는 정신 구조다. 개척교회에 출석하는 힘없는 성도들에게는 이러한 편집분열적 설교가 필요할 수 있다. 그들에게는 아직 성숙할 수 있는 힘이 없기 때문이다. 그들은 우선 편집분열적 자리로 나오는 것이 더 중요하다. 이 때문에 개척교회는 분명 이항대립과 신호반응을 사용해서 어느 정도 틀을 잡는 것이 필요하다. 이들에게는 '항상 기적이 일어납니다. 좋은 일이 일어납니다' 라는 확신과 힘을 주어야 한다. 부정적인 말을 절대 사용하지 말아야 한다. 이것은 성경적인 것이다. 그러나 개척교회가 이러한 편집적 자리로 나온 후의 문제다. 어느 정도 틀이 잡힌 후에 이들이 다시 '우울적 자리의 정신 구조로 향하지 않을 경우 이단의 표적'이 될 수 있다. 교회가 어느 정도 안정이 되어 이제 부흥할 수 있겠지 할 때 이단들이 교인들을 교묘하게 도둑질해 가는 사례가 종종 있는 이유는 이단이 주로 사용하는 정신 구조가 바로 편집분열이기 때문이다. 그들의 주장은 자신만이 참이고, 이 시대의 다른 모든 종파나 성직자들은 모두가 다 거짓이라는 것이다. 이것이 바로 편집—분열적 병리인 것이다. 중요한 것은 개척교회든 기존의 자립교회이든 편집적 자리와 우울적 자리가 유연하게 호환되어야 한다는 점이다. 이때 호환이라 함은 우울적 자리 ⇔ 편집성 분열적 자리의 단순한 되돌아감과 되돌아옴의 같은 왕복을 말하는 것은 아니다. 같은 반복의 병리적인 것이 아니라 건강한 건설적인 반복을 말한다.

건강한 퇴행은 과거 자리로의 후퇴인 듯이 보이나 사실은 앞으로 나아가는 연속적인 행동을 의미하는 미래적 퇴행이다.[93] 이것은 건강한 공동체와 리더가 있는 환경에서 일어날 수 있는 긍정적 퇴행이다. 이 퇴행은 다시 더 나은 우울적 자리로 이동하고 또다시 편집분열적 자리로 반복 퇴행할 수 있다. 물론 이때의 퇴행은 또다시 방금 전에 일어났던 퇴행은 아니다. 이렇게 나선형으로 끊임없는 전진과 후퇴의 반복이 일어나면서 승화가 일어난다.[94]

편집적 자리는 개인에게서 발생하는 것이지만 이러한 개인이 모여 집단을 이루면 병리적 공동체를 만들게 된다. 따라서 큰 대형 집단은 이러한 편집분열적 상태에 고착되기 쉬울 수밖에 없는 취약성을 갖게 된다. 대형 집단의 강렬한 응집력은 좌우, 흑백의 분열 덕분이다. 이북의 지도자가 그들의 단합이 필요할 때는 미제국주의를 들먹이며 남한이 얼마나 공격적이고 위협적인가를 북한 주민에게 알려야 한다. 남한 자체에서도 보수가 결집되기 위해서는 진보에 대한 강렬한 적개심이 필요하다. 이들은 결코 선악이 한 공동체에 존재할 수 있다는 사실을, 그리고 자신 안에 공존하고 있다는 사실을 인정하려 하지 않는다. 때문에 자기비판 성찰 능력이 허약하다. 파괴성을 의식으로부터 분열시켜 버리는 편집분열적 자리는 모든 나쁜 것은 다 우리의 이웃에 전가하고 살아내지 못한 파괴성을 다른 사람들에게 투사하고 우리만 선하고 의롭다는 일종의 우리 편 신학을 만들게 된다. 이렇게 해서 다른 편을 실제보다 더 두려운 존재로 만든다. 그리고 그들을 더 배제시키고 제한함으로써 그들을 통제하려 한다.[95] 때문에 이들은 근본주의적이고 배타적이다.

　　근본주의적 현실 파악은 거룩한 것과 속된 것, 교회와 사회, 제단과 가정, 주일과 평일, 예배와 작업, 성경과 과학 서적을 지나치게 구별하고 둘 사이에 어떤 접촉점을 시사하지 않는 데서 한국 교회의 성도들은 두 개의 현실 갈등

속에 존재하게 된다. 이러한 이원론적 사고방식은 과거 지향적이고, 역사의식의 결여를 초래한다. 한국 교회가 지니는 사경회, 기도회, 교회 절기 행사는 교회의 영적 분위기를 초대 교회에 가깝게 형성하는 데 좋은 기여를 하고 있으나 사회정의 및 사회봉사—먼저 교회 내 극빈자 및 불우한 처지에 있는 성도들에 대한 무관심, 교회 권력에 대한 분쟁 및 투쟁, 그리고 교회 부근에 있는 환경 주민들의 사회적 처지에 대한 냉대 및 불간여—에 대한 관심의 결여는 교회를 민족 문화 형성과 사회 발전에서 소격되게 만든다.[96]

오늘날 기독교 의식을 지닌 지성인들은 기독교 신앙과 문화를 어떻게 조화해야 할 것인가 하는 문제 속에 던져져 있다. 따라서 배타적인 편집적 자세는 지성인들의 비판과 회의적 사고를 포용할 수 없게 된다. 배타적이고 편집적 자리 기능에서의 설교는 소통의 길을 차단한다. 이러한 반지성적 경향은 미국의 근본주의에서 배운 바, 말씀 안에서의 자유로운 신앙적, 신학적 사색을 허용치 않고 교회와 성도들이 처해 있는 구체적 삶의 정황을 도외시한다.[97] 구약과 신학은 결단코 신의 현실에 대립되는 물질이나 다른 사단적인 영의 현실을 언급하지 않고, 모든 세계는 신의 지배 아래 있는 기독교적인 일원론을 제시한다.[98] 이원적 사고는 은총의 질서를 지나치게 강조하고 창조의 질서에 대해서는 그 가치를 부여하지 않으려는 구속 일원론적 사고방식의 편협한 성경 이해다.99) 하나님이 지으신 모든 창조물과 창조 세계는 선한 것이며, 악은 신과 같이 되려는 인간 의지에 존재한다.100) 교회는 단지 종말론적 단체이거나 종교 의식의 집례처의 구실만을 하는 것이 아니라 문화 형성, 삶의 근조 가치 형성에 기여도 할 수 있어야 한다.101) 그렇지 않으면 현대인들은 기독교 신앙과 문화의 상호 관계성에 있어서 소외와 불연속성, 단절, 고립, 폐쇄, 대립을 갈등적으로 체험함으로 편집분열적 상태에 머물게 된다.102) 이것이 대부분의 한국 보수 교단이 겪고 있는 현실적인 어려움이다. 개척교회의 힘없이 주저앉아 있는 사람들에게는 잠시 편집—분열적 자리가 필요하지만 대형 교회의 편집적인 성향은 빨리 우울적 자리로 옮겨가야 한다. 그렇지 않으면 교회는 이단의 위험과 자기들끼리의 분쟁과 분열의 위험에 직면하게 된다. 교인은 놓쳐도 사람은 놓치지 말아야 한다. 그들은 하나님의 성도들이다. 그들을 큰 울타리에 가두는 것보다 더 큰 공간에서 숨 쉬게 해주어야 한다.

2) 분열의 위험

개척교회는 아주 원시적인 가족 공동체(20~50명 수준)이기에 자립하여 교회의 규모를 갖출 때까지 다양한 성격의 교회 구성원들을 하나로 묶어내는 일이 중요하다. 인간의 본성 자체가 분열이고 인간의 심리 가장 밑바닥에 분열이 자리 잡고 있다는 것을 가정할 때, 작은 교회라고 해서 통합에 더 좋은 조건을 가지고 있는 것은 아니다. 오히려 작은 공동체의 분열은 치명적일 수 있다. 그러나 이러한 분열만 잘 통과한다면 목회 가능성은 그만큼 높아지게 된다. 건강하지 못한 사람이 편애하거나 편식하는 것과 마찬가지로 자신과 다른 색깔을 담아내지 못하는 연약한 정신 구조가 편집분열증의 증세이다. 이들은 상호 소통하지 못하고 침범에 대해 반응(Respond)할 수 있는 능력(신진대사 후에 돌려주는 것)을 갖지 못하고 반동 공격(Reaction)을 하게 된다.103) 이러한 편집적 태도는 지적 능력이나 성취 능력과 관계없을 뿐 아니라 이러한 편집적 태도에서 벗어나 더 나은 정신 구조를 향한다는 것이 쉬운 일이 아님을 항상 상기해야 한다. 편집분열적 자리의 특징은 극명한 이원론적 사고로 인해 지속적으로 박해불안에 지배를 받고, 약한 정신적 구조 때문에 나쁜 대상을 담아내지 못하고 투사해 버린다. 항상 적을 만들게 되고 기본적인 정서가 피해망상, 박해의 두려움이다.104)

모 교회의 목회자가 교회 안의 아무개 집사하고 바람이 났다는 소문이 교회에 나돌았다. 물론 뜬소문이었다. 그러나 이 소문이 퍼지자 교회가 갑자기 편집적 상황에 빠지게 되었다. 모두가 목사를 의심하기 시작하고, 목양실에 몰래 카메라를 설치하고, 교인들은 자동차로 목사를 미행하기 시작했다. 목사의 무고가 밝혀졌지만 사실 교회가 이런 상황에 빠져들어 갔다는 사실만으로도 이미

교회는 많은 상처를 받게 된다.

목사들이 모이면 하는 말이, 교회에 문제가 생기면 성도들은 아무도 목사 편이 되지 않는다는 말을 한다. 이러한 말 자체가 편집적이지만 사실 목사들은 실제 목회 상황에서 편집적 상황을 자주 경험하게 된다. 모 이단 공동체의 특징은 기존 정통 교회에 위장으로 전도받아 입교한 것으로 가장한다. 그리고 교회에 충성하여 교회의 주요 요직에 들어앉는다. 이렇게 한 개 교회에 여러 명의 성도가 점령한 다음 목사를 몰아내는데 이것을 '산 옮기기' 작전이라고 한다. 주위에 이런 교회들이 있다는 소식을 듣게 되고, 또 자신의 교회가 여러 가지 불화를 겪게 될 때 우리 교회에 이들이 잠입한 것은 아닌지 성도들을 의심의 눈으로 보기 시작하면서 편집적 상황에 빠져들게 된다. 자신의 자녀도 의심하게 되고, 가장 가까이에서 목사님을 섬기는 집사들도 의심하면서 방어에 불필요한 에너지를 사용하게 된다.

평소에 우울적 자리의 설교를 병행하지 않거나 비문화적, 반지성적 태도만을 고집할 때 어느 한순간 편집적 상황에 빠져들어 교회는 분열의 위기를 맞게 된다.

앞 장에서도 살펴보았지만 인간은 관계를 형성하기 위해 먼저 공격으로 울타리를 시험해 본다. 이때 대상은 공격성을 담아주고 버텨주어야 신뢰의 관계가 형성된다.[105] 성도들도 역시 교회에 안착하기 위해서 먼저 교회 공동체나 지도자를 공격하는 경향을 갖는다.106) 이런 점에서 우울적 자리에서 기능하는 건강한 교회는 공격성에 대해 유연하게 대처하지만 편집적인 공동체는 억압적으로 대처한다. 건강치 못한 종교 집단에서는 이러한 '공격성에 대해 죄책감'107)을 심어주고 공격성을 죄악시 여겨 인격 안에 통합되지 못하게 한다. 이렇게 떨어져 나간 공격성은 잠재적 파괴 가능성으로 숨어들어 가고, 대신 유순하고 순종적인 사람이 된다. 그러나 공격성은 무의식 안으로 들어가 기회를 보게 되고, 후일 이러한 공격성은 왜곡되어 뒤에서 공격한다.108) 이것이 교회 분열의 원인이 되고 있다.

개척교회의 목사는 도피하고 숨어들어 가는 분열 성향의 성도로 인해 부득불 편집적 자리에서 기능하는 목회를 하게 되는데, 그다음에 기다리고 있는 것은 교회의 분열이거나 왜곡된 공격을 받게 되는 것이다. 개척교회에서는 대형 교회에서 일어나는 교회의 분열보다는 성도가 다른 교회로 빠져나가는 것으로 나타난다. 성도들은 목사의 강한 카리스마나 편집적 자세에 우선은 안정감을 찾는 것 같지만 대신에 그들의 공격성은 다시 억압되는 대가를 치러야 한다. 이들은 잠시 그들의 공격성을 지도자를 이상화하는 것으로 대치하기도 한다.109) 그러나 개척교회의 문제는 지도자가 그들의 이상화에 완전히 부응할 수 없다는 것이고, 곧 그 이상화는 깨지게 된다. 이때 잠재되어 있던 '왜곡된 공격성'은 교회에 갈등을 만들어낸다. 대형 공동체는 비교적 억압을 오래 지속시킬 수 있지만 문제를 일으키는 잠재적 원인은 계속 남는다. 그러나 작은 편집적 공동체에서는 곧바로 공격성이 표출되어 공동체를 파괴하게 되고 목사는 정서적으로 심한 고통을 받게 된다.

자신이 내뱉은 말이나 자신의 공격에 사람들이 어떻게 반응하고 다칠 수 있는가를 가늠할 수 있는 능력은 초기에 자기를 담아주는 양육자에 의해 형성되고, 이것은 성숙함의 지표가 될 수 있다. 그러나 교회 공동체는 현실적으로 이렇게 건강한 사람만 모이는 곳이 아니다. 따라서 개척교회 공동체는 보다 전문적인 치유 공동체가 되어야 한다. 물론 이러한 치유 공동체는 사실 성장 공동체를 위한 준비라고 생각해야 한다.

상호 소통의 구조가 아닌 일방적인 명령 체계는 공격성을 억압하고 이러한 구조의 지속은 자신의 공격성이 자신의 공동체를 파괴할 수 있다는 두려움에 사로잡히게 된다. 이렇게 공격성을 사용하지 못하는 구조에서의 믿음은 관념적이고 현실과 유리된 추상적인 믿음이 될 수 있다. 그 이유는 공격성만이 현실을 검증할 수 있는 도구가 될 수 있기 때문이다. 공격성에 살아남는다면 공동체와 성례전은 실재하는 것이요, 무너지면 그 공동체와 모든 하나님의 말씀은 환상이 된다.[110]

편집분열적 자리의 틀 안에서 기능하는 설교는 성도들에게 두려움을 심어주고 순종적인 사람을 만들지만, 공격성이 억압됨으로 현실과의 관계를 기피하게 만들거나 성도들이 처해 있는 현재와 미래가 부재하도록 만든다. 여기서 기독교는 단지 과거에 신앙적 위인에 의해서 이루어졌고 현재의 나와는 아무런 관계가 없는(구경꾼으로 존재하는) 역사의식이 부재한 종교로 곡해된다.[111]

공포와 두려움은 강렬한 몸의 경험을 못하게 한다. 따라서 열정적인 삶을 살지 못하게 하는 원인이 된다. 공격성이 인격에서 떨어져 나간다는 것은 삶의 진정성을 잃어버리는 결과를 초래하고 결국은 수동적인 삶을 살게 한다. 개척교회가 여기에 머물면 곧 다시 무너지고 주저앉게 된다.

3) 이단으로부터의 취약성

엘리야가 갈멜 산에서 아합왕과 대결할 때 놀라운 승리를 했음에도 불구하고 그 승리가 컸던 만큼 더 큰 낙담을 맛보아야 했다. 엘리야는 오히려 더 악에 받친 위협에 직면하게 되어 이세벨에게 잡혀 죽을 지경이 된다. 그가 홀로 광야로 도망가서 로뎀나무 아래서 '이제 넉넉하오니 내 생명을 취하소서' 하며 죽기를 구한다. 엘리야가 낙담한 것은 그런 엄청난 갈멜 산의 기적의 역사를 보고도 사람들이 조금의 미동도 없었다는 것이다. 그가 로뎀나무 아래에 누워 잘 때 천사가 그를 어루만지며 머리맡에 숯불에 구운 떡과 물 한 병을 주었다. 엘리야는 먹고, 마시고, 다시 눕는다. 천사가 다시 어루만지며 길을 가기 위해서는 먹어야 한다고 권면한다.

엘리야는 먹고, 마시고, 자고 또 일어나 먹고, 마시고, 잤다. 그리고 40일 동안 걸어서 호렙 산에 이른다. 이렇게 먹고, 마시고, 달래는 것은 문화다. 이단은 다른 단계로의 이행 과정에서 발생하는 중간 과정이 없다. 특심만 있다. 먹고, 마시고, 눕고, 위로 받고, 그리고 호렙 산으로 가는 과정이 없다.

호렙 산에 이르렀을 때 하나님은 '네가 왜 여기 있느냐'고 말한다. 엘리야는 나만큼 특심으로 하나님의 일을 하는 사람이 또 어디 있느냐고 말한다. 이 특심과 열심이 바로 편집증에서 기능하는 것이다. 하늘에서 불이 일어나 번제단을 사르고 도랑의 물을 핥았다. 3년 동안 내리지 않았던 비도 오게 하는 기적이 일어났다. 그의 열심과 특심 때문이었다. 그러나 여기서 끝나는 것은 아니다. 그 화려한 기적과 표적에도 불구하고 다윗이 사울을 피하여 도망 다니듯 엘리야는 광야로 도망가야 했다.

호렙 산에서 '여호와께서 이르시되, 너는 나가서 여호와 앞에서 산에 서라 하시더니, 여호와께서 지나가시는데 여호와 앞에 크고 강한 바람이 산을 가르고 바위를 부수나 바람 가운데 여호와께서 계시지 아니하며, 바람 후에 지진이 있으나 지진 가운데에도 여호와께서 계시지 아니하며, 또 지진 후에 불이 있으나 불 가운데에도 여호와께서 계시지 아니하더니 불 후에 세미한 소리가 있었다. 그 세미한 소리는 〈네가 어찌하여 여기 있느냐〉였다. 엘리야는 다시 자신의 특심한 열심을 이야기한다(왕상 19:10—12)'.

하나님의 임재는 강한 바람, 지진, 불 그 어디에도 계시지 않다가 세미한 소리 가운데 비로소 나타나셨다. 세상의 참된 변화는 바람, 지진, 불같은 외적인 것이 아니라 세미한 소리, 성령에 의한 깊은 내적 통찰에 의해서 올 수도 있다.

이단은 우울적 자리인 이것을 인정하지 않는다. 편집적 자리에서 기능하는 화려하고 강한 것은 사람을 놀라게 하고 자신에게 많은 관심을 집중시키지만 세상을 변화시키지는 못한다. 하나님의 임재는 고요하고 은밀한 접촉 가운데 이루어진다. 이것이 우울적 자리의 기능이다. 인간과 세상의 참된 변화는 이와 같은 만남에서 이루어진다.

이렇게 광야에서 우울에 빠지고 지쳐 누울 수 있는 상태, 그리고 먹고 마시고 잠을 자는 상황, 이것은 세속화가 아니다. 이단은 이것을 세속화로 본다. 그들에게는 화끈한 것만이 진리가 된다. 중간 과정과 문화와 같은 세계를 부정한다. 신앙이 다져지는 과정을 인정하지 않는다. 편집적 자리와 우울적 자리는 서로 교차 반복이 되어야 한다. 편집분열적 구조의 공동체는 이단의 정신 구조와 비슷하여 순식간에 분열과 문제 상황으로 빠져들어 간다.

편집적 목회가 적용될 때 분명 유익한 점이 많은 것은 부정할 수 없다. 이런 분열적인 정신 구조가 성경적일 수 있는 여지도 있다. 그러나 분열적 정신 구조만을 고집하고 더 나은 정신성이 있다는 것을 부정하고 노력하지 않는다면 바로 이 상황은 거짓에 농락당할 수 있는 지점이 된다. 이단은 병리를 가장 잘 이용한다. 이단의 특징은 참과 거짓, 그리고 양과 염소를 극명하게 구분하는 것을 좋아한다는 것이다. 어떤 교단은 마지막 때에 추수할 장소를 전통교회로 생각한다. 그들에게 정통교회는 전통교회일 뿐이지 생명력을 잃어버린 교회요, 이 시대의 진정한 정통을 계승받는 곳은 자신들이라고 주장한다. 그래서 전통교회의 목사는 '개'가 되고 성도들은 '이리'가 된다. 그들은 오히려 '선한 추수꾼'이 된다. 이러한 말을 들었을 때 편집적 자리에 있는 사람들은 정통교회 목사를 밟고 일어서는 상상을 하게 되고, 순간 과대증으로 빠져들어 가게 된다. 성경을 도구로 자신 안에 있는 악을 정통교회와 성도들에게 투사한다. 그들이 주장하는 것은 성경이다. 그러나 역사적으로 모든 이단이 성경을 보다가 발생했다는 사실을 주지해야 한다. 그들은 성경을 해석하는 인간의 안경과 관점이 누구나 다를 수 있다는 것을 간과하고 있는 것이다. 그들이 찾아낸 도식화와 성경의 약속은 자신들만이 발견한 것이라고 생각한다. 자신들의 병리로 인해 씌워진 안경으로 성경을 보았다는 생각을 하지 못하는 것이다. 그들은 숲도 보고(총론) 나무(각론)도 보는 총체적 사고를 하지 못한다. 설사 성경에 대한 통합적인 사고를 할지라도 인간은 자신이 보고 싶은 관점으로 보고 듣고 싶은 것만을 듣게 된다. 그들은 편집적 자리라는 안경을 쓰고 있는 것이다. 이 때문에 그들은 자신들을 이단이라고 규정하는 것에 대해 '저들이 왜 그럴까, 무슨 이유 때문일까'를 생각하지 않고 상대를 더욱더 적으로 보는 편집적 상황에 빠지게 되고 자신들을 돌아보지 않게 된다. 이들은 절대 나쁜 것을 자기 안에 담아낼 수 있는 정신 구조를 가지고 있지 않다. 전통교회든 정통교회든 이단 공동체이든 우리 인간은 모두가 자신 안에 악을 가지고 있다.

미혹의 영에 넘어간 정통교회 안에 있는 성도들은 어느 날 갑자기 자신의 담임목사가 '개'로 보일 수 있다. 그동안 편집적 자리에서 기능하는 설교만 들어왔기 때문이다. 모든 것이 손바닥 뒤집듯 변한다. 중간은 없는 것이다. 중간은 세속이요 타락이다. 이단의 교도들이 정통교회에 위장하고 들어올 때 그들은 자신들이 사기 행각을 하면서 사기라고 생각하지 않는다. 옳은 일이라고 생각한다. 부분을 보기 때문에 전체가 보이지 않는 것이다. 자신들도 속고 있으면서 속이는 것이 아니라 그것이 진실이라고 믿는다. 사기라는 생각으로 전도한다면 분명 힘이 없을 것이다. 자신도 속고 있기 때문에 힘이 있는 것이다. 이때, 같은 성격 구조를 가진 사람들은 쉽게 넘어간다. 이렇게 편집적인 사람들이 자신의 행태가 사기라는 것을 알기 위해서는 오랜 기간 치료를 받아야 한다. 일종의 정신병이다. 교리적인 차원보다는 정신의 문제이다. 이단은 이런 병리적인 사람들의 모임으로 집단 히스테리와 같은 무엇이다. 그래서 힘이 있다. 여기에서 벗어나기 위해서는 우울적 자리에서 기능하는 설교와 가르침이 필요하다. 특별히 이단은 성경을 적용할 때 특별한 의도를 가지고 부분을 적용한다.(물론 초신자들이 순수한 마음으로 단어 하나 또는 단순한 문장에서도 은혜를 받는 것을 부정하는 것은 아니다.)

> 양은 그 오른편에, 염소는 왼편에 두리라. 그때에 임금이 그 오른편에 있는 자들에게 이르시되, 내 아버지께 복 받을 자들이여, 나아와 창세로부터 너희를 위하여 예비된 나라를 상속받으라. 또 왼편에 있는 자들에게 이르시되, 저주를 받은 자들아, 나를 떠나 마귀와 그 사자들을 위하여 예비된 영원한 불에 들어가라(마 25:33—34, 41).

그들이 이러한 성경 말씀을 적용할 때는 전혀 문맥을 살피지 않는다. 오직 양은 오른편에 앉고 예비된 나라를 상속 받는다. 반면에 염소는 왼편에 있고 저주를 받고 예비된 영원한 불에 들어간다. 그러나 누가 양이고 누가 염소인가? 목사를 들이받는 성도가 염소인가? 문맥으로 보면 오른편에 있는 자들(양)에게 하시는 말씀은 아래와 같다.

> 내가 주릴 때에 너희가 먹을 것을 주었고, 목마를 때에 마시게 하였고, 나그네 되었을 때에 영접하였고, 헐벗었

을 때에 옷을 입혔고, 병들었을 때에 돌보았고, 옥에 갇혔을 때에 와서 보았느니라(마 25:35—36).

왼편에 있는 자들에게 주는 말씀은 다음과 같다.

또 왼편에 있는 자들에게 이르시되, 저주를 받은 자들아, 나를 떠나 마귀와 그 사자들을 위하여 예비된 영원한 불에 들어가라. 내가 주릴 때에 너희가 먹을 것을 주지 아니하였고, 목마를 때에 마시게 하지 아니하였고, 나그네 되었을 때에 영접하지 아니하였고, 헐벗었을 때에 옷 입히지 아니하였고, 병들었을 때와 옥에 갇혔을 때에 돌보지 아니하였느니라. 그들도 대답하여 이르되, 주여, 우리가 어느 때에 주께서 주리신 것이나, 목마르신 것이나, 나그네 되신 것이나, 헐벗으신 것이나, 병드신 것이나, 옥에 갇히신 것을 보고 공양하지 아니하더이까. 이에 임금이 대답하여 이르시되, 내가 진실로 너희에게 이르노니, 이 지극히 작은 자 하나에게 하지 아니한 것이 곧 내게 하지 아니한 것이니라 하시리니(마 25:41—45).

여기에서 염소는 지극히 작은 자에게 이같이 하지 않은 사람이다. 우울적 자리는 성경의 문맥을 살핀다.

편집분열의 특징은 위에서 살펴본 바와 같이 부분을 본다. 부분이 전부가 된다. 그리고 그 부분이 나쁘면 전부가 된다. 이것은 유아의 정신성으로 엄마의 젖가슴이나 얼굴의 한 부위를 확대해서 보는 부분 대상관계이다. 이렇게 전체를 보지 못하는 것은 환상이 된다. 현실이 아니다. 내 안에 선과 악이 함께 있는 모습을 보는 것은 현실에 직면하는 것이다. 그러나 부분만 있다고 생각하는 것이 환상이다. 선과 악이 내 안에 모두 함께 있다. 선과 악의 부분에 치우치다 보면 선은 내 것이고 악은 다른 곳에 있다고 생각한다. 선과 악이라는 이원적인 구조는 어디에도 있다.

이집트가 있고, 거기에 사단을 상징하는 바로왕이 있고, 하나님의 백성과 나라를 상징하는 이스라엘과 모세가 있다. 천국과 지옥이 있고, 선과 악이 있고, 천사와 사단이 있다. 하나님 나라를 지지하는 세력과 하나님 나라를 반대하는 세력이 있다. 하나님도 천지를 창조하실 때 첫째 날에 빛과 어둠을 나누셨다.

인생도 이런 구조로 이야기하지 않으면 재미가 없다. 드라마 자체도 항상 선악의 구조로 나타난다. 악한 사람은 더 악하게 해야 되고, 선한 사람은 더없이 선해야 한다. 악한 사람은 악에 물들 수 있는 환경에서도 변하지 않는 선에 더 시기심의 자극을 받아 악하게 된다. 우리는 항상 편 가르기를 해야 흥미를 느낄 수 있다. 드라마를 보면서 우리는 선한 사람 편에 서게 되고, 우리 자신을 선한 사람과 동일시한다. 선과 악의 구조로 가야 드라마 시청률이 올라간다. 배우 한 사람은 지독한 악역을 해야 한다. 이러한 줄거리에 사람들은 흥분하기 시작한다. 선악의 구조가 극명하게 드러나지 않으면 흥미를 유발할 수 없다. 우리나라는 드라마의 천국이고, 이것이 우리 국민을 편집적으로 만드는 데 일조를 하고 있는 셈이다. 이것은 사실 고도의 속임수다. 모든 사람을 다 율법에 빠지게 한다. 율법이 주장하는 것은 성숙이다. 선하게 사는 것이다. 그래서 은혜를 잊게 된다. 성경에서 말하는 일차적 죄는 하나님에게 등을 돌린 것이다. 하나님과 관계없는 삶이다. 이것이 죄이다. 하나님과 관계가 끊어진 것이 죄이다. 그러나 우리는 끊임없이 윤리적으로 무엇이 선인지, 무엇이 악인지에 관심을 갖는다. 모든 문화가 다 이리로 흘러들어 간다. 하나님의 최종 관심은 선악에 있지 않다. 사도 바울은 이렇게 고백한다.

그러므로 내가 한 법을 깨달았노니 곧 선을 행하기 원하는 나에게 악이 함께 있는 것이로다. 내 속사람으로는 하나님의 법을 즐거워하되 내 지체 속에서 한 다른 법이 내 마음의 법과 싸워 내 지체 속에 있는 죄의 법으로 나를 사로잡는 것을 보는도다. 오호라, 나는 곤고한 사람이로다. 이 사망의 몸에서 누가 나를 건져내랴(롬 7:21—24).

우리가 하나님을 떠났다는 것은 선악과를 따 먹는 불순종을 범한 결과 선과 악을 구분할 줄 아는 상태가 되었다는 것이다. 그래서 우리는 매일 무엇이 선한 것이냐, 무엇이 악한 것이냐에 관심을 갖는다. 율법은 그래서 본성이다. 양심도 율법이다. 양심대로 살려고 하는 것이 본성이다. 이 양심은 은혜를 받아들이지 못하게 한다. 본성이기 때문이다. 그러나 성경은 본성대로 살면(선악을 아는 열매를 먹으면) 반드시 죽으리라고 했다(창 2:17). 인간의 윤리와 도덕이 신앙의 바탕 위에서 작동되지 않을 때 인간은 죄성의 한계를 깨닫지 못하고 그것으로 하나님의 은혜를 거부하는 도구로 삼고 결국 사망의 길로 가게 된다. 무엇이 선이고 악인가를 아는 것으로 우리는 절대 의롭게 될 수가 없다. 사람들은 악한 것이 다 밖에 있다고 생각하지 자기 안에 있다고 생각하지 않는다. 그래서 나를 어느 한쪽으로 몰아넣는 것이 바로 죄의 근원이다. 악을 나에게서 나누어 보는 것이 죄가 될 수 있다는 이야기이다. 선과 악의 대립은 이미 내 안에 있는 것이다. 그래서 선악으로 우리는 성숙할 수 없다는 것을 아는 것, 이것이 인간으로 다시 태어나는 것이다. 선과 악을 알게 되는 순간부터 자신은 선한 편에 서게 되고 상대방은 나쁘게 보게 된다. 주님은 '네 원수가 주리거든 먹이고 목마르거든 마시게 하라. 그리함으로 네가 숯불을 그 머리에 쌓아 놓으리라(롬 12:20)' 고 말씀한다. 우리는 원수가 아닌 사람을 원수로 볼 수 있다. 아군을 적군으로 볼 수 있기 때문에 주는 말씀일 수도 있다. 선과 악에 대한 판단은 거의 오류라고 보아야 한다.

내 안에 있는 악과 싸워서 그 악을 받아들이는 것, 그리고 좌절하는 것, 이것이 신앙이다. 우리는 악과 싸워서 악을 제거할 수 없다. 이겨보아야 조금 덜 악한 세상, 덜 악한 환경과 사람을 만들 뿐이다. 하나님이 원하는 것은 생명을 충만하게 하는 것이다. 하나님의 뜻과 나라가 번성하게 하는 것이다.

구원은 선과 악의 싸움이 아니다. 선악은 성숙의 문제이다. 구원에 성숙이 따라오는 것이지 성숙이 구원을 가져다주는 것은 아니다. 자신 안의 악을 보지 못하고 중간 과정에 대한 포용력이 없는 것은 결국 반문화나 반지성을 추구하는 유아성이다. 그들은 중간 과정을 악으로 규정하며 자신들이 심판하는 하나님의 자리에 스스로 올라서는 교만의 죄를 범한다. 이것이 이단의 가장 주목할 만한 특징이다.

대형 교회지만 이단의 함정에서 벗어나는 공동체는 편집적 자리와 우울적 자리의 목회 철학을 동시에 공유하고 있음을 알 수 있다. 이단의 문제와 각종 분쟁으로 고통을 겪고 있는 교회는 거의가 편집분열적으로 기능하는 목회를 하고 있음을 주지해야 한다. 개척교회의 성도의 성향은 먼저 편집적 자리까지 올리는 것이 급선무인데, 고생하여 이제 겨우 백마고지에 올라가면(100명 정도 되는 순간) 이들이 이단의 위험에 노출된다는 사실이다. 어떤 경우에는 그들의 편집적 심리 구조로 인해 그들이 모두 목사와 교회에 등을 돌리게 되어 그동안의 모든 노고가 무산되게 된다. 개척교회가 자립교회로 성장하기까지는 이러한 함정과 관문을 통과해야 한다.

4)편집에서 우울로

편집분열적인 공동체의 심리적 자리는 기본적으로 방어적이고 독립을 향해 나아가는 것을 두려워한다는 점에서 유아적이다.[112] 문제는 유아에게 성숙을 요구하거나 도의적 책임을 물을 수는 없다는 것이다. 편집분열적 자리에 있는 사람은 자기의 뜻이 곧 하나님의 뜻이 되는 자기애적 전능감에 살고 타자를 공감할 수 있는 능력이 전혀 없다고 할 수 있다. 이들은 아직 전능 환상이나 망상의 자리에 머물러 있는 사람들이다. 이들에게 심판이나 법을 적용한다고 해도 왜 자신이 심판을 받아야 하는지 이해하지 못할 뿐 아니라, 그들은 항상 피해자일 뿐 자신에게는 아무런 책임이 없다고 생각한다.[113] 그들은 자신을 통찰할 수 있는 능력을 전혀 갖고 있지 않다.

우울적 자리에 있는 사람은 내 뜻과 하나님의 뜻이 다를 수 있음을 받아들이며 하나님의 뜻이 무엇일까를 고민할 수 있는 사람이다. 때문에 우울적 자리에 도달한 사람이라야 비로소 하나님의 말씀을 듣고 자신에게 주는 말씀으로 받으며 성숙의 자리로 나아갈 수 있다.[114]

성장 구조에서 성숙 구조로의 진입, 또는 성숙 구조에서 성장 구조로의 변환은 편집적 자리와 우울적 자리가 유연하게 교차될 수 있어야 함을 말한다. 공동체 안에는 항상 아직 젖을 먹어야 하는 유아적인 성도들도 있기 때문이다. 성경에도 전능감을 실어주며 구하기만 하면 다 받는다는 젖먹이의 말씀(마 7:7)과 내 뜻을 버리고 하나님의 뜻을 구해야 하는(막 8:34) 우울적 자리의 말씀이 병행되고 있다. 지나친 단순화의 위험에도 불구하고 편집적 자리에서 우울적 자리로의 이행과정을 간단한 기호로 정리해 본다.

편집분열적 자리를 임의 기호로 가정해서 ◐으로 표현한다면 흰 부분은 좋은 감정, 느낌, 경험이 된다. 검은 바탕은 나쁜 감정, 두려움, 버리고 싶은 경험이다. 두 감정은 극명하게 대립된다. 인간은 본능적으로 이 두 가지의 감정 상태가 섞여 회색이 되는 것을 참지 못한다. 좋은 것을 나쁜 것으로부터 보호하고 싶기 때문이다. 이 말은 곧 분열을 유지하고 싶어한다는 의미이다. 문제는 검정이 흰색이 되고 흰색이 검정으로 전치되는 것은 순식간에 일어날 수 있다는 것이다. 때문에 항상 분열에 취약하게 된다. 즉 ◐→◑에서 ◑→◐의 변화는 분열이라는 점에서는 달라진 것은 없다. 이런 심리기제를 가진 사람은 결단력이 있기는 하지만 다른 색깔은 포용하지 못한다. 편집분열적 자리에 어중간한 색깔(거무스레한 것, 회색 등)은 존재하지 않는다. 흰색에 얼룩이 있는 것을 견디지 못한다. 즉 ◑ 성격의 사람들은 ● 이나 ○, 또는 ◑ 외에 다른 성격 구조를 견디지 못한다는 것이다. 즉 흑과 백이 함께 담겨 있는 ▨, ▦, ▤[115])을 견디지 못하는 것이다.

◐의 성격을 가진 성도가 많이 모인 공동체에서의 장점은 강한 추진력이 있고 온 성도가 한마음이 된다는 점이다. 그러나 좋을 때는 모든 관계가 최상을 달릴 수 있지만 한번 틀어지면 그 반대 또한 극에 달하게 된다. ▨, ▦, ▤ 사람들은 편집분열적인 사람들(◐, ◐)이 모인 곳에서 이단아가 되거나 그들과 동화되지 못하고 그 공동체에서 쫓겨 나오게 된다. 더 중요한 것은 이 공동체의 리더가 이 단체를 움직이기 위해서 지도자 스스로가 ◐ 심리기제를 가져야 한다는 것이다. 또한 ◐에 기능하는 설교를 해야 한다. 공동체가 크게 번성할 수 있지만 이런 공동체의 ◐한 심리기제에서 더 이상 변하지 못하고 우울적 자리로 진입하지 못한다. 이들은 이상화하던 리더가 어느 날 조그마한 약점이 보이면 자신의 리더가 자신이 원했던 이상형이 아님에 대해 분노하며 이상화를 거두고 평가 절하한다.

작은 공동체는 ●에서 ○으로 가는 과정, 곧 ●—◐—◑—◔—▨—▦—▤—○과 같은 점진적인 통과 과정을 달성하는 것이다. ◐에서 ○의 도약은 '조적방어'일 수 있어 진정한 회복 충동으로 나오지 못할 위험이 있다. 따라서 중간 과정은 우리 모두에게 필요 불가결한 것이다. 우울적 자리는 좋음과 나쁨을 동시에 담아내는 능력이다. 이것은 어느 한 가지를 선택, 집중하는 것이 아니라 과정을 중요시하는 기독교 현상학적 사고이다.

인간의 마음속에 선과 악이 공존하고 있다는 것을 받아들이는 것이 우울적 자리이다(롬 7:21). 우리 안에는 선과 악의 두 모습이 다 있다. 선악을 극명하게 갈라 버리면 본능적으로 나는 선한 편에 서게 되고 타자는 악하게 된다. ●에서 ○로의 간격을 어떻게 메워 나가야 하는가? 치우침은 보편적인 현상이고 균형을 유지한다는 것은 쉬운 일이 아니다. 제3의 길, 곧 우울적 자리는 외로운 싸움이 된다.

성경 텍스트에 자신을 바꾸는 것은 하루아침에 이루어지는 것이 아니다. 자신의 뜻이 곧 하나님의 뜻이라고 주장하는 자기애적인 편집적 태도는 신앙의 발달 단계에서 필연적일 수 있다. 그러나 그 자리에 고착되어 있는 것이 문제이다. 편집적 자리에서 우울적 자리로 넘어가는 중간 과정은 하나의 놀이터이다. 이 공간에서 우울적 자리와 편집적 자리의 유연한 교차가 존재한다. 이해와 자발성이 없는 믿음은 강력한 것 같지만 한순간 흔들릴 수 있다. 정답만 알기 때문이다. 그러나 그것이 왜 정답인지 확인하는 절차를 겪지 않은 사람은 그 믿음이 피상적일 수 있다. 더 큰 문제는 도덕이 담보되지 않는다는 것이다.

어둠의 밤, 우울적 자리의 항해를 통과한 사람은 더 강력한 믿음을 가질 수 있다. 사도 바울의 '내가 내 몸을 쳐 복종하게 함은 내가 남에게 전파한 후에 자신이 도리어 버림을 당할까 두려워함이로다(고전 9:27)'라는 고백은 더 조심스럽게 자신을 살피고자 함이요, 우울적 자리를 말하는 것이다. 살피면서 가겠다는 '우울적 자리'의 마음, 부정신학의 기능은 건강한 교회의 필수 조건이다. '우울적 자리 영성'은 교회의 갈등과 분열, 그리고 성적인 문제 등 모든 윤리적 문제를 승화시킬 수 있는 좋은 기제가 된다.

5. 공격에서 살아남기

인간은 공격성을 밖으로 투사하여 적을 만들고 내적인 안정을 찾든지(과거의 남북 관계처럼) 아니면 공격성을 자신에게 돌려 자신을 공격하면서 우울한 인생을 살아야 하는 선택의 기로에 있을 수 있다. 이것은 무엇이든 남의 탓으로 돌리는 공격적이고 나쁜 사람이 될지, 아니면 타자에게 좋은 사람으로 비추어지고 자신이 우울해야 할지에 대한 갈등을 말한다. 공격적으로 다가가면 다른 사람을 아프게 하고 도망가면, 혼자서 고립되어야 하는 슬픈 실존이 바로 인간의 모습이다. 이 역설에서 벗어나기 위해서는 수많은 공격성이 시도되고 경험되면서 그 타협점을 찾아야 하는 것이다. 도망가지 않으면서도 좋은 관계를 유지할 수 있는 그 지점을 찾아야 한다. 이렇게 되기 위해서는 역설적으로 공격성을 사용해야 하고 실험해 보아야 한다.

아이들은 놀이 중에 공격을 시도할 수 있다. 남자아이가 여자아이에게 눈을 뭉쳐서 던졌고, 얼굴에 정통으로 맞았다. 여자아이가 울면서 놀이는 자연스럽게 중단되고 아이들이 몰려와서 달랜다. 남자아이가 미안해하지만 맞은 아이는 분이 풀리지 않는 모습이다. 여자아이가 눈을 뭉쳐서 자신을 공격했던 남아에게 보복한다. 남자아이도 이것을 당연히 받아들인다. 남자아이는 여아에게 '이제 괜찮아?' 하는 사과의 눈길을 보낸다. 그리고 아이들은 자연스럽게 다시 놀이를 시작한다. 이것이 어린아이들의 세계다. 그러나 어른들은 대체적으로 집으로 가버리고 숨어버린다. 그리고 '네가 나를 쳤어? 교회가 여기밖에 없어?' 라고 한다. 이것이 개척교회의 가장 어려운 문제다.

인간이 인간을 공격하는 방법과 무기는 다양하다. 우리는 무기 없이도 사람들을 공격할 수 있다. 말과 글로 엄청난 공격을 퍼부을 수 있고 사람을 죽일 수도 있다. 사람들이 세상을 보는 눈은 아주 단순화되어 있어 시선만으로도 가공할 만한 폭력을 휘두를 수 있다. 힘있는 놈, 힘없는 놈, 돈 있는 사람, 돈 없는 사람, 별볼일있는 사람과 별볼일없는 사람 등, 세상이 사람을 보는 눈이 복잡하지 않다. 이에 대한 그들의 믿음이 너무나 강해 그들의 시선은 공격적이고 강렬할 수밖에 없다.

어쩌면 우리 인간은 공격성을 표출할 수 있는 출구가 있어야 살아갈 수 있을 지도 모른다. 그래서 왕따도 만들어낸다. 이웃 간의 아주 사소한 말다툼이 칼부림으로 번질 수 있는 것은 평소 공격성의 출구가 막혀 있었기 때문이다. 축구와 같은 격렬한 운동은 합법적으로 공격성을 표출하는 것이다.

그렇다면 이런 공격이 어디서 가장 많이 일어나는가? 가정이다. 가정과 가족이 중요한 것은 공격성을 시험해 보고 사용할 수 있기 때문이다. 가정은 서로서로 미워하고 말다툼하고 짜증내는 곳이다. 아이들 방이 엉망으로 어지럽혀져 있는 것도 공격의 표현이다. '나 힘들어! 나 스트레스가 이만저만이 아니야'라는 표현일 수 있다. 부인이 힘들 때 남편에게 바가지 긁을 수 있고 남편이 힘들 때 부인에게 짜증낼 수 있는 곳이 가정이다. 그래도 가정은 파산하지 않는다. 그 이유는 자녀가 있기 때문이다. 가정이 세팅되려면 자녀가 있어야 한다. 신혼 초에는 서로 조심한다. 자식이 없어 수월하게 헤어질 수 있기 때문이다. 그러나 자식을 낳으면 싸우기 시작한다. 자녀 때문에 세팅이 든든해져, 숨어 있던 공격성이 나오기 시작하는 것이다. 든든한 세팅은 공격성을 담아낸다. 만약에 가정에서 공격성이 전혀 표출되지 않는다면 냉각 상태거나 별거 중인 경우이다. 이제 곧 헤어질 것이기에 쓸데없이 에너지를 낭비하지 않는다. 공격이 없는 가정은 가정이 아니다.

우리가 늘 가족에 대한 향수를 갖는 이유는 몸으로 부딪치고, 혼나서, 울고, 잘못한 것이 없는데도 억울하게 야단맞은 기억들 때문이다. 다른 식구가 잘못했는데 그 죄를 뒤집어쓰고 벌을 받기도 한다. 정당한 것을 요구했음에도 돌아온 것은 부조리였다. 그래서 어른이 되어선 웬만한 공격에는 끄떡하지 않을 수 강인함을 얻었다. 받아주는 사람이 있어서 가정이고, 싸워주고 맞서주는 사람이 있어서 가족이다. 가정에서는 반응(Response)만 있는 것이 아니라 반동(Reaction)도 있다. '야, 나도 힘들어! 왜 그래?' 라고 맞받아친다. 아이는 신경질적으로 문을 닫고 걸어 잠근다. 그래도 그 가정은 파산하지 않는다. 다시 밥숟갈 들고 함께 식사한다. 외식도 한다. 이것이 가정이다. 반응만 해주는 곳은 가정이 아니다. 제대로 된 공동체에는 공격도 있다.

교회도 이렇게 되어야 한다. 그러나 늘 공격을 두려워하고 적당히 거리를 두는 모습이 교회의 모습일 수 있다. 누군가에게 공격받을 것을 두려워하기 때문이다. 특별히 개척교회를 찾는 성도들이 그렇다. 이들과 가족처럼 지내며 정서적 교감을 할 수 있을까? 이것이 개척교회의 관건이다.

무더운 여름에 더위로 인해 짜증나면 공격적이 될 수 있다. 열대야로 깊은 잠을 자지 못하면 생활의 리듬이 깨지고, 그 결과 공격이 나올 수 있다. 원하는 것이 좌절되어도 분노가 나올 수 있다. 또 공격성은 타고난 요소일 수도 있다. 그러나 공격성을 생명의 힘으로도 볼 수 있다. '나 살아 있다' 라는 표현이다. 이 때문에 사랑의 표현을 공격으로 표현한다. 어른들은 예쁜 아이를 보면 깨물고 싶어 한다. 이 공격성은 사랑의 표현이다. 태아는 이미 자궁

안에서 이유 없이 엄마의 자궁을 공격한다.[116] 이것은 강력한 생명의 힘이다. 아이가 엄마젖을 깨물 때 피도 날 수 있다. 이 상황을 보복하지 않는 것이 살아남는 것이다. 인간은 이처럼 사랑의 표현을 공격으로 한다. 그런데 아이가 엄마 젖을 깨물 때 과도하게 아이를 밀쳐 내거나 반사적으로 공격한다면 아이의 공격성은 안으로 들어가게 될 것이다. 항상 조심스러워하고 수동적이고 적극적이지 못한 삶을 살게 된다. 이런 아이는 세상이 두려워 앞으로 나아가지 못한다. 공격성이 억압되어 있기 때문이다. 적절한 공격성이 사용될 수 있는 곳이 가정이다.

개척교회가 이런 가족과 같은 관계를 만들어내지 못한다면 항해를 시작할 수 없다(규모가 있는 교회는 이미 가족 공동체를 넘어선다). 가정은 내, 외부의 어떤 공격에도 쓰러지지 않고 일어서려고 하는 자생력과 결속력이 있다. 교회가 이렇게 되어야만 미션을 수행할 수 있다. 그리고 이런 강인한 자들이 있을 때 목사는 성도를 야단칠 수 있다. 또한 성도들 역시 리더에게 불만을 표현할 수 있다. 목사가 성도 눈치 보고, 성도는 목사 눈치 보는 관계에서는 건강한 공동체가 만들어질 수 없게 된다.

목회는 관계의 문제가 선행되어야 하고, 이 관계는 끊임없이 공격에 의해서 시험되고 깊어진다. 따라서 목회는 먼저 성도들의 공격을 버텨주는 것으로부터 시작될 수 있음에 유의해야 한다.

우리와 12년을 함께한 현재 대학생인 청년이 있다. 초등학교 당시 모 기관에서 테스트한 이 아이는 학습능력은 거의 자폐 수준으로 나왔다. 단어와 문장을 전혀 연결할 수 없는 상태였다. 예배 때는 괴성을 지르고 다녔고 깨먹은 유리창 가격도 만만치 않았다. 아이가 유리창을 깨면 60%는 우리가 내고 40%는 아르바이트를 해서 내게 하거나 또는 세뱃 돈을 벌 때까지라도 기다려 어떻게 해서든 갚게 하며 맞서 싸웠다. 대리 부모의 역할을 한 것이다. 물론 친부모도 자녀를 우리에게 거의 맡긴 상태다. 이 청년이 이제는 성경을 묵상하고 교회에서 찬양을 인도하고 있다.

큰 교회에서의 공격은 그 틀이 확고하기에 시험되기 어렵다. 개척교회 목회자는 얻어맞고(심리적, 물리적으로, 그리고 여러 가지 형태로 변형된 공격), 비틀거리고, 신음하며 버티어내야 한다. 성도는 버티어주는 목사를 통해서 죄책감을 받기도 하고 아파하는 목사를 보고 공격의 강도를 조절하기도 한다. 그러나 목사가 성도의 공격에 무너지면(이때 무너짐이란 무관심, 혈기, 설교를 통한 보복 등이 있다. 교회의 모든 분열은 거의 여기에서 시작된다고 볼 수 있다) 성도는 죄책감에 시달리고, 공격성에 대한 성도의 실험은 안으로 들어가고 피상적인 신앙생활에 머물다 교회를 떠나게 된다. 목사가 성도에게 공격을 받을 때 일부는 담아내어 소화한 뒤에 돌려주고 일부는 되돌려 줄 수 있다면 공격에 살아남는 목사가 될 수 있다. 그러나 성도의 공격을 억지로 견디어낸다면 공격하는 성도는 자신의 공격성의 한계를 알기 위하여, 또는 성직자가 얼마나 버티어낼 수 있는가를 시험하기 위하여 더 심한 공격을 하게 되고, 결국 목사는 견딜 수 없어 격노하게 되며 성도에게 더 큰 실망을 안겨주게 된다. 혹은 성도의 공격에 덧붙여 보복하게 된다면 목사는 무너진 울타리가 되고 이상화는 깨어지게 된다.

성도들이 목사를 공격하는 방법은 대체적으로 수동적이다. 예배에 빠지기, 주기적으로 한두 주씩 건너뛰어 출석하기, 예배 시간에 지각하기, 설교 시간에 졸기 등, 지도자를 견딜 수 없게 만드는 수많은 현상이 있다(물론 무의식적으로 일어난다). 여기서 부정적인 전이가 발생하고 목사는 교조적이 되어 참지 못하고 공격하게 된다. 이때 성도는 목사의 공격이 과도하다고 생각한다. 목회자는 언제든지 성도의 과거 대상(부모)을 그대로 재현하게 될 뿐 아니라[117] 성도와 부정적인 전이에 빠져들 수 있다. 그들은 공격한 다음, 반응을 기다린다. 이때 목회자는 무관심해도 안 되고 심하게 보복해도 안 된다. 그러나 성도에 따라 관여의 정도는 달라야 한다. 목사가 어떻게 대처하느냐에 따라 성도의 공격에 버티고 살아남을지, 아니면 무너지고 살아남지 못할지가 결정된다. 민감하게 반응해도 살아남지 못할 것이요, 둔해도 살아남지 못한다. 어떤 사람에게는 민감하게 반응해 주어야 살아 있는 것이고, 어떤 사람은 둔감하게 해주어야 든든함을 느낀다. 목사가 살아남았느냐 넘어진 것이냐의 판단은 성도들에게 달렸다. 이 감각을 익히는 것이 목사의 몫이다. 성도의 공격에 무조건 의연한 척하는 것도 위선이 된다. 성도들의 무의식은 이것을 읽어낸다. 때문에 아파하면서도 보복하지 않고 무너지지 않는 이 기묘한 우울의 상태를 잘 견디어내야 하는 것이 개척교회의 목회자들이 할 일이다. 수없이 일어나는 성도들의 공격에 목사가 힘들어하며 견디지 못할 때 성도들은 죄책감의 무게를 이기지 못하고 교회를 떠나게 된다.

함께 6년 정도 신앙생활을 하면서 많이 힘들게 했던 한 고등부학생(지금은 대학생이 되었다)의 편지118)를 소개한다. 이 학생의 주된습관은 잠수를 타는 것이고, 증상은 악성 우울증이다. 다양한 방법으로 교회와 사모, 그리고 목사를 대상으로 공격성을 시험했고, 이러한 공격성을 담아냈을 때 그녀에게 많은 변화가 일어났음을 알게 해주는 글이다.

to 둘째엄마께

안녕하세요, 사모! 사모님에게 처음으로 쓰는 거 같아 ㅋㄷ

요즘 날씨가 덥다 춥다 그러구~

또 돼지독감인가 뭔가 그거 걸리지 말구! ㅋㄷ 아프지 말구!

오늘 효 행사? 그거 해서 편지를 썼어~♪ ㅋㄷ

나 사모한테 할 말 무진장 많거덩! 잘 읽으라구~

사모! 정말 정말 고마워요~ 음, 엄청 부족한 난데,

내 공격을 다 받아주고…….

그렇게 잘난 거 없는 날 이만큼 잘 크게 해주어서

정말 정말 고마워~

그러구 또 나 힘들 때마다 있어 주고, 조언해 주고… 정말 고마워.

처음에는 이 말을 나한테 왜 하는지,

왜 꼭 나한테만 그러는지 짜증도 많이 났는데,

지금은 아니라는 걸 알았어. 정말 고마워.

사모는 내가 아니더라도 다른 아이들한테 더 잘해줄 수도 있었을

텐데, 날 선택해 주어서 고맙고, 내가 하지 못했던 거 많이 하게

해주어서 고마워!

나 성적은 잘 오르지 못했지만,

그래도 더 많은 걸 배웠던 거 같아.

많이 내성적이었던 나를 바꾸어주었고,

배려하는 마음을 알려 주었고,

같이 놀고, 자고, 그러면서 또 다른 나를 만들어준 것도

다 고마워요.

지금 많이 힘드실 텐데…….

나한테 너의 둘째엄마가 되어 준다고 하셨을 때 정말 고마웠어.

나 지금은 잘하는 거 하나 없고 반말 찍찍 하면서

사모 놀리지만,

나 정말 사모 사랑하는 거 알지?

나 진짜 나중에 큰사람 되어서 내가 받은 거 다 갚을 테니깐

꼭! 기다리구! 나 잘되는 거 찬찬히 다 봐야 돼!

나 이제 진짜로 잘할 테니깐! 걱정 말고! 나 꼭 나올 거야!

날 믿고 기다려 주는 사모를 생각하면서! 그러니!

날 믿으라구!^^

처음으로 쓴 둘째엄마에게 보내는 편지!

날 낳지는 않았지만

내가 좋은 방향으로 클 수 있도록 해준 둘째엄마!

나 나중에도 꼭 편지 써줄게!

이 편지, 내 진심인 거 알지? ㅋ

건강하게 지내고!^^ 웃으며 살자구! ㅋㄷㅋㄷ

2009년 5월 1일

6. 통제받지 못하는 무능에서 통제받을 수 있는 능력으로

통제받는 것이 무능함일 수 있지만 상황에 따라 통제받지 못함
이 무능함이 될 수 있다. 통제받을 수 있는 능력이 없는 사람들은

항상 한계와 법을 넘어서려 하고, 의도적으로 금기시하는 것만 골라서 하게 된다. 통제받을 수 있는 사람은 가정과 학교, 사회, 그리고 교회에서 정한 법들이 전혀 문제가 되지 않으며, 그들은 그런 한계 안에서도 창조적인 삶을 영위한다.119) 이런 점에서 통제받는 것은 능력이 될 수 있다.

개척교회 공동체 속에는 성도들이 목회자를 통제하고 길들이려는 일이 발생한다. 성도가 한두 주 정도 예배에 나오지 않을 때 전화를 하거나 또는 다른 지체들을 통해서 안부를 묻게 된다. 이렇게 교역자가 성도에게 관심을 갖는 것을 사랑으로 받아들이는 분들도 있지만 오히려 부정적 전이를 일으켜 관계를 더욱 악화시킬 수도 있다. 어떤 성도의 경우 연락을 하면 보란 듯이 그 보복으로 3주, 4주를 더 빠진다. 그리고 성도나 부교역자를 통해서 '아니, 몇 주 빠졌다고 그새를 못 참고 이렇게 연락할 수 있어요?' 라고 반발을 전해온다. 이 말은 '저를 통제하지 마세요!' 라는 의미이다. 이런 일이 수없이 반복되면서 목사는 길들여진다. 교묘한 형태의 무의식적 공격이다.

큰 교회에서 이러한 행위는 전혀 목회자에게 전이되지 못한다. 목회자가 이런 성도들과 거의 관계하지 않기에 그들이 나가고 들어가는 것이 보이지 않을 뿐만 아니라 전이 자체가 발생하지 않는다. 그러나 개척교회 목회자들이 이런 성도들에게 부정적 전이를 받게 되고, '그 따위로 신앙생활을 하려면 집어치워!' 라는 반사적 공격이 나가게 되고, 결국 성도와 멀어지게 된다. 이런 성도들을 성공적으로 섬기기 위해서 목회자는 마냥 초연할 수도 없는 상황에 직면하게 되고, 이때 목사는 정서적으로 충분히 힘들어하며 기다려야 하고 성도에게 길들여져야 한다.

중요한 것은 먼저 왜 이런 성도들은 이런 방법으로만 신앙생활을 하는가에 대한 이해이다. 대체적으로 이런 성도들은 통제받았던 상처의 경험이 있는 사람들이다. 과거에 통제받았던 경험을 전치시켜서 자신이 통제하는 사람(부모)이 되고, 목사는 과거의 자신이 되어 역할 바꾸기를 한다. 이런 성도들은 오히려 목회자를 통제하면서 자기의 자존감을 찾으려 하기에 큰 공동체에 나가지 못한다. 큰 공동체의 견고한 틀이 자신을 통제할 것을 두려하기 때문이다. 그러나 이런 성도들의 작은 교회 출석은 개척교회의 기회가 될 수 있다. 이런 성도들을 목사가 통제할 방법은 없다. 복음이나 말씀으로 다가가기 전에, 또는 가르치거나 징계하기 전에 성도의 아픔을 헤아리고 공감해 주는 것이 중요하다. 야단치거나 반대로 무관심한 것은 성도를 도망가게 하며 복음의 기회를 잃게 한다. 이런 성도들은 통제받을 수 없는 무능을 가지고 있다. 이들은 목사에게 통제받을 수 없는 무능을 전치시키고 목사는 조급증을 전이받아 이들을 통제하려 한다. 그리고 목사는 이들 성도의 과거 대상의 어떤 역할을 재연하게 된다. 이때, 목회자는 성도에게 어느 정도 통제받으며 속아주는 지혜가 필요하다. 오랜 시간을 두고 기다려 주어야 하고, 그들에 대한 관심을 결코 끊지 않으면서 그들에게 통제받아야 한다. 그리고 함께 아파하면서 기다려 줘야 한다. 결국 서서히 성도는 자신의 상실을 채운 후에 돌아오게 된다.

제4장 작지만 위대한 교회

작은 울타리 큰 공간

1. 큰 그룹과 작은 그룹의 상호 소통

1) 왜 큰 교회가 필요한가?

요즘은 주거 문화 환경이 많이 바뀌었다. 건축 자재도 달라지고 주택을 짓는 공법도 다양해졌다. 주택의 내장재도 고급화되고 인테리어 감각 역시 많이 바뀌었다. 고급 자동차를 타다가 소형차로 바꿔 타는 것이 쉽지 않듯이 고급 인테리어로 장식된 주택에 살았던 사람들의 세련된 감각을 다시 과거의 장소로 돌리는 것은 쉽지 않다. 내가 언제 이런 집에서 살았나 할 정도로 우리의 몸과 마음은 간사하다. 집은 모든 방어기제를 풀고(넥타이도 풀고 때로 파자마나 팬티 차림으로도) 쉴 수 있는 공간이다. 집은 엄마의 품과 같이 느껴지는 곳일 수 있다. 이런 점에서 현대인들에게 교회 건물이나 내부 인테리어가 자기가 사는 거주 공간과 비슷하다면 우리의 감각기관은 자신의 집처럼 편안한 분위기에 젖어들 것이다. 반면에 자신의 거주 공간과 많은 차이가 있다면 적응에 어려움을 느낄 수 있다. 우리의 피부와 감각기관은 분위기에 아주 예민하다. 아늑하고 안정된 공간에서는 부드럽고 따뜻한 모성성을 상상할 수 있을 것이다. 자신의 문화적 배경과 다른 분위기에서는 불안함을 느낄 수 있고 나쁘고 불쾌한 기억들과 인물들을 떠올리는 촉매 역할을 할 수 있다. 이때 불안한 대상은 목회자나 가까운 공동체 사람이 될 수 있다.

우리는 크기와 비례 관계에 따라 영향을 받기도 한다. 한눈에 들어오지 않을 정도로 압도적인 크기에서 경외감을 느낄 수 있지만 한눈에 모든 배경이 쉽게 들어올 때 신비감은 사라질 수 있다.120) 이런 점에서 수많은 군중과 군중 속에서 바라보는 목회자가 멀리 떨어져 있는 모습은 신비감을 자아내게 된다.

우리는 분위기에 따라 지도자를 이상화할 수도 있고 평가절하할 수도 있다. 안정된 공간에서는 지도자의 이상화가 자연스럽고 가까운 지체들과도 쉽게 일체감과 친밀감을 느끼게 된다. 불안한 상황에서는 무의식적으로 불안의 흔적들이 자극된다. 혹 목사의 교조적인 모습이 과거 자신의 권위적인 아버지로 보이기도 하고, 부드럽고 따뜻한 목사의 태도가 우유부단했던 부모의 부정적인 모습으로 떠오르기도 한다. 또 내 옆의 성도가 또 과거에 가졌던 나쁜 관계를 연상

하게 한다면 서로의 관계가 아무런 합당한 이유 없이 적대감을 유발하는 관계로 발전할 수 있다. 이렇게 무의식으로 잘못된 환상들이 강렬하게 일어나는 곳이 작은 공동체의 특성이다. 이러한 감정들이 서로 얽히고설키면 작은 공동체 리더는 성도들의 정서를 다루게 되면서 정감집단으로 전락하고 목회는 방향을 잃게 된다.

작은 공동체는 부정적인 부모 상황을 재현하기 쉬운 구조이다. 가정적이고 가족적이기 때문에 원시적인 공격성들이 현저하게 드러난다(교회 공동체는 가정처럼 혈육의 관계가 아니기 때문에 끝까지 싸워 억압된 감정을 풀어낼 수 없게 된다). 목사는 성도들의 과거 부모를 재현하게 되고 지도자에 대한 이상화가 깨지면서 성도는 교회를 떠나야 하는 충분한 이유를 만나게 된다. 원시적으로 이상화되었던 목사는 결국 성도가 원하던 그 대상이 아니기에 경멸의 대상이 되고 평가절하된다. 이렇게 공격성이 활성화되는 집단에서는 복음적인 일보다 해결해야 할 정서적인 문제가 많이 드러나게 된다. 사람들 속에 억압되어 있던 부정적인 전이(轉移)가 활성화되면서 여기저기에서 아우성이 터져 나온다. 이때, 목사는 정서적 욕구를 보상하는 역할을 감당하게 되고, 목회의 효율성은 차질을 빚게 된다. 또한 대집단에서는 집단의 공격성을 편집적으로 사단이나 세상에 직접 표출한다. 설사 그 공격성이 공동체 내부로 향할지라도 그 부정적 에너지를 어느 정도 담아낼 수 있다. 작은 공동체는 집단의 응집력이 약하기 때문에 일단 공격성이 작동되면 공동체 전체가 흔들린다. 때문에 부정적 전이를 공동체를 통해서 해소하고 싶어도 계속 통제해야만 한다. 결국 자기에게 몰두하고 자신에게 직면해야 하는 어려움이 있게 되면서 집단의 긴장이 상승하게 된다. 때로 이 긴장이 공격성으로 표출되면 교회는 태풍을 만나게 된다. 상황이 종료된 후에도 자신의 공격성을 버텨주지 못하는 공동체의 모습에 성도는 불안과 죄책감으로 신음하고 결국 교회를 떠나게 된다.

이러한 경험이 계속 반복되면서 교회는 와해되기 시작한다. 성도들은 교회를 떠나면서 '교회는 무조건 큰 곳에 다녀야 해!' 라는 고정관념에 사로잡히게 된다. 그러나 대형 집단에서는 건물과 사람의 수에 압도당하고 저항할 수 없는 강력한 감정에 사로잡히고, 그동안 억제되었던 모든 것을 내어 맡길 수 있는 길이 열리게 된다. 퇴행이 일어나는 것이다. 대형 집단의 익명성과 이에 따르는 무책임은 억압을 느슨하게 만들어준다.[121]

자신 없음, 사는 것이 사는 것 같지 않은 허망함과 늘 해체될 것 같은 불안 속에 사는 현대인들, 생물학적으로는 어른이지만 정신은 아직 어린아이와 같은 성인들, 이들에게 필요한 것은 아직 모성적 돌봄일 수 있다. 대집단의 안정성은 자신의 불안을 달래는 엄마의 품과 같은 역할을 한다. 마음껏 퇴행하고 자기를 직면하지 않고 자신에게 몰두하지 않으면서 쉴 수 있는 공간을 대형 집단은 제공한다. 대규모의 모임은 그 규모 자체가 축제적이고 신비와 감동이 있다. 그곳에 앉아서 예배를 드리면 마치 신성한 엄마의 품에 안겨 있는 느낌이 들 것이다. 이곳에서 성도들은 자신의 정체성 혼돈[122])으로부터 최소한의 보호를 받게 된다.

이렇게 대형 집단은 퇴행이 허락되면서 과거의 상실을 보상받으려 하지만 우리 인간에게 아직도 남아 있는 엄마의 자리, 어머니—이마고(Imago)※가 그들을 끌어당기고 있는 것은 아닌지 점검해야 할 부분이다. 분명한 것은 이들이 아직 성숙의 일, 곧 애도의 과정을 가야 하는데 거부하고 있는 것은 아닌지를 살펴야 한다는 것이다. 그러나 과거의 상실을 보상받아야 하는 성도들에게는 대형 집단의 기능은 여전히 필요할 것이다. 이들에게 십자가의 길을 요구하는 것은 무리이다. 작은 교회는 이 애도의 과정을 너무 급격하게 치러야 하기 때문에 이들에게 적합하지 않다. 이들에게 아직은 큰 공동체가 절대적으로 필요한 것이다. 대집단은 '적'이 바로 그 집단 한가운데 있다는 인식을 피하기 어려운 소집단에서 보다 더 효율적으로 공격성에 대한 고통스러운 인식으로부터 보호받을 수 있다.[123]) 작은 공간은 위협적이고 안전한 울타리로 느껴지지 않는다. 작은 공동체는 이 애도의 과정이 급격하다. 그러나 큰 공동체는 잘만 이용된다면 이 애도의 과정을 서서히 이루어 나갈 수 있는 이점이 있다.

2) 왜 작은 교회에 출석해야 하는가?

대형 집단은 강렬한 응집력이 있다. 분명한 목표와 순수한 동기로 큰 공동체를 만들었지만 일단 대형화되고 나서 그 목표와 동기가 초보적일지라도 응집력은 견고하게 유지될 수 있다.[124] 이 무리의 모임은 겉으로 보기에는 조직된 무리 같지만 아직은 구경꾼으로 숨어 있는 무리가 대부분일 수 있다. 이들은 아직 조직화된 모임이 아니다. 이들은 목표에 의해서가 아니라 정서적 속성에 의해서 움직이는 의존집단이다. 이들은 자신의 이상을 지도자에게 투사하고 자신들의 이상이 지도자를 통해서 이루어질 것이라는 환상을 갖는다.[125] 자신들이 큰 공동체에서 소속감을 갖는 이러저러한 이유를 합리화하지만 자기 안에 숨어 있는 쾌락 추구의 무의식적 동기는 인식하려 하지 않는다. 이들은 집단적인 기류에 쉽게 편승되기 때문에 다른 사람에 의해 통제되고 쉽게 이용될 수 있다. 무엇보다 그들은 스스로 자신의 책임을 망각하고 공동체 지도자에 대한 이상화를 거두려 하지 않는다.

집단주의에서의 모든 관계는 부분 대상관계이다. 부분 대상은 어느 한 부분만을 확대하여 보는 왜곡된 정신 현상으로 집단행동의 궁극적 원천은 이러한 부분 대상관계의 원시적 불안에 기초한다.[126] 전체를 보았을 때 직면해야 할 불안을 감당하지 않으려는 이들은 불안을 견디는 능력이 허약하기 때문에 모든 잘못된 상황을 외면하거나 외부의 탓으로 돌리려는 경향이 강하게 나타난다.

이들에게 자신의 무능이 보이는 것이 아니라 다른 사람의 '능력 없음'과 '작음'이 보인다. 그들은 집단주의에 소속되는 것으로 자신의 결핍을 보상받으려 한다. 이들은 유아처럼 이미지로 생각한다. 이미지는 연상 작용으로 또 다른 이미지를 불러일으킨다. 그러나 그 이미지가 현실과 일치하는가를 결코 이성으로 검증하지 않는다.[127] 또한 이들은 진실에 목말라하지 않는다. 집단은 환상을 요구하고, 환상 없이는 견디지 못한다. 그들은 현실적인 것보다 비현실적인 것에 우선권을 갖고 허위에도 강한 영향을 받는다.[128] 이들은 자아를 비판할 수 있는 능력이 허약하다. 큰 공동체는 이런 유아적인 사람들이 반드시 섞여 있기 때문에 지도자는 이들의 유혹을 받을 수 있고, 이들을 통제하고 싶은 압박과 욕구를 전이 받게 되면서 통제를 원하는 성도들과 지도자는 공모하게 된다.

이들은 정체성의 혼돈을 겪는 자들이기에[129] 대중적이고 진부한 것으로 보이는 것에 목숨을 걸고 조금이라도 누구에게서 다른 색깔이 나오거나 좀 더 독립적인 생각을 하는 사람들에게 거부감을 드러낸다. 그 이유는 그들의 목소리가 자신의 정체감에 직면하라는 경고처럼 들리기 때문이다. 이들은 자신의 문제를 도피하는 수단으로, 그리고 자신의 무기력에 직면하지 않는 방법으로 집단을 이용한다.

이런 의존 집단의 성도들은 항상 지도자는 전능하지만 자신은 무능력하다고 느낀다. 지도자에 대한 그들의 이상화는 자신의 무능함을 지도자를 통해서 충족하려 하지만 이것이 점진적인 자신의 노력을 통해서가 아니어서 그 간격을 병리적인 이상화를 통해서 감추려고 한다.130) 이러한 이상화의 밑바닥에는 사실 지도자를 시기하고 파괴하려는 공격성과 불안이 숨어 있다고 본다.131) 이 때문에 이들에게는 신비한 능력과 마성, 그리고 카리스마가 있는 아버지가 필요하다. 나를 보호해 줄 수 있을 것 같은 강한 아버지상이 필요한 것이다.

에밀 뒤르켐(E. Durkheim)이라는 사회학자는 자신의 명저 『종교 생활의 원초적 형태』에서 집단에 관한 놀라운 내용을 보고하고 있다. 그는 이 저술에서 여러 장에 걸쳐 토템의 종교 의식을 관찰한다. 원시인들이 울긋불긋한 옷을 입고 여러 가지 상징물로 몸을 장식하고 노래하고 춤도 춘다. 이때 이들이 사용하는 상징물도 집단적으로 사용하고 집단으로 모여서 노래하고 춤추며 종교 의식을 행하는데, 여기에서 집단 감정이 생긴다는 것이다. 이 집단 감정은 이들을 하나로 묶어주면서 집단 흥분을 만들어낸다. 단 똑같은 옷을 입고 똑같은 의식을 행할 때 그러한 현상이 일어난다. 노래든 춤이든 어떤 상징물을 몸에, 그리고 다수가 집단적으로 한꺼번에 똑같은 것을 반복하면 집단 감정에 빠지게 된다. 이순간 사람들은 자기의 생각이나 의식이 없어지고 집단 표현과 감흥만 남게 된다.132)

특정 시위 현장에서 다 같이 촛불을 들고 행진하면 자기는 없어지고 집단 감흥에 빠져들게 된다. 감정에 휘어잡힌 이들의 이성은 마비되어 버린다. 독일의 지나친 관념주의의 그림자인 감성은 결국 히틀러의 선동에 휘둘렸고, 이러한 집단의식은 상상치 못할 광적 살인을 행하기도 했다. 집단주의에서는 참된 영성을 분별하는 것이 쉬운 일이 아니다. 집단 감흥은 끓는 물과 같이 쉽게 조적으로 올라갔다가 쉽게 울적으로 내려간다. 감정의 영향을 받은 결단은 쉽게 변한다. 진정한 영성은 지, 정, 의가 통합이 되어 나타나야 하고, 그 중심에는 말씀이 있어야 한다. 영성이 있는 곳에 말씀이 있고 말씀이 있는 곳에 영성이 있다.

대집단은 이러한 문제를 해결하기 위해 작은 공동체 모임을 활성화하려고 노력한다. 그러나 이들이 한 번 맛본 원형(Archetype)※체험(대집단을 통해서 느끼는 신비한 체험들) 때문에 정상적이고 현실적인 대화는 늘 시시하게 느껴지게 된다. 좀 더 친밀한 소그룹이 형성된다 할지라도 대집단의 '지도자에 대한 이상화와 원형체험의 바탕 위에' 조직되어 있기 때문에 겨우 명맥만 유지할 뿐이다. 이들은 신성의 체험이 아니고는 정상적인 삶이나 작은 일에서는 신의 현존을 느끼지 못한다. 뿐만 아니라 자기 자신이 얼마나 가치 있는 자인가를 확신하지 못하고 집단주의에 휘둘리며 집단 속에서, 그리고 많은 사람이 이상화하는 그 지도자에게서 겨우 자기 정체성을 유지하려 한다. 그들은 결국 삼켜지고 자기의 삶을 살지 못하게 된다.

독립을 향해 새로운 발걸음을 내디딘다는 것은 분명 모험이다. 그러나 계속 젖먹이 상태에 머물 수는 없다. 분화하라는 자아의 욕구를 받아들여야 한다. 편안한 엄마의 품과 같은 체험, 곧 집단의식은 충분한 보호와 힘을 공급하지만 역설적으로 그들을 집어삼키는 힘으로 작용하기도 한다. 이것은 몸을 마비시키는 독처럼 실행력과 진취욕에 영향을 미친다. 스위스의 심층심리학자인 융(C. G. Jung)은 이것을 독사에게 물리는 것과 비견한다. 그는 이것의 실상을 의식과 다른 성향을 가진 무의식이 의식의 전진력을 방해하는 것으로 본다.133) 성장을 위해서는 집단과의 관계에 유연성이 있어야 한다. 집단에서 완벽하게 분리될 수 있는 사람은 현실적으로 불가능하다. 집단에서의 강한 분리는 오히려 더 강한 그림자가 되어 더 집단을 그리워하게 되고 더 위험스럽게 다가올 수도 있다. 집단은 잔인한 탐욕의 어머니이기 때문이며 집단을 극단적으로 외면하는 자를 또 다른 형태로 삼켜 버리려 하기 때문이다.134)

의식은 항상 집단의식으로부터의 분리를 요구하지만 어머니에게 향하는 아이의 그리움이 저항의 형태를 띠며 대립하는 현상은 항상 병존하게 된다.135) 집단의식과 성도의 관계는 아들을 놓아주지 않으려는 어머니, 곧 병적인 애정으로 어른이 다 된 나이까지 아들을 쫓아다니는 어머니—이마고와 아이의 관계와 유비될 수 있다.136)

부모를 떠나보낸 사람들 마음속에는 성인이 되어서도 항상 엄마의 자리가 남아 있지 않은가? 이 때문에 대형 집단은 자아가 신비의 분유의 상태에서 벗어나라는 요구를 거부하고 지속적으로 모성성의 영향만 고집하게 하는 좋은 도피처가 될 수 있다. 그러나 엄마의 품은 앞으로 나아가지 못하게 하고 삶을 몽롱하게 한다. 이러한 원형적이고 근원적인 체험은 늘 일상을 지루하게 하는 것이 문제이다. 삶의 잔잔한 기쁨을 놓치게 한다. 큰 것, 거대한 것을 구하지만 자기 자신에게서는 아무것도 일어나지 않는다. 모든 것이 막연할 뿐이지 성숙의 관점에서 보면 늘 아기의 수준에 머물러 있어야 한다. 어둠의 항해를 거부하기 때문이다.

한 영혼을 잉태하고 해산하는 일이 얼마나 힘든 일인지를 경험하는 것은 부모에게서 독립하여 새로운 가정을 만들어낼 때이다. 대형 집단에서 충분한 분유를 공급받고 힘을 얻은 다음 다시 어려운 여행을 시작해야 한다. 편안하게 안주하고 싶은 모성성에서 벗어날 때 소명자, 또는 사명자로 태어나게 되는 것이다. 사도 바울은 신비 체험을 수없이 경험한 사람이다.[137] 그러나 그는 그것을 내면화하고 기도할 때마다 그것을 떠올리며 동시에 20년 이상을 순례하며 전도했다. 항상 즉물적으로 큰 집단에서 신비적 체험을 해야만 힘을 얻을 수 있다고 고집한다면 그것은 젖먹이 상태로만 살겠다는 고집과 다름없는 것이다.

작은 집단에는 큰 공동체로 옮겨가서 신비적 체험을 해야 할 사람들이 많이 있지만 역설적으로 이들은 작은 교회에 몰려 있다. 작은 교회에서 신비를 찾기는 힘들다. 역으로 큰 공동체에는 이제 분화되어 단단한 음식을 먹어야 할 사람들이 많이 머물러 있다.

아이가 엄마의 품으로 다시 퇴행하느냐, 아니면 세상으로 돌진하느냐의 갈등을 갖듯이 믿음의 사람들은 큰 교회에 안주하느냐, 아니면 작은 소그룹에서 더 큰 도전을 받아들이느냐 하는 갈등이 있어야 한다. 아이들은 적어도 이 두 사이를 왔다 갔다 하면서 결국은 엄마의 품을 빠져나간다.[138)

큰 교회를 나오라는 이야기가 아니다. 집단주의에서 나오라는 것이다. 무리 속에 숨어 있는 신앙에서 나오라는 이야기이다. 단단한 음식을 먹어야 한다는 이야기이다. 작은 소그룹에서 생명을 낳는 신앙을 감당할 때 비로소 분화는 이루어진다. 큰 교회에서 일하는 소수의 성도를 제외하고는 아무리 단단한 말씀을 주어도 그들은 거부한다. 그들은 항상 부드러운 우유를 원한다. 이것은 공동체가 대형화될 때 일어나기 쉬운 한계 상황이다.

2. 하나님은 왜 소그룹이 필요하신가?

위에서 살펴본 바와 같이 모성적인 것과 부성적인 것은 태고부터 유전적으로 이어받아 오는 것이다. 이것은 우리 모두의 근원적인 상(像)으로 원형적이고 누미노제의 특성을 가지고 있다.[139) 특히 어머니 이마고는 유혹하는 심혼의 배경, 말하자면 근원적인 상들의 세계를 나타낸다.[140) 이러한 원형은 집단적이고 매혹적이며 의식에 대해 유력한 대극으로 나타난다. 때로 이러한 원형은 우리의 운명을 빚어내기도 한다. 융은 이러한 근원적인 상이 자기의 목적을 관철하는 것으로 보고 있다.[141]

집단적이라는 말과 비슷한 말로 '우리'라는 말이 있다. '우리'는 울타리라는 말로 집단적인 의미를 지닌다. 나의 아빠, 나의 어머니가 아니라 우리 아빠, 우리 엄마, 심지어 자기 부인도 우리 집 사람이 된다. 우리라는 말은 긍정적 의미도 있지만 집단 속에 소속되어 있지 않으면 불안을 느끼는 인간의 정서와 연관된 어떤 부정적인 의미도 있는 듯하다.

우리라는 울타리는 분명 이러저러한 이유로 안정감을 갖게 한다. 집단 자체가 모성적이기 때문이다. 따라서 집단주의에서 나온다는 것은 마치 아이가 탯줄(심리적)을 자르고 이 세상에 나오는 것만큼이나 위대한 도전이며 어려운 과제이다. 이런 일차적인 끈으로 가족과 연결되어 있는 동안, 인간은 보호받고 안전하다고 느낀다. 그는 아직도 태아이며 다른 누군가가 그를 책임진다. 그는 자신의 행동에 책임이 없고 스스로 자신을 바라보는 불안을 회피하고 보호와 아늑함과 아동기에 누렸던 확실한 소속에서 오는 만족감을 즐길 수 있다.[142] 그러나 아이가 엄마라는 거대한 품에서 분리되어야 하는 것처럼 우리 인간도 집단주의에서 빠져나오는 것은 위대한 과업이다. 집단은 나를 키워주고 품어주는 곳이기도 하지만, 이것은 또 나를 잡아먹기도 한다. 집단은 원시적이고 고

태적이다. 개인의 사정은 전혀 살피지 않는다.[143] 또한 집단은 충동적이고 변덕스럽고 성급하다. 집단은 무언가를 열정적으로 바라기는 하지만 끈기가 없어 그 열정적인 욕망은 결코 오래 지속되지 않는다. 집단은 전능하다는 의식을 갖고 있고 그들에게 불가능이라는 것은 존재하지 않는다고 믿는다. 집단은 무엇이든지 쉽게 믿으며 영향도 쉽게 받는다. 비판력은 전혀 없고 아무래도 있을 법하지 않은 일도 사실로 믿어버린다.[144]

예수님은 집단의 무리를 긍휼히 여기시고 먹을 것을 공급하고 아픈 곳을 치료하셨지만 그들을 피해 늘 한적한 곳으로 갔다. 무리는 감정에 쉽게 휘둘리고 삶의 본질을 바라는 보는 것을 늘 회피한다. 예수님은 무리에게서 참된 영성이 나올 수 없다고 판단하시는 듯하다. 하나님은 개인에게 관심이 있었다. 사사기에서(7:2) 하나님은 이스라엘이 '집단의 힘'을 빌려 하나님을 거스르고 또 '자신들의 손이 자신을 구원하였다 자긍할까' 염려하셨다. 그래서 몇 가지 시험을 통해서 군사들을 집으로 돌려보낸다. 영적 전투는 수로 하지 않는다는 의미이다. 수가 많으면 영적 잠을 잔다. 적은 수로 싸워야 하나님이 역사했구나, 하나님이 도와주었구나, 하는 것을 알게 된다.

이스라엘 백성이 32,000명이라는 집단 속에 있을 때 겁나는 것이 없었다. 이 무리에 섞여 있으면 어떻게 되겠지 하며 하나님을 신뢰하지 않는다. 32,000명이라는 숫자 속에 있으니까 경계를 늦추게 된다. 하나님은 32,000명을 부담스러워했고 불편해했다.

우리는 통계와 수치에 철저히 길들여져 있다. 그래서 크고 많은 것에 대해 무조건적인 신뢰를 보낸다. 그러나 하나님은 반대로 일하신다. 수로 일하시지 않는다. 한 민족을 세우기 위해 오직 아브라함이라는 한 사람을 불렀다. 거만한 바로왕을 거꾸러뜨리는 데 많은 군대를 동원하지 않았고 하늘 군대를 사용하지 않았다. 오직 모세와 아론만으로 이스라엘을 구원하셨다. 하나님은 훈련받은 한 사람이 필요했다. 삼손 한 사람으로 이스라엘의 많은 군대보다 더 큰일을 해냈다. 주님은 예측치 못한 방법으로 승리하게 해주신다.

그러나 대중은 신앙에 의해서 움직이지 않는다. 집단 감정에 의해서 움직인다. 다수의 대중에게 현실을 직시하게 해주니까 돌아간다. '이건 위험한 전쟁이야! 죽을 수 있어!' 라고 할 때 그들은 돌아갔다. 그 숫자가 22,000명이다. 이제 만 명 남았다. 그런데 하나님은 아직도 많다고 하셨다. 10,000명은 자기 의지가 있는 사람이었다. 그들은 내가 하겠다고 하는 사람이었다. 그러나 하나님에게는 이들도 아니었다. 이 사람들은 나라와 민족과 조국을 위해서 헌신할 수 있는 사람이었다. 그러나 하나님 보시기에 아니었다. 내가 하려고 하는 사람, 내 의지가 투철한 사람은 세상적으로 볼 때 매력있는 사람이다. 능동적인 사람들이다. 그러나 영적 싸움은 철저하게 하나님이 하시는 싸움이다. 하롯샘과 모레산 거리는 약 1km 조금 넘는다. 미디안 사람들이 나귀나 말을 타고 달려 오면 5분도 안 걸리는 거리이다. 언제 미디안이 덮칠 지 알 수 없는 상황이었다. 하나님은 손으로 물을 떠서 적이 오는지 안 오는지 관찰하면서 먹는 자, 영적으로 깨어 있는 자 300명만으로 전쟁을 하시겠다고 했다. 그래서 기드온의 300명 용사이다. 32,000명이 함성을 지르면 분위기가 살아난다. 그런데 300명만 남았다고 생각해 보자. 인간적으로는 기운이 빠지는 광경이다. 300명 가지고 해변의 모래와 같은 군대와 싸우라는 것은 말이 안 된다.

기드온이 300명으로 수십만의 군대와 어떻게 싸우겠는가 하며 두려워할 때 하나님은 말씀하신다. "내가 하겠다." 기드온이 맥이 빠져 있을 때 하나님이 기드온에게 적군 진영을 들어가 보라고 한다. 적진에 들어가 보니 그들의 정신은 이미 썩어 있었고 패배자가 되어 있었다고 말씀한다(10절—14절). 많은 무리의 실상은 들어가서 보면 별것 없다는 것이다. 숫자만 많을 뿐이지 개인적으로 들어가 보면 용사가 아니라는 의미이다. 숫자가 많은 것을 두려워할 필요가 없다는 것이다. 하나님은 정예부대를 뽑을 때 극기 훈련을 한 것도 아니고 낮은 포복을 시킨 것도 아니다. 어떤 특별한 실력을 원하는 것도 아니다. 아주 기본적이고 기초적인 것으로 시험하신다. 물을 마시는 것이었다. 많은 무리의 힘을 믿고 경계를 풀고 대충 핥는 사람을 하나님은 포기하셨다. 그러나 손에 물을 가져와 적이 공격하지 않나 보면서 긴장을 늦추지 않는 사람(혹시나 하고 의심하는 부정의 방법을 사용하는 사람—우리는 이런 사람을 믿음 없는 사람으로 생각할 수 있다)을 사용하셨다. 하나님은 숫자의 많고 적음을 의지하지 않으셨다.

대형 집단은 긴장을 풀게 하고 달콤하여 뼈를 녹게 한다. 넋이 나가게 한다. 말씀이 들리지 않게 한다. 때문에 큰 집단에 구경꾼으로 있는 것이 아니라 소그룹으로 들어가서 용사가 되는 길을 찾아야 한다. 건강한 개인이 모여서 건강한 공동체가 이루어지기 때문이다. 병든 개인이 모이면 병든 공동체가 되는 것은 당연한 것이다. 일류 교향악단의 각 개인 주자는 자신의 리사이틀을 홀로 가질 수 있을 정도로 출중한 연주가이다. 그들이 120~130명 모였다고 생각해 보자. 얼마나 아름다운 음악을 연주할 수 있겠는가?

개인적으로 용사가 되는 훈련은 작은 집단에서 배울 수 있다. 작은 집단은 나를 담아주지 못하고 내가 담아내야 하기 때문이다. 성숙은 작은 그룹에서 일어난다. 하나님은 아브라함을 가족이라는 집단에서 빼내셔서 훈련시켰고, 모세도 그렇게 했다. 나의 상식과 나의 친숙함, 나의 선입견인 수의 많음에 의지하는 습성을 버려야 한다. 하나님이 원하는 것은 내가 성숙하고 내가 훈련되고 내가 용사가 되길 원한다. 건강한 개인과 작은 공동체가 모여 건강한 대형 공동체가 된다. 불건강한 공동체의 '신비한 마성'에 사로잡히지 말아야 한다.

3. 작지만 위대한 교회

살펴본 바와 같이 개척교회가 맡을 수 있는 영혼은 일꾼이 아니라 병든 자들, 힘없는 자들, 상한 갈대들이다. 일꾼과 달리는 말은 개척교회 목사의 분깃이 아니다. 이들이 느끼는 개인적인 아픔을 목회자가 담아내지 못한다면 그것은 이들에게는 더없는 재난이 된다. 개척교회에서는 고통을 통하지 않고 만들어지는 것은 아무것도 없다. 우리의 노모를 보라! 온통 파이고 찌그러지고 구부러져 있지 않은가? 자식들이 다 빨아먹은 것이다. 이런 과정을 거쳐서 우리가 있는 것이다. 목사가 찌그러지고 문드러질 때 성도들은 자라난다. 아는 지인이 '목사가 왜 그렇게 반반해? 기생오라비 같아! 잘 먹어서 그런가? 박 목사는 이 점에 대해서 어떻게 생각해?' 하고 묻는다. 물론 관리를 잘하고 기도를 많이 해서 그렇다고는 했다. 그러나 몸도 자신을 속일 수 있다. 얼굴은 평안하지만 나쁜 것을 어느 한 곳에 몰아넣어서 분리시켜 버린 것일 수도 있다. 몸 안에서 분열이 일어나 고통은 다른 곳에 가지고 있을 수 있다. 목사의 얼굴이 찌그러져 있으면 어떤가? 그것이 목회가 아니던가? 시 하나를 소개한다.

웃기지 마라
바닷물이 쩍 갈라져도
이건 내 새끼다
길거리에 퍼질러 앉아 통곡을 쏟아도 이건 내 새끼다

여자한테 철학이 없다 사상이 없다 떠들지 마라
새끼 하나 피 흘려 내보내
오줌똥 가려 사람구실하기까지 온전히 키워내는 일 말고
세상에 무슨 철학이 있고 별다른 사상이 있겠느냐?

하루에 똥 기저귀 스무 개씩 쏟아질 때도
등허리 휘어가며 보송보송 빨아 말린 것도 내 손이고
배고파 울며 칭얼댈 때
실컷 먹여 푸욱 잠재운 것도 내 젖이다
3킬로그램짜리가 6, 9, 15킬로그램 커다란 돌덩이로 변할 때도
무거운 줄 모르고 처네포대기 질끈 둘러
식은땀으로 이마 적시며 장 보고 밥하고
은행 가고 쓸고 닦은 것도 내 육신이다

수줍던 내 얼굴에 기미　가 끼고
연분홍 처녀 유두가 시커먼 젖꼭지 됐고 자궁은 쇠약해졌으며
날씬하던 내 몸매는 어깨 굵은 억척 아줌마 됐다
오냐 보아라 이 모든 것이 생명을 길러낸 증거다
그래 네 몸뚱이 하나 건사한 너에게 지금 무슨 흔적이 남았느냐?
기골이 장대한 네 잘난 어깨 뒤로
쭈글쭈글 늙고 병든 네 어미의 초라한 육신이 보이지 않느냐?

유기성 시집 『달의 역사』 중 가부장제에게 일부 발췌

　이 시는 물론 남성주의에 항거하는 시이다. 그러나 목회자가
유의하여 음미해 볼 만한 시다. 남성성으로만 목회할 수 있는 시
대는 지났다. 여성성의 목회도 병행되어야 한다. 인간의 뿌리에는
더 원초적인 어머니의 사랑에 대한 갈구가 있다. 현대는 이것을
외면할 수 없는 시대이다. 성도들은 교회에 나올 때 하나님을 만
나러 오지만 동시에 과거의 엄마를 만나러 오는 사람들도 있다.
이들도 담아내야 한다. 담아내기 위해서는 모성성이 필요하다. 많
은 목회자들이 '이건 아닌 것 같다. 이것이 목회인가?' 라고 하소
연 한다. 부성성의 목회만 생각하기 때문이다. 모성성의 목회는
목회의 그 자리가 목회자가 죽어야 하는 장소이다. 그곳을 떠나는
것은 양을 버리는 것이다. 자녀를 버리는 것이다.

대중은 자기 좋은 곳으로 교회를 옮겨 다닐 수 있는 힘이 있다. 그러나 병든 말은 옮겨 다닐 힘도 없다. 달릴 수 있는 말(일꾼)은 개척교회를 찾지 않는다. 그래서 병든 말만 개척교회의 몫이 된다. 그러나 이들은 작은 교회에 기회가 되고 여기에 개척교회의 가능성이 숨어 있다. 개척교회가 실패하는 원인은 경제력, 건물 인프라 구축의 문제가 아니다. 일을 지속하지 못하는 사람, 끈기가 없는 사람, 시험에 드는 사람, 끊임없이 부정적인 역동과 전이를 일으키는 사람, 알코올 중독, 편집증 환자, 우울증 환자, 도벽이 있는 사람들, 그리고 문맹 등의 사람들을 감당할 수 없기 때문이다. 주님은 이들을 사랑하신다(눅 14:21—24).[145] 주님은 상한 갈대도 꺾지 않으셨고 꺼져가는 등불도 끄지 않으셨다(사 42:3).

그들을 안아야 하는 것은 주님의 명령이다. 감당할 수 없기에 포기되어야 하는 성도들이 아니라 감당해야만 하기에 해내야만 한다. 이 부분만은 목사에게 율법이요 정언명령이다. 오직 자원이라고는 몸뚱이 하나밖에 없는 그 목사에게 '혹 저 사람은 나를 담아줄 수 있을지 몰라!' 하는 기대로 그들이 개척교회를 찾을 때, 목회자는 맨몸으로 이러한 성도들의 공격을 받아내야 한다. 이때 비틀거리고 신음하면서도 결코 넘어져서는 안 된다. 이들은 자신의 공격에 넘어졌던 사람들만 만났기에 누군가 버티어 살아남아줄 보호자를 찾는 것이다. 그분이 주님이라는 말은 소용이 없다.

그들은 예수님을 손가락으로 가리키는 그 사람을 보고 그를 통해서 주님을 보려 한다. 버티어줄 때 그들은 죄에서 자유함을 얻게 된다. 그들이 개척교회에서 만들어내는 은유(隱喩)와 환유(換喩)는※ 개척교회의 유일한 희망이다. 이것을 읽어내고 버티어낸다면 개척교회는 아직 가능한 것이다.

이들은 끊임없이 문제를 일으킨다. 그러나 그 문제가 무엇인지 해석할 수 있다면 그들을 담아낼 수 있다. 개척교회가 실패하는 이유는 사랑만 해야 할 사람에게 말씀을 넣으려고 하고 복음을 제시하거나 프로그램을 적용하려 하는 것이다. 필자는 이 사실을 깨닫는 데 10년이 넘는 세월이 걸렸다. 이 사실을 미리 알았다면 많은 시행착오를 줄일 수 있었을 것이다. 이런 기초가 없이 다른 프로그램은 결단코 작동되지 않는다.

원시적이고 기초적인 세팅은 오직 사랑 하나로만 해결될 수 있다. 아무리 험악한 사람을 만나더라도 그 영혼을 버리지 않고 사랑할 수만 있다면 개척교회는 자립이 가능하다. 성장 프로그램과 제자 교육, 그리고 여러 가지 좋은 프로그램을 적용하기 전에 이러한 기초 작업, 곧 인간을 이해하고 그들을 품고 담아내고 사랑하는 법을 배워야 한다. 개척교회, 아직 충분히 가능하다.

|후기|

인간은 영아기에 경험한 사건들을 거의 기억하지 못한다. 그 이유는 과거의 기억이 너무 끔찍해서일 수도 있고 아니면 너무도 완벽한 충족의 경험 때문일 수도 있다. 아픈 기억은 아파서 외상(Trauma)이고 좋았던 경험은 다시 돌아갈 수 없어 외상이다. 돌아갈 수 없을 바에야 차라리 잊어버리는 것이 나을 것이다. 젖이 모자랐던 기억, 힘이 없어 아무것도 할 수 없었던 그 시절, 충분히 돌봄을 받지 못한 그 기억들은 더 더욱 생각하고 싶지 않을 것이다. 그것들은 운명적으로 '억압' 되어야 했기에 아직도 흔적으로 남아 있어 성인들에게 자기도 모르게 유아기의 충족된 또는 결핍된 행위를 반복하게 한다.

이 때문에 모든 인간에게는, 심지어 좋은 경험을 가진 자들까지도 앞으로 나아가고자 하는 욕구와 다시 한 번 되돌아가고 싶은 에덴의 기억, 또는 그 반대로 충족되지 못한 결핍을 죽기 전에 채워야 되겠다는 양가성의 욕구를 가지게 된다. 상황에 따라서 나가려는 욕구가 우세해질 수도 있고, 퇴행하려는 욕구가 우세해질 수도 있다. 살기 위해서 현실에 적응하며 성숙해야 하는 욕구가 있지만 스트레스가 과도하면 차라리 퇴행하여 죽음을 넘보게 될 것이다.

성경은 앞으로 나아가라! 받기보다 주고, 사랑받기보다 사랑하며, 위로받기보다 위로를 택하는 것이 더 전략적이고 행복할 수 있다고 말씀한다. 이제 엄마가 만져주고 달래주던 그 사랑에서 벗어나서 내가 보호자가 되어야 하고 내 발로 앞으로 나아가야 한다는 것이다. 계속 주저앉아 사랑을 구걸할 수만은 없다는 것이다. 모성성은 끊임없이 우리를 퇴행시키고 잡아당기고 부성성은 앞으로 나아갈 것을 종용한다.

유대교에 그 기원을 가지고 있는 기독교가 그 모진 핍박에도 불구하고 아직까지 영향력을 갖는 이유는 다른 우상의 종교와 달리 기독교가 갖는 감각적 지각을 추상적 관념으로 변형시키는 과정, 곧 감성에 대한 정신성의 승리와 본능적 충동의 단념 덕분이다.146)

기독교는 인간이라는 언어적 존재에 걸맞게 말씀의 종교로 승화되었다. 그러나 현대의 성도들은 이 말씀의 종교를 어려워한다. 그들에게는 편안함이 주어야 하고 모성성이 제공되어야 한다. 여기에 더하여 현대의 자본주의는 모성성을 건드리고 전능성을 만족시켜주려 한다. 믿음의 조상인 아브라함이 바라던 것은 더 나은 본향, 하늘에 있는 것을 사모하고 사물성을 회피하는 것이었다(히 11:16). 퇴행의 욕구는 끊임없이 칭찬과 찬사와 아랫것에 대한 욕망을 버릴 수 없게 한다.

주목할 것은 정상인들이라도 또는 지성인들일지라도 퇴행의 욕구는 결코 없어지지 않는다는 것이다. 분명한 것은 평생을 케어

받아야 할 사람은 어쩔 수 없지만 문제는 교회에 숨어 엄살을 피우며 자기의 사명을 감당하지 않는 자들이 있다는 것이다. 그들의 이러한 퇴행의 욕구 위에 결코 부담이 없는 편안한 설교를 제공하여 오직 귀로 듣고 "아멘!"만 반복하게 하는 영적 비만에 걸린 성도들을 무한히 만들어 낼 수 있다. 퇴행 욕구를 무시하고 그들에게 '성숙과 사역'이라는 부담이 주어질 때 그들의 퇴행 욕구는 불가피하게 목회자와 갈등을 만들어낼 것은 자명하다. 어차피 퇴행의 욕구는 결단코 채워질 수는 없다. 그것은 블랙홀이기 때문이다. 어떻게 이들의 퇴행 욕구를 잠재우고, 갈등을 해결하며, 성숙의 길, 그리고 사명자의 길을 갈 것인가에 대한 연구는 다음 기회로 미루어야 하는 아쉬움을 남긴다. 그러나 이 분야는 임상적 경험을 마친 훌륭한 분들의 가르침과 자료들이 충분히 있는 것으로 안다. 사역자에게 항상 희망이 기다리고 있다.

|용어해설|

환상

환상은 부정성과 긍정성의 양가적 의미를 가지고 있다. 환상은 나르시스의 자아가 타자의 세계로 나가는 과정, 곧 잠재적 공간으로 본다. 상상력은 현실의 세계를 이어주는 역할을 하며 현실에서 무의식으로 들어갈 수 있는 통로요 매개가 된다. 환상을 거부하는 것이 쉽지 않은 이유는 환상이 본능의 정신적 표현이기 때문이며 생애 초기부터 존재하는 것이기 때문이다. 본 글에서의 환상을 긍정적이고 창조적인 환상이라기보다 부정성에 가까운 무의식적 환상을 말하는 것으로 전자는 Fantasy로, 후자는 phantasy로 표기한다. 유아의 본능은 초기부터 대상과의 관계를 추구한다고 볼 때 유아의 인식은 객관적일 수 없어 무의식적 환상(phantasy)을 갖는 것으로 본다. 환상은 언어 발달 이전부터 형성되어 성인기에까지 개인의 내적 세계를 지배한다. 발달되지 못한 환상과 적절히 해소되지 못한 환상은 어딘가에 억압되어진다. 유아에게 무의식적 환상은 그것이 부분적일지라도 진실일 수 있고 또 하나의 심리적 현실일 수 있다.

중간 대상, 중간 현상

중간 대상, 중간 현상(Transitional Object, Transitional phenomenon)은 유아에게 최초의 자기 소유물로서(포대기, 베개, 인형) 졸리거나 엄마가 부재할 때 필요한 대상으로 엄마 대신 유아를 위로해 주고 달래주는 역할을 한다. 자칫 애정 결핍처럼 부정적으로 볼 수 있지만 위니캇(Winnicott)은 이것이 상징의 세계에 들어오는 과정으로 생각하고 이 잠재적 공간이 창조성을 부여한다고 생각했다. 이 대상이 있음으로 해서 유아는 분리불안에 압도되지 않으면서 서서히 엄마와 정서적으로 분리해 나갈 수 있다. 이 과정이 없다면 환상과 현실에 커다란 갭이 생기고 엄마의 부재 동안 유아는 나락으로 떨어지게 된다. 이 때문에 중간 대상은 징검다리요, 엄마의 부재시 대리모의 역할을 한다. 이 대상은 최초 아기의 창조물이다. 어른의 입장에서는 단순한 인형이지만 아기의 입장에서는 살아 있는 대상이다. 유아는 이 대상과 대화하고 정서적으로 교통한다. 최초의 중간 대상은 자신의 손가락을 빠는 것이나 엄마의 머리카락이 될 수 있다. 그러나 극도의 불안으로 인해 이 중간 대상에 집착이 심할 경우 사로잡히게 되면서 주물 대상이 된다. 이때 유아는 중간 대상을 사용하는 것이 아니라 강력한 불안을 막는 주술 대상이 된다. 중간 현상은 자기 충족성의 느낌을 제공해 주고 대상 상실에 대한 불안과 유기 불안을 막아준다. 이 중간 대상과 현상은 점차로 유아가 성장하면서 놀이 형태로 바뀌거나 예술과 문화의 영역으로 옮겨가게 된다. 이에 대해서는 D. W. Winnicott, psycho—Analytic Explorations, Edited by Clare Winnicott, Ray Shepherd, pp.200—206. / D.W. Winnicott, playing and Reality, 이재훈 역, 『놀이와 현실』, (서울:한국심리치료연구소, 1997), pp13—49. 참조.

상상계

  상상계(Imaginary orders)라는 개념은 라캉이 착안한 것으로써 착각(Illusion), 매혹(Fascination), 유혹(Seduction)을 내포하며, 특히 자아와 거울상(Specular image) 간의 이자 관계(유아와 엄마)와 관련이 된다. 하지만 상상계가 착각과 현혹물의 함축 의미를 견지하면서도 어떤 불필요하고 불합리한 것을 암시하는 것만은 아니다. 그것은 실재계에서 강력한 효과를 가지며, 단순히 폐기되거나 '극복되어야 하는' 그 무엇이 아니다. 라캉에게 상상계의 기초는 자아의 형성과 연관되고 그에게 자아는 상상계의 자아가 된다. 따라서 자아는 끊임없이 원대상이 아닌 '대체물'과의 동일시에 의해 구성되기에 근본적이 소외의 장소가 된다. 그것은 이미지와 상상, 기만과 현혹물의 영역으로 중요한 착각은 전체성, 통합성, 자율성, 이원성, 그리고 무엇보다도 유사성이다. 따라서 상상계는 심층 구조를 감추고 있는 기만적이고 관찰 가능한 현상이 되는 표면적 외관의 영역이다. 상상계는 언제나 상징계에 의해 구조화되고 거울상의 최면 효과를 기반으로 하여 주체를 사로잡는 힘을 발휘한다. 따라서 상상계는 주체가 자신의 신체(혹은 신체 이미지)와 맺는 관계에 뿌리를 두고 정적인 고착 안에 주체를 감금한다.

  Evans, Dylan. An Introductory Dictionary of Lacanian psychoanalysis. 김종수 외역, 『라캉 정신분석사전』, (경기:인간사랑, 2004), pp.175-177. 참조.

상징계

  상징계(Symbolic orders)의 구성 요소들은 어떤 실제적 존재를 지니는 것이 아니라 단순히 서로의 차이에 의해 구성된다. 또한 상징계는 타자로 언급하는 근본적인 타자성의 영역이고 욕망을 규제하는 법의 영역이다. 이는 자연의 상상계에 반대되는 문화의 영역이다. 상상계는 이자 관계에 의해 특징지워지는 반면 상징계는 삼자 구조에 의해 특징지워진다. 이는 주체 상호적 관계가 항상 제3자인 대타자에 의해서 중재되기 때문이다. 따라서 상징계는 죽음, 부재, 결여의 영역이되 또한 사물로부터의 거리를 조절하는 쾌락 원칙이면서 동시에 반복에 의해 '쾌락 원칙을 넘어서는' 죽음의 욕동이 되기도 하다. 상징계는 생물학이나 유전학에 의해 결정된 상부 구조가 아니며 보편적 특성을 지니고 자율적이다. 그것은 점차적으로 구성된 무엇이 아니라 언어처럼 이미 들어와 있는 구조이기도 하다. 라캉(J. Lacan)에게 있어서 주체성을 결정하는 것은 상징계이고 이미지와 외양의 상상적 영역은 단지 상징계의 결과일 뿐이다.

위의 책, pp.178—181. 참조. 이 글에서는 이러한 라캉 이론의 일부만을 가져왔다.

조적(Manic)

과도한 활력, 과잉 활동, 과대망상에서 흔히 보이는 팽창된 자존감에 의해 특징지어진다. 이 상태에 처한 개인은 자극과 새로운 경험에 대한 갈망을 지니며, 이것은 "빠르게 말을 해야 하는 압력"과 "사고의 비약"에서 드러난다. 조적인 사람의 의기양양함과 팽창된 자존감은 현실과 일치하지 않는다. 실제로 이들은 무의식적으로 상실감과 패배감을 경험하고 있다. 이들은 현재와 과거의 외상적 경험과 현실을 환상 속에서 부인함으로써 행복하다는 거짓된 기분을 유지하고자 한다. 이러한 방식으로 자신의 근저에 있는 우울한 감정을 없애려하지만 이것은 자각과 비판력의 상실이라는 커다란 희생을 요구한다. 이러한 시도는 일시적이라 곧 우울증으로 이어진다.

The American psychoanalytic Association. psychoanalytic Terms & Concepts. 이재훈 외역, 『정신분석 용어사전』, (서울:한국심리치료연구소, 2002), p478. 참조.

전이

전이는 자신도 모르는 사이에 일깨워지는 과거의 상황을 현재에 재현하는 것이다. 이때 과거의 어떤 인물이 리더에게로 대체되기 쉽다. 이것들은 개인 혹은 대상의 처지를 교묘하게 이용하여 실제로 특별한 상황을 만들어 냄으로써 내용의 순화 과정을 거치게 된다. 따라서 새로운 작업의 산물이 되기도 한다. (Freud, 317, 1905[1901])

일반적으로 별다른 수식어 없이 '전이'라고 부를 때, 그것은 대개 치료 과정에서 일어나는 전이를 말한다. 전이는 치료에서 문제가 드러나는 장소다. 그것의 정착, 그것의 양태, 그것의 해석, 그것의 해결이 정신분석 치료의 특징을 구성한다. 이 어원은 실제로 전송(Transport)이라는 말에 가까운 아주 일반적인 의미를 갖고 있다. 그러나 물건의 물질적인 이동보다는 오히려 가치, 권리, 본질의 이동을 함축한다. 분석과정이 아닌 일상의 삶

속에서 또는 가까운 사람들끼리도 '전이' 는 일어나지만 분석과정이 아닌 상황에서 전이가 일어난다면 문제의 본질을 해결하기는 당연히 더 어려울 수밖에 없게 된다.

LapLanche Jean et pontalis, J.—B. 『정신분석사전』, (서울:열린책, 2005), p397. 참조.

역전이

역전이는 그룹원의 전이에 대한 리더의 무의식적 반응이다. 그러나 의식적일 수 있으며 현실에 대한 반응이며 또한 리더의 욕구뿐만 아니라 리더 자신의 현실적 욕구에 대한 반응일 수도 있다. 이 역전이는 해소되어야 하지만 다른 한편으로는 그룹원을 이해하는데 유용할 수 있다. 때로 역전이로 인해 이상적으로 지켜야 하는 중립적 입장에서 리더가 흔들릴 수 있다. 그렇다고 이 역전이를 잘못된 무엇으로만 볼 경우 이에 대한 공포증적 태도를 갖게 된다. 전이, 역전이에서 일어나는 리더와 그룹원과의 과거와 현재 현실의 영향의 융합은 리더와 그룹원의 비언어적 소통에 대해 많은 중요한 정보를 제공한다. 제거하려고만 할 경우 좋은 목회적 정보를 잃어버리게 된다. 리더가 느끼는 역전이의 정서적 반응을 그룹원을 이해하고 돕는데 중요한 기법적 도구로 느끼면 리더는 전이 상황에서 유발되는 긍정적이고 부정적인 정서에 좀 더 자유롭게 맞닥뜨릴 수 있고 이러한 반응을 차단할 필요가 없게 되고 목회에 활용할 수 있다. 어떤 그룹원은 강렬하고 때 이르고 신속하게 변하는 전이를 통해 리더에게 강한 역전이 반응을 유발하는 경향이 있다. 그러나 이것은 공동체에게 무엇이 중요한지를 가장 의미 있게 이해하게 해주는 도구가 된다.

Otto F. Kernberg, Borderline Conditions and pathological Narcissism. 윤순임 외 공역, 『경계선 장애와 병리적 나르시시즘』, (서울:학지사, 2008), pp61-64. 참조.

투사

투사(Projection)라는 개념은 받아들일 수 없는 충동이나 생각을 외부 세계로 옮겨놓은 정신 과정이다. 기분 나쁜 일이 있을 때 자신의 어떤 공격적인 말이나 행동을 통해서 자신의 정서가 관계된 주변 사람에게 옮겨지는 것을 생각하면 이해가 쉬울 듯하다. 일종의 방어적 과정으로써 개인 자신의 흥미와 욕망이 다른 사람에게 속한 것처럼 지각되거나 자신의 심리적 경험이 실제 현실인 것처럼 지각될 수도 있다. 참을 수 없는 생각이나 느낌은 투사되기 전에 무의식적인 변형을 거친다. 프로이트는 아동들이 다른 사람도 자신이 느끼는 것과 똑같이 느낄 거라고 생각한다는 사실에 주목했다. 이후에 분석가들은 투사가 초기 유아기에 겪었던 공생 경험을 나타내는 것일 수 있음을 보여주었다. 게다가 좋은 느낌을 갖고, 사람을 좋게 보고, 세상을 행복한 곳으로 보는 사람은 설령 그가 자신의 무드나 태도를 투사하고 있다고 해도 그것은 병적인 것으로 간주되지 않는다. 따라서 투사는 정상적이고 병리적인 상태 모두에서 나타날 수 있다. 단지 정상적인 것과 병리적인 것의 차이는 개인이 투사된 내용을 타당한 것으로 믿는 정도에 달려 있다. 즉 현실 검증에 대한 개인의 역량에 달려 있다.

The American psychoanalytic Association. 『정신분석 용어사전』, pp.541-542. 참조.

히스테리

이 말의 어원은 자궁이라는 의미와 연관이 있다. 어원적으로 볼 때 과거에는 히스테리 증세를 자궁의 기능이 잘못되어 생기는 병이라고 간주했던 것으로 추측할 수 있다. 19세기 말에 많은 학자가 히스테리 연구에 관심을 기울였지만 그 원인을 정확히 찾지 못하다가 프로이트는 히스테리 증후를 성에 대한 기억과 환상이 억압되어 신체적 증후로 바뀐 것이라는 것을 환자와의 임상을 통해 밝혀냈다. 환자는 자신의 증상이 신체적 질병에서 온 것이라고 여기지만 프로이트는 이 증상의 근저에는 근친상간적 대상에 대한 소망과 억압이 있다고 보았다. 이 때문에 주로 이 증세는 주로 유아적 기억을 토대로 형성된 공상에 집착한다(Freud, 614, 1900). 이로 인해 결과는 '성 문제에 있어서 그들은 초기의 중성 상태에 고착되어 모호한 성 정체성을 가지며 근친상간의 금기에 대한 처벌 불안으로 인해 향유를 거부하는 특징을 갖는다. 이들에게 몸으로 전환되어 나타나는 증상은 유아기 성적 만족에 대한 왜곡된 대체물로 불안을 자극하는 본능적 소망과 그것에 대한 방어 사이에서 이루어진 타협의 결과가 된다.' Nasio, J. D. L' hysterie ou I' enfant magnifique de la psychanalyse. 표원경 역,『히스테리 정신분석』, (서울:백의, 2001), pp.69-83. 참조.

히스테리가 유아성에 그 근원이 있다는 점과 유아성의 흔적에서 거의 모든 인간이 자유로울 수 없다는 점은 히스테리의 보편성을 주장할 수 있는 토대가 된다. 현대자본주의의 문명과 문화는 이러한 인간의 유아성(성적 억압을 포함한)을 상품과 광고를 통하여 방출하게 한다. 요즘은 히스테리라는 명칭 대신에 다른 학명으로 대체되거나 분화되어 설명되고 있는 추세다(W.R. Fairbairn). 히스테리는 정신분석이라는 학문의 근간이요, 입문의 관문이요, 정신분석의 핵이기도 하다.

신경증과 정신증

신경증은 현실의 원리를 사용하는 자아(Ego)와 인간의 원초적인 본능(Id) 사이에서 생겨난 갈등의 결과인 반면, 정신증은 자아와 외부 세계 사이의 관계에서 생겨난다. 자아가 초자아와 현실의 도움을 받아 이드와 충돌하는 것이다. 프로이트는 정신증을 정상적인 꿈과 매우 유사하게 보았다. 꿈을 꾸기 위해서는 지각과 외부 세계로부터 완전히 떠나 있어야 하기 때문이다. 정신분열증의 경우에는 정서적인 우둔, 즉 외부 세계에 전혀 관여하지 않는 상태가 된다. 본 글에서는 정신분열증을 이야기하는 것은 아니다. 정신증적 성향은 자기 자신과 현실과의 관계를 매우 힘들어하는 성향으로 우리 주위에서 흔하게 만날 수 있는 사람들이기도 하다(Freud, 1924[1923] pp.197-200). 이러한 성격은 현저한 퇴행 성향으로 자기와 다른 사람(대상을 포함한 모든 외부 세계) 간의 차이를 잘 인식하지 못한다. 이런 사람들과의 관계는 신경증적인 사람들보다 더 유아적인 수준에서 이루어진다. 이들은 현실과의 관계, 현실감, 그리고 현실 검증 능력이 거의 상실되어 있다고 볼 수 있다.

도착

프로이트는 『성에 관한 세 편의 글』에서 도착을 성 목표 도착과 성 대상 도착으로 나누었다. 성 목표 도착에는 사디즘, 마조히즘, 노출증, 관음증, 페티시즘, 절시증 등이 있고, '성 대상 도착'은 '동성애'가 있다. 그는 동성애라는 말보다 '성 대상 도착'이라는 말이 더 정확한 표현으로 보고 있다.

분열적 성격

삶과 일에서 사회적 접촉을 회피하는 수줍고 소심한 사람들의 광범위한 집단을 가리키는 질병분류학적인 용어이다. 다른 사람에 대한 그들의 지각은 환상적으로 오염되어 있으며, 그들은 멸절의 위협으로 인해 대상들로부터 철수한다. 이것은 유아가 압도적인 좌절 경험에 대처하기 위해 발달시켰던 방어가 지속되기 때문으로 본다. 분열적이라는 형용사는 복잡한 대인관계적 현실로부터 단순화되고 친숙한 내적 대상 세계 안으로 후퇴하는 방어적 경향성을 일컫는다. 이 말은 정신분열증을 일으킨 환자들의 성격 유형을 묘사한 불로일러(Eugen Bleuler)에 의해 도입되었다. 멜라니 클라인은 유아 초기에 생존을 위한 어쩔 수 없는 방어 구조를 분열로 보았다. 페어베언은 초기 발달 과정에서 겪는 극심한 좌절 경험이 분열적 상태라는 부적절한 정신 구조를 만들어내는 원인이 된다고 보았다. 이런 환자들은 사랑하는 대상을 강렬하게 동경하지만, 그들의 마음은 증오 대상들의 공격에 의해 지배되며 실제 삶에서의 관계는 빈약한 것이 된다.

The American psychoanalytic Association. 『정신분석 용어사전』, pp.191-192. 참조.

투사적 동일시

본문에 사용된 예는 사실 정신분석에서 사용하는 투사적 동일시(Projective identification)를 풀어서 사용한 말이다. 자기와 자기 안의 내적 대상들이 분리되어 외적 대상으로 던져진다. 이때 외적 대상은 소유되고 통제될 뿐 아니라 '동일시' 된다. 방어로써의 투사적 동일시의 목적은 분리를 피하기 위해 외적 대상과 하나가 되는 것, 박해 위협을 주는 파괴적이고 나쁜 대상을 통제하는 것이 된다. 또는 자기의 좋은 부분을 분리시켜 대상 안에 둠으로써 안전하게 보존하는 것이 된다. 투사와 달리 투사적 동일시는 환상 내용을 더 많이 포함한다.

The American psychoanalytic Association. 『정신분석 용어사전』, p.525. 참조.

동일시

프로이트는 동일시를 대상 상실이라는 상황에서 발생하는 방어 작용으로 보았다. 상실된 대상을 포기할 수 없을 때 동일시 기제를 사용해서 그 대상의 이마고를 내부에 담는 활동이다. 이 때문에 그는 동일시를 대상 상실에서 생기는 것으로 본다(Freud, 1917, pp.259-260). 프로이트는 초자아를 유년기의 오이디푸스 과정을 거치면서 발생하는 메커니즘으로 본다. 즉 아버지의 법을 받아들여 동일시하는 과정으로 과거의 유산이 된다. 자아가 미숙하고 허약하여 외부 세계를 대처할 수 없는 시기에 현실 원리에 적응하기 위해 작동시키는 것이 동일시 메커니즘이다. 즉 동일시는 대상과의 감정적 결합의 근원적 형식이고 동일시는 퇴행적인 방법으로 대상을 자아 속에 받아들이는 방법으로 리비도적 대상 결합의 대용물이 된다. 따라서 동일시는 일반적으로 성 본능의 대상이 아닌 타인과 공유하고 있는 공통된 특성을 새롭게 지각하면서 일어난다(Freud, 1921, pp.134-135).

공격성

공격성은 그 강도에 따라 비적대적이고 자기-주장적이며 자기-보존적인 형태에서부터 짜증과 분노, 분개를 거쳐 극단적인 격분과 살인적이고 폭력적인 격노의 형태에 이르기까지 다양하다. 이러한 욕동의 표현에 대한 자각은 의식적 자각에서 부터 무의식적 자각에 이르기까지 다양하며, 욕동이 나타날 때 다양한 방어와 적응 기제가 촉발될 수 있다. 스포츠에서처럼 공격성은 직접적으로 표현될 수 있다. 또는 자녀에 대한 부모의 과잉보호의 형태를 띤 간접적이며 위장된 형태로 나타날 수도 있다. 다른 사람의 목표를 가로막는 지연행동(Procrastination)에서와 같이 수동적으로 표현될 수도 있다. 또는 자기―패배적 성격이나 자살의 경우에서처럼 자기를 향해 표현되기도 한다. 공격 욕동이 본질적으로 적대적이고 파괴적인 것인가에 대한 것은 아직 논쟁의 여지가 있다. 공격 욕동이 좌절과 갈등에 대한 반응이라는 관점도 있다. 프로이트는 선천적인 자기―파괴적 죽음 본능이 있다고 주장한다. 클라인(Klein) 학파는 프로이트처럼 공격 욕동에 일차적으로 파괴적인 특성을 부여하고 있으며, 이것이 갈등과 성격 발달의 주요 원천이라고 보고 있지만 위니캇은 공격성을 생명력의 원천이라고 보기도 한다. 두 가지 주요한 본능 욕동은 공격성과 리비도이지만 공격성과 리비도가 유아가 태어날 때 분리된 형태로 있다가 발달 과정에서 융합을 이루는 것인지, 아니면 그것들이 융합되어 있다가 나중에 분리된 실체로 발달하는 것인지는 분명하지 않다. 오이디푸스 콤플렉스 안의 공격적인 요소가 어떻게 변하느냐 하는 문제는 초자아 형성에 깊은 영향을 미친다. 공격성은 심리 내적 갈등의 원천일 뿐만 아니라 그 해결의 한 원천으로 성격 발달에 중요한 역할을 하기도 한다.

The American psychoanalytic Association.『정신분석 용어사전』, pp.46―48. 참조.

정동

일종의 신체정서로써 주관적 경험, 인지적 요소 그리고 생리적 요소를 포함하는 복합적인 심리생리학적 생태다. 정신분석은 감정(Feelings), 정서(Emotions), 정동(Affects) 사이에 있는 다양한 차이를 구별하고 있다. 감정은 중추신경에서 주관적으로 경험되는 상태(이것은 의식에서 차단될 수 있다)를 말한다. 정서는 외부에서 관찰할 수 있게 드러나는 감정을 말하며, 정동은 이것과 관련된 모든 현상을 말하는데, 그중에 어떤 것은 무의식적이다. 하지만 이 용어들은 종종 상호적으로 사용되어 원초적인 심리 상태에서부터 복잡하고 인지적으로 분화된 심리 상태에 이르기까지 넓은 범위를 포함한다. 그런가 하면 기분(Mood)은 비교적 안정적이고 오래 지속되는 정동 상태로서, 지속적인 무의식적 환상에 의해 일깨워지고 지속되는 상태를 가리킨다. 정동이 성숙하면 정서가 되고 정서가 더 발전하면 감정이 될 수 있다.

The American psychoanalytic Association. 『정신분석 용어사전』, pp.446—448. 참조.

자기애적 성격

자기 가치감의 장해를 보이는 것으로 겉으로 보기에는 심하게 퇴행되어 있지 않다. 이들 중 일부는 사회적으로 아주 잘 기능하고 유아성 성격보다 충동 조절을 훨씬 잘한다. 타인과의 상호작용할 때 유별나게 자기를 언급하고 타인에 의해 사랑과 감탄을 받고자 하는 요구가 강하다. 자기에 대해 매우 부풀려 있으면서도 타인에 사랑과 감탄을 받고 싶은 욕구가 지나치다. 정서 생활은 얕다. 타인의 감정에 거의 공감하지 못하고 다른 사람에게서 받는 찬사나 자신의 거대 환상에서의 인정 외에 다른 생활에서는 거의 즐거움을 느끼지 못한다. 외적인 화려함이 사라지고 자기 가치감을 만족시킬 새로운 것이 없으면 안절부절 못하고 지루해한다. 타인을 시기하고 자기애적 지지를 해줄 것이라 기대하는 사람을 이상화하며 기대할 것이 아무것도 없는 사람은 때로 전에 우상이었던 사람까지도 비하하고 경멸한다. 타인과의 관계는 착취적이고 때로 기생적이다. 그들은 마치 자신이 남을 통제하고 소유할 권리가 있는 것처럼 느끼고 죄책감 없이 남을 이용한다. 참하고 매력적으로 보이는 그들의 이면에는 냉담하고 무자비함을 자주 감지할 수 있다. 이들은 타인에게서 많은 찬사와 숭배를 받고자하므로 의존적으로 보일 수 있으나 더 깊은 수순에는 타인에 대한 깊은 불신과 경멸 때문에 누구에게도 진정으로 의지하지 못한다.

Otto F. Kernberg, Borderline Conditions and pathological Narcissism. 윤순임 외 공역,『경계선 장애와 병리적 나르시시즘』, (서울:학지사, 2008), pp.32−33. 자기애라는 말은 헤블록 엘리스(Havelock Ellis)가 남성의 자체 성애적 성도착 사례를 그리스의 나르시서스 신화에 비유한 것을 기초로 하여 1899년 넥케(Naecke)가 만들어낸 용어다. 자기애에 대한 생각은 프로이트가 여러 차례에 걸쳐(1905, 1910, 1911, 1914) 그 개념을 바꾸어 가면서 설명한다. 그는 자기애를 시간적, 발생학적, 경제적, 구조적으로 설명한 바 있지만 그의 후기 시간적 개념을 포기한다.

전능환상

유아시절은 모든 행동과 생각을 무의식이 대신하는 시기이다. 이 때문에 유아에게 필요한 것은 현실로부터 철저하게 보호되는 것이다. 생후 약

3~4개월 기간 중의 아기는 육체적으로 엄마와 분리되었지만 아직 정서적으로는 분리되지 않은 시기이다. 뿐만 아니라 유아가 만나는 최초의 세상은 엄마의 젖가슴이고, 엄마가 된다. 유아가 젖을 먹고 싶다는 생각을 신체언어로 표현할 때 엄마는 아기에 입 근처에 젖을 놓아준다. 이때 아이는 젖을 더듬어 찾게 되고 아이는 자기가 젖을 창조했다고 생각한다. 아이가 우는 소리만 듣고도 엄마는 아이가 무엇을 요구하는지, 배가 고픈지 오줌을 쌌는지 알아낸다. 엄마의 생각은 곧 아기의 생각이 된다. 즉 엄마는 아기를 위해서 미친 상태가 되는 것이다. 무의식적 환상과정이 형성되는 이 시기는 엄마가 아기를 위해서 전적으로 헌신할 수 있는 때이다. 이때 유아는 전능환상을 가지게 된다. 그리고 아기는 '아기 폐하'가 되며 모든 것을 다 할 수 있다고 생각한다. 이 전능환상능력은 평생 동안의 창조적 인간의 바탕이 된다. 전능환상을 체험하게 될 때 유아는 세상의 주인으로 세상을 만나게 되는 것이다.

초자아

초자아(Superego)는 심리장치에 관한 이론 틀로써 프로이트가 기술한 인격의 심역 중 하나이다. 그것은 자아에 대한 재판관이나 검열관의 역할이다. 프로이트는 양심, 자기 관찰, 이상의 형성을 초자아의 기능으로 보고 있다. 고전적인 이론에서 초자아는 부모의 요구와 금지의 내면화를 통해 구성된 과거의 유물이다. 멜라니 클라인은 초자아의 형성을 좀 더 이른 시기로 끌어올리면서, 그 심역이 3~18개월부터 이미 활동을 하고 있는 것으로 보았다.

LapLanche Jean et pontalis, J. —B. 『정신분석사전』, p460. 참조.

우울적 자리

'우울적 자리'(Depressive position)는 멜라니 클라인(M. Klein)이 사용한 용어로써 편집분열적 자리(Paranoid—schizoid position)와 마찬가지로 초기 유아 시절의 정신 과정으로 본다. 대상에 대한 사랑과 증오, 대상의 좋은 측면과 나쁜 측면, 그리고 외부와 내부 현실의 통합이 이루어지는 자리다. 엄마의 젖가슴이라는 부분 대상의 관계를 갖는 구강기 시기에도 유아는 엄마의 전체 모습을 인지하고 통합적으로 볼 수 있는 능력이 생길 수 있다고 보는 것이다. 어머니는 좋음과 나쁨의 모든 원천이고, 유아는 어머니와의 관계에서 무력감, 의존되어 있다는 느낌, 또는 질투를 느낀다. 이로 인한 불안은 자기 내부의 공격적 충동이 사랑하는 어머니를 파괴할지도 모른다는 공포로 바뀔 수 있고, 이로 인해 좋은 대상을 상실할 수도 있다는 생각이 죄책감의 발달이 되기도 한다. 편집—분열적 자리에서의 주된 정서가 '박해 불안'이라면, 우울적 자리에서의 주된 정서는 대상을 염려하는 '우울 불안'이다. 유아는 상상 속에서 사랑하는 대상에게 가해진 손상을 보상할 수 있는 능력을 발달시킴으로써 사랑이 대상에 대한 미움을 능가할 수 있다는 확신을 얻게 된다. 우울적 자리가 성공적으로 확립되기 위해서는 대상에 대한 전능적 통제를 포기하고 자신이 대상에게 의존되어 있다는 현실을 받아들여야 한다. 이 시기에 불안이 너무 커서 방어적으로 다루어지게 되면 우울적 자리는 공고화되거나 확립되지 못한다. 이 때 조적 방어가 활성화되거나 편집─분열적 자리로의 퇴행이 발생할 수 도 있다. 우울적 자리는 결코 완성되는 것이 아니다. The American psychoanalytic Association. 『정신분석 용어사전』, pp. 530─532. 참조.

이 자리는 '어둠의 밤'을 통과하는 과정으로의 비교적 높은 수준의 정 신건강에도 사용될 수 있다. 자리(Position)라는 개념은 단계(Stage)와 달리 유동성이 있음을 말한다. 고정적인 것이 아니라 옮겨 다닐 수 있음을 의 미한다. 우울적 자리⇔편집분열적 자리의 퇴행과 전진은 발달과정에 필 수적인 것이 된다. 멜라니 클라인에 의하면 우울적 자리는 생후 3~4개월 경에 초기 형태가 시작되고 전 생애 동안 지속된다고 가정한다. 이 점에 서(전 생애를 통해서 영향을 미친다는 점) 멜라니 클라인의 우울적 자리는 병리 적 우울과는 전혀 다른 것이나 애도(Mourning)와는 비슷한 면을 가지고 있 기도 하다. S. Freud, Mourning and Melancholia. trans. by James Strachey, v. 14. (London:The Hogarth press, 1973), pp. 244─245. 참조.

멜라니 클라인에게 인간의 최초의 실존은 박해 불안과 두려움이다. 바 로 이 박해 불안, 곧 편집적 불안에서 벗어나 우울적 자리로 진입하는 것 이 정상적인 그의 발달 과정이다. 이 이론은 두 본능 이론, 곧 생명 본능과 죽음 본능에서 기원한다. 우울적 자리는 분열이 유지가 되는 동안 좋은 대상 측면이 강해지면서(좋은 대상을 만날 경우) 두려움, 박해적인 요소가 줄 어들게 되고, 나쁜 대상과 좋은 대상의 분열이 해제되기 시작한다. 즉 통 합을 향해 가는 것이다. 문제는 정상적인 분열 과정이 일어나는 시기에 나쁜 경험이 과도하면 정상적인 수준 이상으로 분열이 깊어지고 고착이 일어난다. 이것은 편집분열증의 병리가 된다. 클라인의 생각에 의하면, 이 편집증적 상태는 영아에서 약 4개월까지로 본다. 그 후에는 '우울적 자리'로 나와야 한다. 우울적 자리는 좋음과 나쁨의 통합을 시도하는 자리이다. 이러한 심리적 기제는 성인이 되어서도 계속 반복되는 것으로 본 글은 클라인의 이러한 정신분석 이론의 틀을 차용하고 있다. 현대 정신분석에 대한 논의에서 이 이론적 틀은 거의 항상 등장할 정도로 중요한 위치를 차지한다.

환유와 은유

라캉은 이야기 속에서 진정한 의미는 항상 무의식적으로 분출되는 것이지 의식적인 이야기를 통해서는 정말 하고 싶은 말을 하는 것은 아니라고 본다. 담화와 회의, 그리고 이야기 속에는 여러 가지 수식어와 치장이 들어가지만 정말 필요한 욕망의 문제는 겉으로 드러나지 않는다. 즉 문자와 문자의 의미 사이에 단절이 생긴다는 것이다. 그리고 여기에서 무의식이 발생한다. 이때 억압된 단어가 변환되어 의식에 가면을 쓴 채 나타난다. 결국 무의식의 형성물들은 항상 실제로 말하고 있는 것과는 다른 것을 의미하게 된다. 이런 전환을 일으키는 두 가지 주요한 기제가 환유(전치)와 은유(압축)이다. 기표가 자율성을 갖는 것, 의미보다 우월한 위치를 차지하는 것은 바로 환유와 은유 때문이다. 그래서 사고, 혹은 기표는 은유와 환유를 통해 소외된다. 은유란 기표들이 중첩되는 구조이고 환유란 의미가 이동되는 것을 보여준다. 환유는 의미화 연쇄에서 한 기표와 다른 기표 사이의 통시적 관계로 정의를 내리고 의미화 연쇄에서 기표들이 연결되고 결합되는 방법과 관련이 있고, 은유는 어떤 의미화 연쇄에 있는 기표로 다른 의미화 연쇄에 있는 기표를 치환할 수 있는 방법과 관련되어 있다.

Evans, Dylan. 『라캉 정신분석사전』, pp.439-40. 참조.

이마고(Imago)

분석심리학의 용어로서 주체의 내부 상태와 역동에 따라 다른 사람들에 대한 주관적인 이미지들이 생성된다는 사실을 강조하기 위해 이미지(Image)대신 사용되는 용어다. 이마고(원상)는 많은 이미지들이 부모와의 실제적인 개인 경험에서 생기는 것이 아니라 무의식적 환상에 기초하거나 원형들의 활동에서 유래한다는 사실을 강조한다. 긍정적인 축에서는 '모성적 돌봄과 공감' 여성의 마술적 권위, 이성을 초월하는 지혜와 영적 고양 그리고 도움을 주는 본능이나 충동들이 모인다. 이것은 모두 긍정적이고, 소중히 여기고, 지지해주며, 성장과 풍성함을 가져다준다. 부정적인 축에는 "비밀스럽고, 숨겨져 있고, 어두운 어떤 것; 심연, 죽음의 세계, 삼켜버리고 유혹하며 타락시키는 어떤 것, 운명과 같이 두렵고 피할 수 없는 것"이 모인다.(Jung,1938.p.82) 정신분석적 용어로는 자기 표상 또는 대상 표상을 의미하기도 한다. The American Psychoanalytic Association. Psychoanalytic Terms & Concepts. 이재훈 외역, 『정신분석 용어사전』, (서울: 한국심리치료연구소, 2002), p.182.

원형(Archetype)

타고난 심리적 행동 유형으로서, 본능과 연결되어 있으며, 활성화될 경우 행동과 정서로 나타난다. 융의 원형이론은 태고적 이미지로서 전 인류 역사에서 나타나는 문화적 주제들로 집단 무의식으로 기술되기도 한다. 또한 에너지를 끌어당겨 개인의 기능에 영향을 미치는 심리의 매듭점을 말하기도 한다. 융은 유전되는 것은 심리적 내용이 아니라 표현될 수 없는 근본적 구조라는 사실을 강조하기 위해 원형이라는 용어를 사용했다. 이 때문에 원형은 본능과 이미지를 연결시켜 주는 심리신체적인 그 무엇이 된다. 융은 프로이트처럼 인간의 심리와 이미지를 생물학적 욕동의 파생물로 간주하기 보다는 본능과 동등한 자리에 놓일 수 있다고 생각했다. 이렇게 볼 때 모든 이미지는 어느 정도 원형적 성질을 띠게 된다. The American Psychoanalytic Association. Psychoanalytic Terms & Concepts. 이재훈 외역, 『정신분석 용어사전』, (서울: 한국심리치료연구소, 2002), p. 183,184.

|참고문헌|

Bollas, Christopher, *The Shadow of the Object*, (New York:Columbia University press, 1987).

—————, *Forces of Destiny*, (Northvale, NJ:Jason Aronson, 1989)

Davis Madeleine and Wallbridge David, *Boundary and Space*, (New York:Brunner/Mazel, 1981).

Diggnostic and Statistical Manual of Mental Disorders DSM—Ⅳ. (Washington, D.C.:American psychiatric Association, 1994).

Fairbairn, W. *A Study of psychoanalysis on Character*. (London:Tavistock publications, 1956).

Freud, S. *Mass psychology and Analysis of the 'I'*. (Lodon:penguin books, 2004).

—————, *On Narcissism:An Introduction(1914)*. trans. by James Strachey, v. 14. (London:The Hogarth press, 1973), printed 7th.

—————, *Mourning and Melancholia*. trans. by James Strachey, v. 14. (London:The Hogarth press, 1973).

—————, *Three Essays on the Theory of Sexuality*. trans. by James Strachey, v. 7. (London:The Hogarth press, 1973).

—————, *Totem and Taboo*, trans. by James Strachey, v.13., (London:The Hogarthpress, 1973).

—————, *Instincts and their vicissitudes(1915)* by James Strachey, v. 14. (London:The Hogarth press, 1973).

Greenberg, Jay R. and Mitchell, Stephen R. *Object Relations in psychoanalytic Theory*. (Massachusetts:Harvard University press, 1983).

Grotstein, James S. *A Beam of Intense Darkness*. (London:Karnac, 2007).

—————, *...But at the same time and on another level..*.v.1 (London:Karnac, 2009)

Segal, Hanna. *Introduction to the Work of Melanie Klein*. (New York:Basic

Books Inc., 1974), pp.67—81.

Segal, Hanna. *Melanie Klein*. (New York:The Viking press, 1979).

Hinshelwood, R. D. A *Dictionary of Kleinian Thought*. (London:Free Assiciation Books, 1991).

Kavaler—Adler, Susan. *Mourning Spirituality and psychic Change*. (Hove and New York:Routledge, 2003).

Klein, Melanie. *Envy and Gratitude and Other Works*. (New York:The Free press, 1975).

—————, *Envy and Gratitude & Other works*(1946—1963). (New York:The Free press, 1984).

—————, *The psychoanalysis of Children*. (Seymour Lawrence:Delacorte press, 1975).

—————, *Infantile Anxiety Situations Reflected in a Word of Art and in the Creative Impulse*. (1929).

Love, Guilt and Reparation. (New York:Delta, 1975).

Kernberg, Otto. *Aggression in personality Disorders and perversions*. (New Haven & London:Yale University press, 1992).

—————, *Love Relations— Normality and pathology*. (New York:Aronson, 1983). Tenth printing.

Kohut, Heinz. *The Analysis of the Self*. (New York:International University press, Inc., 1971)

McWilliams, Nancy. *psychoanalytic Diagnosis*. (New York, London:The Guilford press, 1994. Norton, 1969).

Lang, paul Henry. *Music in Western Civilization*. (New York:W.W Norton, 1969).

Leichtentritt, Hugo. *Music, History, and Ideas*. (London:Oxford, 1941).

portnoy, Julius. *The philosopher and Music*. (New York:Da Capo press, 1980, c 1954) Julius portnoy, p.112.

Siegel, Allen M. *Heinz Kohut and the psychology of the Self*. (New York:Routledge, 1996).

Summers, Frank L. *Object Relations Theories and psychopathology.* (London:Analytic press, 1994).

Ulanov, Ann and Barry. *Cinderella and Her Sisters:* The Envied and the Envying. (philadelphia:The Westminster press, 1983).

──────, *The Healing imagination.* (New Jersey:paulist press, 1991).

Ulanov, Ann. *"Winnicott and Spirituality"* Lecture. held by Korea pastoral Counselling Association.October 2002.

Winnicott, D. W. *psycho—Analytic Explorations,* Edited by Clare Winnicott, Ray Shepherd,

──────, *playing and Reality.* (New York:Routledge, 1989).

──────, *The Child, the Family, and the Outside World.* (New York:penguin Books, 1971).

──────, *Maturational process and the Facilitating Environment:* Studies in the Theory of EmotionalDevelopment. (New York:International University press, Inc., 1965).

Casement, patrick J. *Learning from the patient.* 김석도 역,『환자에게서 배우기』, (서울:한국심리치료연구소, 2003).

Davis, Madeleine. and Wallbridge, David. *Boundary & Space,* 이재훈 역, 『울타리와 공간』, (서울:심리치료연구소, 1997).

Durkheim, Emile, 노치준, 민혜숙 역『종교 생활의 원초적 형태』, (서울:민영사, 1992).

Fromm, Erich. *Escape from Freedom,* 이상두 역, 『자유에서의 도피』, (서울:범우사, 1985), p.40.

Freud, S. *Massenpsychologie und Ich—Analyse*(1921), 김석희 역, 「집단심리학과 자아 분석」, 『문명 속의 불만』, (서울:열린책, 1998).

──────, *Uber die weibliche Sexualitat,* 김정일 역, 「여성의 성욕(1931)」, (서울:열린책, 1998).

──────, *Das Unbewuβte*(1915) 윤희기 역, 『무의식의 관하여』, (서울:열린책, 1997).

──────, *Drei Abhandlungen zur Sexualtheorie.* 오현숙 역, 「성욕에 관한 세 편의 에세이」, (서울:을유문화사, 2007).

――――, *Die infantile Genitalorganisation.* 김정일 역, 「유아의 생식기」, (서울:열린책, 1998).

――――, *Uber die Allgemeinste Erniedrigung des Liebeslebens,* 김정일 역, 「불륜을 꿈꾸는 심리」, (서울:열린책, 1998).

――――, *Neurosis und psychose,*(1924[1923]), 황보석 역, 「신경증과 정신증」, (서울:열린책, 1997).

――――, *Abriss der psychoanalyse*(1940[1938]) 한승완 역, 「정신분석학 개요」, (서울:열린책, 1998).

――――, *Studies on Hysteria* 김미리혜 역, 「히스테리 연구(1895d)」, (서울:열린책, 1998).

――――, *Hysterische phantasien und ihre Beziehung zur bisexualitat*(1908), 황보석 역, 「히스테리 성 환상과 양성소질의 관계」, (서울:열린책, 1998).

――――, *Triebe und Triebschicksale,* 윤희기 역, 「본능과 본능의 변화(1915)」, (서울:열린책, 1998).

――――, *Das Unbehagen in der Kultur,* 김석희 역, 「문명 속의 불만」, (서울:열린책, 1998).

――――, *Abriss der psychoanalyse*(1940[1938]) 한승완 역, 「정신분석학 개요」, (서울:열린책, 1998).

――――, *Zur Einfuhrung des Nariβmus.* 윤희기 역, 「나르시즘에 관한 서론」, (서울:열린책, 1997).

――――, *Eine Kindheitserinnerung des Leonardo da Vinci*(1910) 정장진역, 「레오나르도 다 빈치의 유년의 기억」, (서울:열린책, 1998).

――――, *Bruchstuck einer Hysterie—Analyse* 김재혁, 권세훈 역, 「히스테리 도라 사례의 분석」, (서울:열린책, 1997).

――――, *dementia paranoides* 김명희 역, 「쉬레버 사례」, (서울:열린책, 2002).

――――, *Formulierungen uber die zwei prinzipien den psychischen Geschehens* 윤희기 역, 「정신 기능의 두 가지 원칙(1911)」, (서울:열린책, 2000).

――――, *Jenseits des Lustprinzips.* 박찬부 역,「쾌락 원칙을 넘어서」, (서울:열린책들, 1998).

――――, *Der Mann Moses und die monotheistische Religion.* 이윤기 역,「모

세와 유일신교』, (서울:열린책들, 1998).

Fairbairn, W. A. *Study of psychoanalysis on Character.* 이재훈 역,『성격에 관한 정신분석학적 연구』, (서울:심리치료연구소, 2003).

Grotstein, James S. *A Beam of Intense Darkness.* 이재훈 역,『흑암의 빛줄기』, (서울:심리치료연구소, 2011), pp.316—322.

Hinshelwood, R. D. *Clinical Klein.* 이재훈 역,『임상적 클라인』, (서울:한국심리치료연구소, 2006).

Jung, C.G. *The Dual Mother,* 한국 융 연구원 융 저작 번역위원회 역, 『이중의 어머니』, (서울:솔, 2006).

──────, *The Battle for Deliverance from the Mother,* 『어머니로부터 행방되기 위한 투쟁』, (서울:솔, 2006).

Jones, J. *The Role of Narcissism in Religion,* 한국목회상담협회 10차 학술지 (2004).

Kohut, Heinz. *The Analysis of the Self.* 이재훈 역,『자기의 분석』, (서울:한국심리치료연구소, 2002).

Kernberg, Otto F, *Aggression in personality Disorders and perversions.* 윤순임 역,『사랑과 공격성』, (서울:학지사, 2005).

──────, *Internal World and External Reality,* 이재훈 역,『내면세계와 외부 현실』, (서울:한국심리치료연구소,2001).

──────, *Borderline Conditions and pathological Narcissism.* 윤순임 외 공역, 『경계선 장애와 병리적 나르시시즘』, (서울:학지사, 2008).

Kierkegaard, S. *philosophiske Smuler,* 표재명 역,『철학의 부스러기』, (서울:프리칭 아카데미, 2007).

Kant, I., *Kritik der Urteilskraft.* 이석윤 역,『판단력 비판』, (서울:박영사, 2003).

Lemaire. Anika, *Jacques Lacan.* 이미선 역,『자크 라캉』, (서울:문예출판사, 1998).

Mahler, M. S. *psychological Birth of the Human Infant.* 이재훈 역,『유아의 심리적 탄생─공생과 개별화』, (서울:한국심리치료연구소, 1997).

Nasio, J. D. L' *hysterie ou I' enfant magnifique de la psychanalyse.* 표원경 역,『히스테리 정신분석』, (서울:백의, 2001).

Summers, Frank L. *Object Relations Theories and psychopathology*『대상관계

이론과 정신병리학」, 이재훈 역, (서울:한국심리치료연구소, 2004).

Segal, Hanna. *Melanie Klein.* 이재훈 역,「멜라니 클라인」, (서울:한국심리치료연구소, 1999).

Symington, Joan & Nevill. *The Clinical Thinking of Wilfred Bion.* 임말희 역, 「윌프레드 비온의 임상적 사고」, (충남:NUN, 2008).

Ulanov, Ann and Barry, *Cinderella and Her Sisters,* 이재훈 역, 「신데렐라와 그 자매들」, (서울:한국심리치료연구소, 1999).

―――――, *Splrituality & psychotherapy.* 이재훈 역, 「영성과 심리치료」, (서울:한국심리치료연구소, 2005).

―――――, *The Healing Imagination.* 이재훈 역,「치유의 상상력」, (서울:한국심리치료연구소, 2005).

Winnicott, D.W. *playing and Reality,* 이재훈 역,「놀이와 현실」, (서울:한국심리치료연구소, 1997).

Laplanche Jean et pontalis, J.—B. *Vocabulaire De La psychanalyse.* 임진수 역,「정신분석사전」, (서울:열린책, 2005).

The American psychoanalytic Association. *psychoanalytic Terms & Concepts.* 이재훈 외역, 「정신분석 용어사전」, (서울:한국심리치료연구소, 2002).

Evans, Dylan. *An Introductory Dictionary of Lacanian psychoanalysis.* 김종수 외역,「라캉 정신분석사전」, (경기:인간사랑, 2004).

김용규, 「서양 문명을 읽는 코드 '신'」, (서울:휴머니스트, 2010).

이부영, 「그림자」, (서울:한길사, 2000).

김경용, 「기호학이란 무엇인가」, (서울:민음사, 1995).

김영한, 「어거스틴의 내적 경험의 신학」, 「철학」제14집(1980).

김영한, 「칼빈의 영성:영성신학자 칼빈」, 「기독교 학술원」 제11회 학술대회(2009).

김영한, 「문화선교와 메시지」, 「기독교사상」제22권 제11호/통권 제245호(1978).

유기성, 「달의 역사」, (서울:다움, 2005).

|주석|

1) Madeleine Davis and David Wallbridge, *Boundary & Space*, 이재훈 역, 「울타리와 공간」, (서울:한국심리치료연구소, 1997), p.102. 제공되는 도움을 받아들이거나 도움을 찾으려는 개인의 충동을 방해하는 것으로 '고정관념'과 같은 것이다. 많은 경험들이 강하게 작용해서 생겼고 유지되기 때문에 단지 한정된 힘만을 가질 뿐 다른 관념에 수용하는 것보다는 저항하고 밀어내는 힘이 더 강한 것이다. S. Freud, Studies on Hysteria, 김미리혜 역, 「히스테리 연구」, (서울:열린책, 1998), p.138.

2) D.W. Winnicott, *playing and Reality*, 이재훈 역, 「놀이와 현실」, (서울:한국심리치료연구소, 1997), pp.16—20.

3) 위의 책, pp.14—15.

4) 위의 책, p.20, p.31, p.154. D. W. Winnicott, *psycho—Analytic Explorations*, Edited by Clare Winnicott, Ray Shepherd, pp.200—206.

5) 모든 세계가 그러하듯 커피의 세계 역시 신비로운 세계이다. 로스팅 방법이 다양하다. 불의 강도에 따라서, 로스팅하는 시간에 따라서, 즉 강하게 볶느냐 약하게 볶느냐, 그리고 이 커피를 드립할 때 그라인딩을 굵게 하느냐 곱게 하느냐에 따라서, 또는 물의 온도에 따라서, 그리고 볶고 난 다음 며칠 동안 숙성이 되었느냐에 따라 커피 맛은 다양하게 달라진다. 찬물로 내려서 발효시킬 수도 있다. 이 모든 방법 위에 커피의 종류가 나라별로 수없이 많이 있다. 이 많은 조합의 수를 생각한다면 엄청난 맛을 만들어낼 수 있다. 이것도 스트레이트 커피(Straight coffee, 브랜딩하지 않는 단 한 종의 커피)일 경우이다. 여기서 또 브랜딩(Blending, 단종이 아니라 여러 가지 커피를 여러 비율로 섞는 것)에 따라 수없는 조화를 만들어낼 것이다. 본질로, 그리고 순수한 맛의 세계로 들어간다는 것은 쉬운 일은 아니다. 커피의 맛은 뛰어난 입지에 좋은 인테리어와 좋은 상표와도 연관된다. 그러나 이러한 포퓰리즘이 대중을 위한 것인지 본질의 세계를 흐리는 것인지의 논쟁도 해볼 만하다. 요즘 커피 산업이 전염병처럼 퍼지고 있다. 커피 사업이 잘되기 위해서는 우선 목이 좋아야 하고 또 유명 브랜드가 되어야 한다. 이 유명 브랜드는 사람들의 보편적인 입맛이 무엇인가를 연구한다. 그래서 많은 창작 커피가 등장한다. 이러한 전략은 순수한 맛의 세계를 방해할 수도 있다. 커피의 본질과 멀

어지는 원인이 될 수도 있다. 이러한 사실과 〈기존 교회와 개척교회〉를 유비시키는 것은 의미 있는 일이다. 부정적으로는 순수한 복음의 본질을 흐리게 만드는 것으로도 해석할 수 있지만 긍정적인 관점에서 배워야 할 점이 무엇인지도 생각하게 한다.

6) Julius.portnoy, *The philosopher and Music.* (New York:Da Capo press, 1980, c 1954), p.112.

7) D.W.Winnicott, 『놀이와 현실』, p.19.

8) 다른 동료 목사님들과도 종종 같은 경험을 이야기한다. 주일학교 아이들이 종종 하는 질문이다.

9) Madeleine Davis, and David Wallbridge, 『울타리와 공간』, pp.69—70.

10) 유아가 태어나면 입에 무엇을 넣어주지 않았는데도 입을 오물거리며 무언가 빨 것이 있다는 것을 선천적으로 알고 있다. 그런데 무언가 들어왔고 이것을 빨게 된다. 기분이 좋아지고 배가 부르면서 '아, 이런 것이 있구나!' 하고 알게 되는데 이것을 사고(Thought)라고 한다. 이때 아기는 젖이 자기의 것이라고 생각한다. 그러나 엄마의 사정으로 젖이 들어올 것 같은데 들어오지 않을 수 있다. 이때 아이는 좌절을 겪게 된다. 이러한 좌절을 통하여 '젖이 안 들어올 수도 있구나, 젖이 없을 수도 있구나!' 를 깨닫게 되는데 이것이 생각(Thinking)이다. 젖이 내 것이 아니라는 것도 깨닫게 된다. 좌절의 경험이 생기면서 '왜 없을까?' 생각하게 되고 생각이 발전할 가능성이 생긴다. 왜 이런 일이 일어날까를 생각하면서 결국 생각은 진실을 찾아가는 과정이 될 수 있다. 도벽이 있는 아이가 약 50여만 원의 돈을 단 한 시간 안에 다 쓰고 들어온 경우가 있다. 아이들을 모아 줄을 세우고 2만 원씩 나누어 준 것이다. 동네에 소문이 다 퍼졌다. 왜 그렇게 했는지 이유를 물었지만 대답을 못한다. 상실한 것(잊어버린 부모, 또는 있었던 것이 없어진 것)을 돌려달라는 것일 수 있다. 아이는 내가 왜 돈을 훔칠까 생각할 수 있어야 하는데 훔치니까 짜릿하고 좋다는 것만 느낀다. 비온에게 이것은 사고가 된다. 대부분의 어린이들이 여기에서 멈춘다. 사고만 있는 것이다. 그러나 '왜 내가 돈을 훔칠까, 이유가 무엇일까를 생각하는 더 깊은 단계로 들어가는 것이 생각이다. 생각은 불안과 좌절을 견디게 한다. 생각하여 깨닫게 되는 것은 다음 단계로 넘어가는 힘이 된다. 여기에 대해서 James S. Grotstein, *A Beam of Intense Darkness.* 이재훈 역, 『흑암의 빛줄기』, (서울:한국심리치료연구소, 2011), pp.71—77, pp.316—322. R. D. Hinshelwood, Clinical Klein. 이재훈 역, 『임상적 클라인』, (서울:한국심리치료연구

소, 2006), pp.265―273. Joan & Nevill. Symington, The Clinical Thinking of Wilfred Bion. 임말희 역,「윌프레드 비온의 임상적 사고」, (충남:NUN, 2008), pp.82―86, pp.94―98.

11) 김용규,「서양 문명을 읽는 코드 '신'」, (서울:휴머니스트, 2010), pp.384―387.

12) 위의 책, pp.388―389. James S. Grotstein, A Beam of Intense Darkness. 이재훈 역,「흑암의 빛줄기」, (서울:한국심리치료연구소, 2011), pp. 84―94. 이 책에서는 진리와 진실을 궁극적 실제인 O의 개념, 베타요소 그리고 알파요소의 관계를 통해 설명하고 있다.

13) Christopher. Bollas, *Forces of Destiny:* (Northvale, NJ:Jason Aronson, 1989), pp.31―32.

14) S. Freud, *Uber die weibliche Sexualitat,* 김정일 역, "여성의 성욕(1931)" (서울:열린책, 1998), p.206, p.209.

15) 이 부분은 개혁주의의 이론과 실천 2011년 2호에 게재한 내용 일부를 발췌한 것이다.

16) Madeleine Davis, and David Wallbridge,「울타리와 공간」, 187―194.

17) Patrick J. Casement, *Learning from the patient.* 김석도 역,「환자에게서 배우기」, (서울:한국심리치료연구소, 2003), pp.34―35.

18) D. W. Winnicott, *psycho―Analytic Explorations,* Edited by Clare Winnicott, Ray Shepherd, p.31.

19) Freud, S. *Mass psychology and Analysis of the 'I'.* (Lodon:penguin books, 2004), p.74.

20) Frank L. Summers, *Object Relations Theories and psychopathology.* 이재훈 역,「대상관계이론과 정신병리학」, (서울:한국심리치료연구소, 2004), p.295, p.309. 위의 책, p.308. Otto. Kernberg, *Love Relations― Normality and pathology.* (New York:Aronson, 1983). Tenth printing. p.26.

21) S. Freud, *Drei Abhandlungen zur Sexualtheorie.* 오현숙 역,「성욕에 관한 세 편의 에세이)」, (서울:을유문화사, 2007), pp.73―74. *Jenseits des Lustprinzips.* 박찬부 역,「쾌락 원칙을 넘어서」, (서울:열린책들, 1998), p.58. *Eine Kindheitserinnerung des Leonardo da Vinci*(1910) 정장진 역,「레오나르도 다빈

치의 유년의 기억」(서울:열린책, 1998), p.102. *Zur Einfuhrung des Nariβmus.* 윤
희기 역, 「나르시즘에 관한 서론」(서울:열린책, 1997), p.77. *dementia paranoides*
김명희 역, 『쉬레버 사례』, (서울:열린책, 2002), p.345. *Unconscious, trans.* by
James Strachey, v. 14., (London:The Hogarth press, 1973), pp.186—187.
Formulierungen uber die zwei prinzipien den psychischen Geschehens 윤희
기 역, 『정신 기능의 두 가지 원칙』, (서울:열린책, 2000), p.20. *Bruchstuck einer
Hysterie—Analyse* 김재혁, 권세훈 역, 『히스테리 도라 사례의 분석』, (서울:열린책,
1997), p.247. *Abriss der psychoanalyse*(1940[1938]) 한승완 역, 『정신분석학 개
요』, (서울:열린책, 1998), pp.209—201. p.310. 프로이트는 예술론에 대해서 체계적
으로 정리해 놓은 것은 아니다. 예술에 대한 그의 생각들은 여러 논문에 단편적으로 산
재해 있다. 예술론에 대한 가장 기초적인 생각은 프로이트의 꿈의 해석이 기반이 된다.
예술에 대한 또 다른 통찰을 얻을 수 있는 그의 글들은 위에 열거한 것 외에도 많은 글
이 있다.

22) S. Freud, *On Narcissism: An Introduction*(1914). trans. by James
Strachey, v. 14. (London:The Hogarth press, 1973), printed 7th. p.94.

23) 위의 책, p.38.

24) Allen M.Siegel, *Heinz Kohut and the psychology of the Self.* (New
York:Routledge, 1996), p.110.

25) 위의 책, p.112.

26) 코헛(H. Kohut)은 인간의 중심 밑바닥에는 누구나 인정과 칭찬, 찬사 받고 싶은
욕구, 그리고 가치 있는 존재로 대우받고 싶은 욕구가 있다고 보았다. 인간은 생애 초
기에 '나를 보라. 나는 위대하다' 라는 나르시시즘(Naercissism)이 있다는 것이다. 이
때 초기 대상(엄마)의 역할은 찬사와 경탄을 담아서 보아주게 되고, 아기는 이러한 경
험을 통해서만 원시적인 나르시시즘에서 나올 수 있다는 것이다. 이런 신적 경험을 통
해서 아기는 자신이 가치 있는 존재라는 것을 인식하게 되고, 흔들리지 않는 자존감을
형성하게 된다. 이 힘으로 아이는 이상화 축을 만들어내고 자신을 반영해 주는 타자의
눈빛을 먹고 원시적인 나르시시즘에서 서서히 나오기 시작한다. 코헛은 여기에는 적절
한 좌절이 필요하다고 말한다. 실제로 부모는 나르시시즘 상태를 아기에게 계속적으로
유지시켜 줄 수 없게 되기 때문이다. 이때 나르시시즘이 깨지기 시작하고, 이 불안을

감당하기 위해서 유아는 전능성과 완벽함의 요소를 대상에게 옮겨놓는다. 자기 안에 있는 나르시시즘을 투사해서 누군가를 이상화한다. 먼저 엄마를 이상화하고 전능적 대상으로 만든다. 이전에는 자신이 '신(神)'이고 전능자였지만 이제는 엄마가 '신'이 된다. 그래서 엄마는 마술적인 존재가 된다. 이렇게 엄마를 이상화하고, 다시 인정과 돌봄을 받으면서 아이의 불안은 회복된다. 이 이상화가 아빠에게 이어지면서 건강한 이상화가 형성되어 대상의 축이 자리 잡게 된다. 이렇게 '자기애의 축'과 '대상의 축'이 충족되면서 건강한 자기애와 대상과 관계를 맺는 능력이 자라게 된다. 이것이 곧 '일차적 자기애'에서 '이차적 자기애'로 가는 과정이다. 아이가 처음에는 타자를 착취의 대상으로 보지만 이차적 자기애는 내가 가치 있는 것처럼 상대도 가치 있는 인격이 된다. 자기애적 장애는 이차적 자기애로 가지 못하고 일차적 자기애에 머물러 있는 자기애의 결함을 말한다. 대상과의 관계 속에 들어가지 못하고 '자기애'에 사로잡혀 있는 것이다. Heinz. *Kohut, The Analysis of the Self.* 이재훈 역, 『자기의 분석』, (서울:한국심리치료연구소, 2002), 116—129.

27) 모든 종교는 거룩한 대상과 경험, 경전, 그리고 예배 활동을 가지고 있다. 이러한 속성 가운데 가장 중요한 한 가지 요소가 이상화 역동이다. 어떤 대상을 거룩하다고 여기는 것은 그 대상과 이상화의 관계를 형성하고 있는 것이다. 대중은 이상화의 욕구에 부응하는 대상을 만나고 그 대상에 이상화의 에너지를 투여할 때에 거기에서 신성을 느끼게 된다(J. Jones, *The Role of Narcissism in Religion*, 한국목회상담협회 10차 학술지, 2004), pp.12—13. 이러한 종교적 경험은 자기애적 욕구와 정서를 자극하는 강렬한 경험이며, 때로 이 경험들은 사람들에게 삶을 변화시킬 수 있는 좋은 기회를 제공하기도 한다. 극적인 변화의 반전을 통해서 성격을 재구조화 할 수 있기 때문이다. 그러나 이 이상화 대상에 함몰된다면 심각한 위험에 빠지게 된다. 이러한 강렬한 누미노즘(Numinosum—신성한 힘)의 경험은 종교기관과 지도자들의 성숙한 인격적인 발달을 허용하지 않을 뿐 아니라 신자들을 유아적 의존과 〈대상 기근〉의 상태에 묶어두게 된다. 종교 공동체에서의 이런 과도한 이상화의 경험은 곧 대상에 굶주리고 의존적이 되게끔 했던 어린 시절의 경험들을 다시 일깨우고 퇴행시키기 때문이다. 많은 회중 앞에서 가운을 입고 신의 말씀을 선포하는 성직자는 회중들에게 과도한 원시적 이상화 욕구의 목표물이 될 수밖에 없다. 초기 단계의 발달에 자기애적 욕구가 충족되지 못한 사람들은 대상, 또는 사람을 지나치게 이상화하려는 절박한 기근을 갖

고 있기 때문이다. 지도자가 자기애적인 상처에 취약할 경우, 자신이 지닌 과도한 이상화의 욕구로 인해 회중들의 과도한 이상화 욕구를 꿀꺽 삼키게 되고, 이때 즉각적으로 강력한 〈전이, 역전이〉의 유대관계가 형성된다는 것이다. 이렇게 강력한 매혹에 서로 끌리게 됨으로써 지도자는 윤리적 전문가로서의 선을 무의식적으로 넘게 된다. 이것이 종교광신주의를 낳게 되는 원인이 된다. 오늘날 종교적 광신에 의해 자행되는 파괴의 대부분은 이러한 원시적 이상화의 경향에서 비롯되었다고 보아야 할 것이다. 또한 원시적 이상화를 토대로 한 이러한 종교적 광신주의는 곧 세계의 문제이기도 하다. 때문에 이상화 없는 종교, 탈이상화의 종교가 종교에 중대한 요구가 된다. 물론 탈이상화는 병리적이고 과대적인 이상화에 대한 것이다. 이상화가 없는 종교는 존재할 수 없기 때문이다. 위의 책, pp.15—16. 역동과 변화가 있으면서도 건강한 이상화를 유지할 수 있는 대안이 필요한 것이다.

28) 이상화 과정의 실패는 사실 더 초기에 일차적 나르시시즘이 발달하지 못하고 상처를 받게 된 것에 그 원인이 있다. 박탈된 과대 자기(전능성)는 무의식으로 들어가고 의식에서는 자존감이 박탈된다. 즉 손상된 자기애가 자신에게 투사되고 병리적인 자기애에 빠져들게 된다. 그 증상으로 허황된 꿈을 갖게 되거나 과대망상증에 빠지게 된다. 반면에 과대 자기를 대상에게 투사하게 되면, 연예인들을 광적으로 추종하거나 이단 종교에 심취, 또는 주물주의(Fetishism)에 빠지게 된다. 이 모든 것이 이상화에 실패했기 때문이다.

29) 그들은 네가 고운 음성으로 사랑의 노래를 하며 음악을 잘하는 자 같이 여겼나니 네 말을 듣고도 행하지 아니하거니와.

30) S. Freud, *Bruchstuck einer Hysterie—Analyse*, 김재혁, 권세훈 역, 『히스테리 도라 사례의 분석』, (서울:열린책, 1997), p.241.

31) S. Freud, *Totem and Taboo*, trans. by James Strachey, v.13., (London:The Hogarthpress, 1973), p.73.

32) J. D. Nasio, *L' hysterie ou l' enfant magnifique de la psychanalyse*. 표원경 역, 『히스테리 정신분석』, (서울:백의, 2001), p.163.

33) 위의 책, pp.167—8.

34) 위의 책, pp.155—6.

35) 위의 책, p.157.

36) S. Freud, *Die infantile Genitalorganisation*. 김정일 역, 「유아의 생식기」, (서울:열린책, 1998), pp.379—381.

37) Nasio, J. D. 「히스테리 정신분석」, p.72.

38) W. Fairbairn, *A Study of psychoanalysis on Character*. 이재훈 역, 「성격에 관한 정신분석학적 연구」, (서울:한국심리치료연구소, 2003), pp.71—72.

39) 추구하는 대상이 자신이 욕망할 때 나타나지 않았거나 유아가 자신의 사랑, 또는 빨기가 대상을 파괴시켰다고 느끼는 것이다. 유아가 일단 그렇게 느끼게 되면 만족의 경험은 대상을 사라지게 하는 두려움과 연결되게 되고 대상을 함입하고 싶지만 그렇게 하는 것이 대상을 파괴한다는 생각으로 연결된다. 때문에 초기 구강기 동안에 대상관계와 관련해서 발생하는 정서적 갈등은 '빨 것인가 아니면 빨지 않을 것인가', 곧 '사랑할 것인가 아니면 사랑하지 않을 것인가'라는 대안적인 형태를 취한다. 이것이 바로 분열성 상태의 근저에 놓여 있는 갈등이다. 분열성 개인의 중심적인 문제는 어떻게 사랑에 의해 대상을 파괴하지 않고 사랑할 수 있는가이다. 따라서 분열성 상태의 근저에 놓여 있는 갈등은 우울적 상태의 근저에 놓여 있는 것보다 훨씬 더 심각한 것이다. 분열성 반응은 우울적 반응보다 더 초기 발달 단계에 그 뿌리를 두고 있기 때문에 우울적 개인보다 갈등을 다루는데 더 큰 어려움을 겪는다. 리비도 철수는 모든 영역으로 그 범위가 확대되어 마침내 다른 사람들과의 정서적 신체적 접촉이 완전히 포기되는 지점에까지 이를 수도 있다. 위의 책, pp.67—68.

40) 위의 책, p.38. 우리 교회에 유치원부터 10년을 함께한 귀여운 여학생이 있다. 늘 잠수 타고 도망가는 성격의 아이인데 이제 고등학생이 되었다. 이 아이에게 이렇게 이야기한 적이 있다. '야! 너 이제 조금 있으면 따라다니는 남자들 많을 거 같아!' 이 여학생이 대답하는 말, '그런 사람이 어디 있겠어요. 그런 놈 있으면 분명히 거짓말일 거예요.' 이어서 하는 말이, '그런 놈들은 때려 죽여 버리고 싶어요. 그런 거짓말하는 놈들이요'라고 한다. 이제 겨우 밖을 기웃거릴 수준이 된 것이다. 사랑을 받아들인다는 것은 쉽지 않은 일이다.

41) 위의 책, p.38.

42) Patrick J. Casement, 김석도 역, 「환자에게서 배우기」, (서울:한국심리치료연구소, 2003), pp.34—35.

43) R. D. Hinshelwood, *Clinical Klein*. 이재훈 역, 「임상적 클라인」, (서울:한국심

리치료연구소, 2006), pp.184—186.

44) James S. Grotstein, *A Beam of Intense Darkness*. 이재훈 역, 『흑암의 빛줄기』, (서울:한국심리치료연구소, 2011), pp.256—259.

45) Ann Belford. Ulanov, *Spirituality & psychotherapy*. 이재훈 역, 『영성과 심리치료』, (서울:한국심리치료연구소, 2005), p.79.

46) Ann and Barry. Ulanov, *Cinderella and Her Sisters*, 이재훈 역, 『신데렐라와 그 자매들』, (서울:한국심리치료연구소, 1999), p.31—8

47) 위의 책, p.31.

48) 위의 책, p.36. p.59—60. Hanna. Segal, *Melanie Klein*. 이재훈 역, 『멜라니 클라인』, (서울:한국심리치료연구소, 1999), p.161.

49) Ann and Barry. Ulanov, *Cinderella and Her Sisters*, 이재훈 역, 『신데렐라와 그 자매들』, (서울:한국심리치료연구소, 1999), p.32.

50) 위의 책, p.40.

51) 위의 책, pp.159—160.

52) 위의 책, p.169.

53) 위의 책, p.127.

54) 위의 책, p.132.

55) 위의 책, pp.127—128.

56) 위의 책, p.41.

57) 위의 책, pp.110—111.

58) 위의 책, pp.219—220.

59) 위의 책, p.221.

60) 위의 책, p.93.

61) 위의 책, p.110.

62) 위의 책, p.111.

63) 위의 책, p.218.

64) 위의 책, p.219.

65) The American psychoanalytic Association. *psychoanalytic Terms & Concepts*. 이재훈 외역, 『정신분석 용어사전』, (서울:한국심리치료연구소, 2002), p.38.

66) Otto F. Kernberg, *Borderline Conditions and pathological Narcissism.* 윤순임 외 공역, 『경계선 장애와 병리적 나르시시즘』, (서울:학지사, 2008), p.42.

67) 이 점은 필자가 목회임상에서 경험한 것이지만 경계선 성격의 일반적인 경향에 열거한 DSMⅣ의 진단내용과도 일치하고 있다. *Diggnostic and Statistical Manual of Mental Disorders DSM—Ⅳ,* (Washington, D.C.:American psychiatric Association, 1994), p.658—661.

68) Frank L. Summers, 『대상관계이론과 정신병리학』, p.286.

69) 위의 책, p.294.

70) 위의 책, p.304.

71) 위의 책, p.300.

72) 이 내용은 미국에서 정신분석가로 활동하고 계시는 분과의 대화를 통해서 얻은 것이다. 당시 자신의 동료 분석가의 임상사례에 대한 이야기다.

73) S. Freud, On Narcissism, pp.73—74.

74) Madeleine Davis, and David Wallbridge. 이재훈 역, 『울타리와 공간』, (서울:한국심리치료연구소, 1997), pp.57—60.

75) S. Kierkegaard, *philosophiske Smuler,* 표재명 역, 『철학의 부스러기』, (서울:프리칭 아카데미, 2007), p.78.

76) S. Kierkegaard, 임춘갑 역, 『공포와 전율』, (서울:다산글방. 2007), p.81.

77) S. Freud, *On Narcissism,* p.82.

78) 위의 책, p.82.

79) 위의 책, p.85.

80) 이 장에서 우울적 자리와 편집적 자리에 관한 것은 김영한 박사의 은퇴 논문집에 게재했던 내용을 일부 보완한 것이다. 여기에 대한 참고 문헌으로는 Hanna. Segal, *Introduction to the Work of Melanie Klein.* (New York:Basic Books Inc. 1974). Hanna. Segel, *Melanie Klein.* (New York:The Viking press, 1979). R. D. Hinshelwood, *A Dictionary of Kleinian Thought.* (London:Free Assiciation Books, 1991). Jay R. Greenberg, and Stephen R. Mitchell, *Object Relations in psychoanalytic Theory.* (Massachusetts:Harvard University press, 1983). Hanna. Segal, *Melanie Klein.* 이재훈 역, 『멜라니 클라인』, (서울:한

국심리치료연구소, 1999) R. D. Hinshelwood, Clinical Klein. 이재훈 역, 『임상적 클라인』, (서울:한국심리치료연구소, 2006)

81) 학문도 항상 균형을 말하지 않는다. 자신의 학문적 바탕이 기존의 이론 위에 세워졌음에도 선대의 이론을 뒤집어야 올라설 수 있기 때문이다. 플라톤은 이미 오래전에 이런 현상에 대해 '아버지살해'라는 정신분석적 용어를 사용한다. 이렇게 기존의 학문을 뒤집다 보면 균형은 당연히 잃어버리게 된다. 실존을 말하면 초월이 없어지고 초월을 말하면 실존을 소홀히 할 수밖에 없다. 이성을 강조하면 경험을 소홀히 하고 경험을 강조하면 이성을 소홀히 한다. 전체성을 말하면 부분이 가려지고 부분을 확대하면 전체가 보이지 않는다. 균형을 유지하려는 대가(大家)가 잠시 출현하지만, 이내 이 균형을 깨는 학자가 다시 출현한다. 헤겔은 이러한 변천 과정을 자신의 변증법적 틀로 포섭하려 했지만, 그 역시 사변이성에 지나치게 기울어진다. 이항대립에 대해 모두가 비판적이지만 비판하는 사람마저도 정작 자신의 학문을 전개하면서 어느 한쪽으로 치우치게 마련이고 그의 제자는 스승을 넘어서기 위해서 또 다시 반대의 길로 나아갈 수밖에 없는 악순환을 만든다. 전체를 말하고 균형을 말한다는 것은 이상일 뿐, 학문은 그렇게 발전하려 하지 않는다. 신학 역시 같은 역사를 가지고 있다. 이론과 실천, 초월과 내재, 보편과 개별, 차안과 피안의 이항대립은 도나투스(Donatus) 학파와 프란체스코(Franciscan)같은 신앙공동체뿐 아니라 판넨베르크(W. pannenberg)와 에벨링(G. Ebeling) 바르트(K. Barth)와 불트만(R. Bultmann), 몰트만(J. Moltmann) 등의 신학자들을 만들어내는 원인이 되기도 한다. 신학이 철학과 다른 점은 신학이 이 균형이라는 차원에서 벗어나 어느 한쪽으로 지나치게 치우치면 이단으로 정죄받는다는 것이다.

어거스틴(A. Augustin) 신학의 기독교 사상사에 있어서의 의의는 터툴리안(Tertullian)과 달리 이성과 신앙을 조화시키며, 계시에 종속되는 이성적 사유와 활동을 강조하므로 기독교 신학과 희랍철학과의 대화를 가능케 하여 기독교 신학의 학문성을 정립한 데 있다. 김영한, 「어거스틴의 내적 경험의 신학」, 『철학』, 제14집, 1980, p.141. 그러나 이러한 대가의 유산들은 다시 파편화되고 부분화되어 확장, 심화되고 그 균형이 흔들리게 된다. 칼뱅(J. Calvin)의 신학은 말씀과 성령, 말씀과 실천, 이성과 감성, 머리와 실천 등, 교리적 순수성과 거룩한 삶이 항상 같이 균형 잡히는 것이었다. 그에게 지식은 공허한 추측이나 머릿속을 맴도는 사변이 아니라 가슴에 뿌리박으며 견실해지는 지식이다. 성령 없는 말씀은 죽은 바리새주의적 정통주의를 생산하며, 말씀 없는 성령은 경험주의적 신비주의를 생산한다. 칼뱅의 영성은 이렇게 말씀과 성령은 불가분적인 생동적 연관성에 있다. 이것은 중세 후기 스콜라주의 신학의 이성주의적 사변신학을 극복하고 다른 한편 영의 조명만을 강조한 종교개혁의 열광주의의 신비신학을 극복한다. 이것이 온건한 성령의 신학이다. 김영한, 「칼빈의 영성:영성신학자 칼빈」, 『기독교 학술원 제11회 학술대회』(2009), p.12, pp.17—20. 그러나 근본적으로 치우치기를 좋아하는 인간의 본성은 이러한 균형을 유지하지 못한다.

82) 김경용, 『기호학이란 무엇인가』, (서울:민음사, 1995), pp.179—180.

83) 이부영, 『그림자』, (서울:한길사, 2000), p.119.

84) 위의 책, p.129.

85) 위의 책, p.131.

86) 위의 책, p.134.

87) 김경용, 『기호학이란 무엇인가』, (서울:민음사, 1995), p.46.

88) 위의 책, p.47.

89) 위의 책, p.49.

90) 위의 책, p.129.

91) 신명기 28장은 순종하여 받는 복과 불순종하여 받는 저주에 관한 내용이다.

92) Susan. Kavaler—Adler, *Mourning Spirituality and psychic Change.* (Hove and New York:Routledge, 2003), p.8.

93) James S. Grotstein, *..But at the same time and on another level..*v.1 (London:Karnac, 2009), p.106.

94) 위의 책, pp.113—4. 프로이트는 병리가 아니라면 정상적인 퇴행 안에 건강한 가능성의 구조가 있음을 간파하고 있다. 인간은 어렸을 때 누렸던 나르시시즘적 완벽함을 다시 잡으려 하지만 성장 과정에 어떤 장애에 부딪쳐 더 이상 처음의 완벽함을 유지할 수 없게 된다. S. Freud, On Narcissism, 94. 그는 인간은 근친상간을 금하는 장애물이 개입한 결과 최후의 대상, 또는 성적 본능은 더 이상 원래의 본원적 대상이 되지 못하고 그 대체물일 수밖에 없다고 말한다. *Uber die Allgemeinste Erniedrigung des Liebeslebens* 『불륜을 꿈꾸는 심리』, (서울:열린책, 1998), p.175. 프로이트의 이러한 점을 착안하여 라캉은 소타자(a)로 상상계를 설명하는 데

사용한다.

95) Ann Belford. Ulanov, 이재훈 역, 『영성과 심리치료』, (서울:한국심리치료연구소, 2005), p.43.

96) 김영한, 「문화선교와 메시지」, 『기독교사상』, 제22권 제11호/통권 제245호 (1978), pp.107—108.

97) 위의 책, p.106.

98) 위의 책, p.107.

99) 위의 책, p.108.

100) 위의 책, p.107.

101) 위의 책, p.108.

102) 위의 책, p.108.

103) James S. Grotstein, *A Beam of Intense Darkness*. (London:Karnac, 2007), pp.158—159.

104) R. D. Hinshelwood, *A Dictionary of Kleinian Thought*. (London:Free Assiciation Books, 1991), p.156. Donald Meltzer, *"Terror, persecution, dread—a dissection of paranoidanxieties"*, edited by E.B. spillius 『Melanie Klein Today』, (London and New York:Routledge. 1988), pp.236—237.

105) 이해관계에서는 계약으로 관계가 형성된다. 학교나 사회는 담아주는 형태의 관계가 아니다. 따라서 최초의 신뢰의 관계, 곧 담아주고 버티어주는 관계 형성은 초기 가정에서 형성된다. 위니캇(D. W. Winnicott)에 의하면 공격성은 인간의 본성으로 생명의 표현이다. 삶의 시작은 공격으로부터 시작된다. 인간은 초기에 나 아닌 다른 세계, 객관세계를 인식하기 위해 공격을 사용하고 시험한다. 공격에서 살아남으면 그 대상은 실제가 되지만 무너지거나 깨지면 가짜가 된다. 인간은 공격으로 이렇게 현실과 환상을 구분하기 시작한다. 그렇지 않으면 환상과 현실의 경계를 찾지 못하고 어디까지가 자기 한계인지 모르게 된다. Madeleine Davis and David, Wallbridge, *Boundary and Space*. (New York:Brunner/Mazel, 1981), pp.71—72.

106) 이때 대형 공동체는 어떤 공격에도 흔들리지 않기에 시험이 불가능하게 된다. 너무 강력한 울타리가 진정한 담이 될 수 있는가는 더 깊이 논의해야 할 문제다.

107) Frank L. Summers, *Object Relations Theories and psychopathology*.

(London:Analytic press, 1994), p.31.

108) Ann. Ulanov, *'Winnicott and Spirituality'* Lecture. held by Korea pastoral Counselling Association. October 2002. pp.144—145.

109) Otto. Kernberg, *Love Relations— Normality and pathology.* (New York:Aronson, 1983), Tenth printing. p.26.

110) Ann Belford. Ulanov, 이재훈 역, 『영성과 심리치료』, (서울:한국심리치료연구소, 2005), pp.83—87.

111) 김영한, 「문화선교와 메시지」, 『기독교사상』 제22권 제11호/통권 제245호(1978), p.107.

112) 큰 공동체는 엄마의 품과 같은 체험, 곧 집단 무의식은 충분한 보호와 힘을 공급하지만 역설적으로 한없이 끌어당기는 힘으로 작용한다. 때문에 삶을 몽롱하게 한다. 주술적이거나 기복적인 믿음을 갖게 된다. 편안하게 안주하고 싶은 모성애는(큰 집단의 힘) 신비의 분유의 상태에서 벗어나 딱딱한 음식을 먹으라는 요구를 들을 수 없게 한다.

113) 위의 책, p.10.

114) James S. Grotstein, *..But at the same time and on another level..* p.8.

115) 우울적 자리의 기호를 임의로 표기한 것이다. 어둠과 빛을 동시에 섞어서 담는다는 의미로 사용했다.

116) Madeleine Davis and David Wallbridge, *Boundary and Space. (New York:Brunner/Mazel, 1981),* p.69.

117) 이것은 투사적 동일시에 걸려드는 것이 된다. 즉 성도가 파놓은 함정에 걸려드는 것이다.

118) 이 글의 게제는 학생 본인의 허락을 받았다.

119) Madeleine Davis and David Wallbridge, *Boundary and Space.* (New York:Brunner/Mazel, 1981), pp.148—150.

120) I. Kant, *Kritik der Urteilskraft.* 이석윤 역, 『판단력 비판』, (서울:박영사, 2003), pp.112—116.

121) S. Freud, *Mass psychology and Analysis of the 'I'.* (Lodon:penguin books, 2004), p.22.

122) Otto F, Kernberg, *Internal World and External Reality*, 이재훈 역,「내면세계와 외부 현실」, (서울:한국심리치료연구소, 2001), pp.283—284.

123) 위의 책, p.283.

124) 위의 책, p.276.

125) 위의 책, p.276, p.291.

126) Joan & Nevill. Symington, *The Clinical Thinking of Wilfred Bion*. 임말희 역,「윌프레드 비온의 임상적 사고」, (충남:NUN, 2008), p.144.

127) S. Freud, *Mass psychology and Analysis of the 'I'*. p.26.

128) 위의 책, p.27.

129) Otto F, Kernberg, *Internal World and External Reality*, 이재훈 역,「내면세계와 외부 현실」, (서울:한국심리치료연구소, 2001), p.281.

130) 위의 책, p.278.

131) Frank L. Summers, 이재훈 역,「대상관계이론과 정신병리학」, (서울:한국심리치료연구소, 2004), p.308—309. p.332.

132) Emile Durkheim, 노치준, 민혜숙 역,「종교생활의 원초적 형태」, (서울:민영사, 1992), p.308—309, p.325.

133) C.G.Jung, The Battle for Deliverance from the Mother,「어머니로부터 행방되기 위한 투쟁」, (서울:솔, 2006), p.223.

134) C. G. Jung, The Dual Mother, 한국 융 연구원 융 저작 번역위원회 역,「이중의 어머니」, (서울:솔, 2006), p.242.

135) C.G.Jung,「어머니로부터 행방되기 위한 투쟁」, p.221.

136) 위의 책, p.222.

137) 바울이 고백하기를 셋째 하늘에 이끌려가서 몸 안에 있었는지 몸 밖에 있었는지 모른다고 고백했다(고후 12:1—3). 다메섹에 예수 믿는 자들을 핍박하러 가다가 홀연히 하늘로부터 오는 빛을 받고 장님이 되었다가 사명을 받고 다시 보게 된다(행 9:3—18). 이 외에 바울의 수많은 신비와 기적의 체험이 기록되어 있다.

138) M. S. Mahler, psychological Birth of the Human Infant. 이재훈 역,「유아의 심리적 탄생—공생과 개별화」, (서울:한국심리치료연구소, 1997), pp.103—168.

139) C. G. Jung, The Dual Mother, 한국 융 연구원 융 저작 번역위원회 역,「이중

의 어머니」, (서울:솔, 2006), p.237.

140) 위의 책, p.238.

141) 위의 책, p.237.

142) Erich Fromm, Escape from Freedom, 이상두 역, 『자유에서의 도피』, (서울: 범우사, 1985), p.40.

143) C. G. Jung, The Dual Mother, 한국 융 연구원 융 저작 번역위원회 역, 『이중의 어머니』, (서울:솔, 2006), p.242.

144) S. Freud, *Mass psychology and Analysis of the 'I'*. p.25.

145) 종이 돌아와 주인에게 그대로 고하니 이에 집 주인이 노하여 그 종에게 이르되 빨리 시내의 거리와 골목으로 나가서 가난한 자들과 몸 불편한 자들과 맹인들과 저는 자들을 데려오라 하니라. 종이 이르되 주인이여 명하신 대로 하였으되 아직도 자리가 있나이다. 주인이 종에게 이르되 길과 산울타리 가로 나가서 사람을 강권하여 데려다가 내 집을 채우라.

146) S. Freud, *Der Mann Moses und die monotheistische Religion*. 이윤기 역, 『모세와 유일신교』, (서울:열린책들, 1998), p.154.